U0453246

教研相长七书

区域社会史研究导论

JIAO YAN XIANG ZHANG QI SHU

行龙 ◎ 主编

中国社会科学出版社

图书在版编目（CIP）数据

区域社会史研究导论/行龙主编. —北京：中国社会科学出版社，2018.3（2023.4 重印）

ISBN 978-7-5203-2297-3

Ⅰ.①区⋯　Ⅱ.①行⋯　Ⅲ.①区域社会学—社会发展史—研究—中国　Ⅳ.①C912.8②K2

中国版本图书馆 CIP 数据核字（2018）第 058953 号

出 版 人	赵剑英
责任编辑	安　芳
责任校对	张爱华
责任印制	李寡寡

出　　版	中国社会科学出版社
社　　址	北京鼓楼西大街甲 158 号
邮　　编	100720
网　　址	http://www.csspw.cn
发 行 部	010-84083685
门 市 部	010-84029450
经　　销	新华书店及其他书店
印　　刷	北京君升印刷有限公司
装　　订	廊坊市广阳区广增装订厂
版　　次	2018 年 3 月第 1 版
印　　次	2023 年 4 月第 2 次印刷
开　　本	710×1000　1/16
印　　张	16.5
插　　页	2
字　　数	246 千字
定　　价	65.00 元

凡购买中国社会科学出版社图书，如有质量问题请与本社营销中心联系调换

电话：010-84083683

版权所有　侵权必究

"教研相长七书"总序

"教学相长",可谓耳熟能详。《礼记·学记》谓:"是故学然后知不足,教然后知困。知不足然后能自反也,知困然后能自强也。故曰:教学相长也。"这里所说的"教研相长",则是强调教学和研究的互相促进,互相提高。教学和研究,两者融为一体,相得益彰,那是一个大学教师应该感到很欣慰的事情。

山西大学中国社会史研究中心成立20多年来,秉持教研相长的优良传统,一直强调在做好科学研究的同时,做好本科和研究生的教学工作。既要把自己的研究成果融入教学实践中,又要把教学实践中的问题引入自己的科学研究中,由"知不足""知困",到"自反""自强",确实朝着"教研相长"的方向不断努力。

2008年5月,在山西大学举行的建校106周年纪念活动中,我在大会上有一个发言,题目叫作"走向田野与社会的史学",初步总结了社会史研究中心成立以来立足前沿、学科融合、关注现实、培养人才、教研相长五个方面所谓的"经验之谈"。其中的"教研相长"如此谈道:

> 教师的天职是教书育人,传道、授业、解惑即为师之本。目前,高校普遍存在的一个令人担忧的现象是重科研而轻教学,它与不合理的各种考核和晋升条件有直接的关联,也与社会风气的影响直接相关。我记得,1985年留校任教后,乔志强先生曾和我有过一次认真的谈话,主题就是讲教学是教师的第一要务,站不稳三尺讲台,就没有立身之本,青年教师要把过好教学关当作工作后的第一关去认真对待,不得丝毫马虎。三十年来,我一直把老师的忠告铭记心间,即使在最近这些年繁重的行政工作压力下,我也尽量给本科生

上课，争取上好每一节课。对自己的学生我也如此要求，尽管可能会累一点，但我们作为一个教师，心里实在有一种良心上的满足感。目前，由我带头的《区域社会史研究导论》课程已成为国家优秀精品课程，团队也获得国家优秀教学团队的荣誉。我们还以精品课程为核心，开展了"校园历史文化节""鉴知精品课程青年教师培训班"两项活动，有关的教材也在积极的编写过程中。事实证明，通过高质量的教学活动，大大促进了科学研究的广度和深度。教研相长绝非空词。

"教研相长"是山西大学中国社会史研究中心成立以来的一个好传统。乔志强先生在世时，不仅开拓性地率先开展社会史的研究，而且带领众弟子编写《中国近代社会史》一书，以此获得了教育部优秀教学成果奖，成为至今许多高校本科生、研究生的必读书和教材。乔先生仙逝后，我们又继承和发扬这一传统，虽然将研究的重心由整体社会史转向区域社会史，但教研相长却一以贯之，努力以赴。围绕10多年前为本科生开设的《区域社会史研究导论》课程，我们组建了"区域社会史"教学团队，获得了国家精品课程、视频公开课、优秀教学团队等荣誉，山西大学历史学科以此成为国家级特色学科，并建立了国家级的校外大学生实践教学基地。2014年，山西大学中国社会史研究中心被人力资源和社会保障部、教育部共同授予"全国教育系统先进单位"的荣誉称号。

毋庸讳言，目前中国高等教育仍然面临着许多挑战和问题，其中重科研轻教学的现象表现比较突出，许多高校的研究机构人员很少甚或没有为本科生上课的教学任务，导致科研与教学的严重脱节。重知识传授轻能力培养，重课堂学习轻研究训练，已经成为普遍诟病的问题。山西大学中国社会史研究中心不足10人，我们既作为研究团队，又作为教学团队，一肩双任，虽苦犹乐，这是因为我们首先是一个大学的老师。在科研和教学的长期实践过程中，我们确实有一份责任感，又有一份快乐感。

"教研相长七书"的一个小小意愿，就是把我们长期以来围绕中国社会史、区域社会史的教学实践公之于世，接受大学生、研究生和社会各界的意见和批评，以便继续深化这方面的工作。

以下就"教研相长七书"分别作以简要的介绍：

一、乔志强主编《中国近代社会史》（人民出版社 1992 年版）。该书为乔志强先生"和青年教师的集体尝试"，该书分社会构成、社会生活、社会功能三编建构中国近代社会史的知识体系，内容包括人口、家庭、宗族；社区与民族；社层变动；物质生活；精神生活；人际关系；教养功能；控制功能等。有学者称为"乔氏体系，三大板块"。正文之前有乔志强先生撰写的长达 35 页的"导论"，讨论社会史研究的对象、社会史的知识结构、研究社会史的意义、怎样研究社会史四个问题。这是国内第一本系统的社会史研究著作，有评论认为此书为社会史研究"从理论探讨到实际操作迈出的第一步"，"具有某种划时代的意义"。该书又有台北南天书局 1998 年 6 月中文繁体本，已经成为许多大学本科生、研究生的必读教材。

二、行龙主编《区域社会史研究导论》。2004 年开始，由我牵头在山西大学历史系开设《区域社会史研究导论》课程，期间，或历史专业选修课，或全校公开课，连续十余年未曾间断。该课程以"集体授课"的形式进行，中国社会史研究中心的 8 位教师共同担当本课程的授课任务。2007 年，该课程被评为国家级精品课程，次年区域社会史教学团队被评为国家级优秀教学团队；2013 年，该课程作为教育部精品视频公开课向社会开放。授课的同时，我们就在进行着相关教材的编写，结合授课实际和学生的反映，大家一起讨论，反复修订，课程讲授—田野考察—修订教材，不断地循环往复，终于完成了这本经过 10 余年努力而成的教材。该书共七章一个绪论，讲授区域社会史研究的趋向、学科定位、区域特性、小地方与大历史、区域社会史研究的理论、方法、资料等内容，意在提供给学生一个怎样研究区域社会史的入门教材。

三、行龙主编《近代山西社会研究——走向田野与社会》（中国社会科学出版社 2002 年版）。本书为"山西大学百年校庆学术丛书"之一种，"是我和近几届硕士研究生共同完成的"。"本书除前面两篇有关社会史及区域社会史的理论问题（行龙：《中国社会史研究中的几个问题》；乔志强、行龙：《近代华北农村社会变迁论——兼论地域社会史研究的理论与方法》）外，对近代以来山西人口、水资源及水案、灾荒、集市、民教冲突、祁太秧歌等分专题进行了研究。应当说这些问题都是之前很少涉猎或没有研究过的问题，我们试图从社会史的角度对此进行探讨。"时间过得真快，一晃该书已面世14个年头，昔日的硕士生已成长为大学的教授，我感到很是欣慰。又，正是本书当年的责任编辑郭沂纹先生的肯定和支持，才催生了"教研相长七书"，对此要对她道一声感谢！

四、行龙主编《集体化时代的山西农村社会研究》。此书可以看作前书的姊妹篇，也是社会史研究中心硕士生毕业论文修改而成。集体化时代的农村社会研究，是近年来中心的一个主要研究方向，多篇硕士、博士论文围绕此方向展开。该书所涉内容包括两大类：一类为集体化时代的某个村庄问题的研究，典型农村如西沟、张庄，一般农村如赤桥、剪子湾、道备等；另一类为专题研究，如新区土改、医疗卫生、水土保持、农田水利、文化生活等。需要说明的是，正如前书的副标题一样，各篇论文的形成，都实践和体现了"走向田野与社会"的理念。论文"或以资料翔实见长，或以立题新颖取胜，各位都注意到充分利用田野调查和地方文献，下过一番苦功夫"。现经中心诸位教师讨论，从数十篇中选取十篇结集出版，接受读者的指正与批评。

五、行龙主编、郭永平副主编《在田野中发现历史——学生田野调查报告（永济篇）》。走向田野与社会，是我们多年来从事社会史和区域社会史教研工作中的追求与实践。"这里的田野包含两层意思：一是相对于校园和图书馆的田地与原野，也就是基层社会和农村；二是人类学意义上的田野工作，也就是参与观察实地考察的方法；这里的社会也有两层含义：一是现实的社会，我们必须关注现实社会，懂得从现在推延到过去或者由过去推延到现在；二是社会史意义上的社会，这是一个整体的社会，一个'自下而上'的社会。"[①] 田野工作是中心和历史学专业每一届学生的必修课，多年来，我们一直坚持这一做法，学生收获良多。

位于山西省南部的永济，是我们与永济市人民政府共同建立的国家大学生校外实践教学基地，近年来，山西大学社会史研究中心的教师结合《区域社会史研究导论》课程讲授，带领学生在永济进行了多次田野考察，该书收录的学生作品含学术论文、调查报告、田野日记三部分。

---

① 行龙：《走向田野与社会》（修订版），生活·读书·新知三联书店2015年版，第19页。

虽显稚嫩，但对我们而言却十分重要，因为这是多年来学生田野工作的一次集中展现。

六、行龙著《山西区域社会史十五讲》。该书从我近年来发表的数十篇有关山西区域社会史的论文中辑出。书分六部分内容，涉及山西区域社会史研究的主要脉络，新的研究领域、田野考察、资料发掘、人物研究及山西大学校史的相关问题。这些论文都是在教学过程中"初次亮相"，进而吸收各方意见成稿，也可以说是本人"教研相长"的成果。

七、胡英泽、张俊峰主编《区域社会史研究读本》。这个"读本"，或可叫做"选本"，也就是一个教学参考书。记得我们读大学的时候，有一门课程是"历史要籍介绍及选读"，很受学生欢迎。区域社会史是一个新兴的研究领域，30年来却有那么多的成果出现，既要选的精当，又要使学生爱读，既要有理论方法的引导意义，又要兼顾具体的实践操作，实在也是一件很难的事情。又，这个读本只收录了部分中国学者的作品，限于篇幅未能收录海外学者的作品（有机会可再编一本《海外读本》），意在使读者减少隔膜感而增进亲近感，这样的初衷或许更符合读者的口味。"学识有限，难免挂一漏万，留遗珠之憾"，并非一句客套话。

"教研相长七书"编订之际，既有一分欣慰，又有一分忐忑。我们在长期从事历史研究的过程中，认真地从事了相关的教学工作，从大家的谈论中，从学生的反映中，我们能够感受到做教师的快乐。另外，"教研相长"又是一个需要长期坚持和努力的过程，在目前这样的环境中也是需要比别人付出更多心血的过程。过程之漫长并不可怕，好在这个过程是快乐的。

时值2016年教师节即将来临，新的学期也将开始，愿以"教研相长七书"以为纪念，期望读者诸位多加指教。

"教研相长七书"整理、编排过程中，马维强同志付出了辛勤的劳动，特以致谢。

行　龙

2016年8月29日

于山西大学中国社会史研究中心

目　　录

绪言：区域社会史研究诸问题 …………………………………（1）

第一章　区域社会史的学科定位 ……………………………（15）
　　第一节　社会史与区域社会史 …………………………………（15）
　　第二节　区域的时空界定 ………………………………………（26）
　　第三节　地方志、地方史与区域社会史研究 …………………（37）

第二章　生存环境与区域特性 ………………………………（48）
　　第一节　区域特性的外在表现 …………………………………（49）
　　第二节　重视区域社会的历时性与共时性 ……………………（59）
　　第三节　生存环境与区域特性研究的四个维度 ………………（67）

第三章　小地方与大历史 ……………………………………（82）
　　第一节　小地方与大历史的建构 ………………………………（82）
　　第二节　小地方与大历史的书写 ………………………………（91）
　　第三节　小地方与大历史的陷阱 ………………………………（101）

第四章　区域社会史研究的理论 ……………………………（113）
　　第一节　区域社会史研究的宏观理论 …………………………（114）
　　第二节　区域社会研究的中观理论 ……………………………（124）
　　第三节　区域社会研究的具体实践 ……………………………（137）

第五章　区域社会史研究的视角与方法 ……………………（149）

第一节　自下而上、以小见大 …………………………（149）
第二节　多学科交叉的视野 ……………………………（159）
第三节　田野工作与文献解读 …………………………（173）

第六章　区域社会史研究的资料 ……………………………（187）
第一节　旧史料的新解读 ………………………………（187）
第二节　新史料的挖掘 …………………………………（207）
第三节　新史料的拓展 …………………………………（221）

第七章　走向田野与社会 ……………………………………（229）
第一节　走向田野与社会的缘由 ………………………（229）
第二节　走向田野与社会的诉求 ………………………（237）
第三节　走向田野与社会的意义 ………………………（242）

后　记 ………………………………………………………（254）

绪言：区域社会史研究诸问题

关于《区域社会史研究导论》这篇所谓的绪言部分，有一点首先需要向读者做个交代。十多年前，在山西大学初次开设这门课程的时候，绪言部分主要讲的是"从社会史到区域社会史"这样一个学术演变过程，附带介绍了以下七章的主要内容。值此本书出版之际，鉴于有关学术史的内容在以后的章节中也有体现，为集中体现本书主题，经与中心诸位同仁讨论，改作为我们对目前区域社会史研究几个问题的讨论。故此，目前读者在网络上看到的国家精品课程《区域社会史研究导论》视频，与此会有出入，诸君鉴之。

目前区域社会史研究中存在的问题，或者说大家热议的问题，我们首先从"碎片化"谈起。

一　从"碎片化"谈起

无论从西文中转译过来的"碎化"与"碎片化"确切与否，"碎"字在汉语中最一般的理解就是破碎、粉碎，另一个意思是琐碎、细碎。碎片则是散乱一片，"一地鸡毛"。笔者接受社会史研究应当碎化的做法，就是要把研究对象咬碎嚼烂，烂熟于心，化然于胸，然后付诸笔端。而"碎片化"则是研究者需要力戒和摒弃的，这是因为只有碎片一地，却没有那个"有似绳索贯串钱物"[①]的东西，只能是碎片越来越多，景象越来越乱。反之，如果有了那个"有似绳索贯串钱物"的东西把一地的"碎片"再串通提起，这样的"碎片化"倒也不是不可以接受的。其实，说社会史研究"碎化"或"碎片化"，主要还是批评其研究对象和选题的琐

[①] 陈旭麓：《关于中国近代史线索的思考》，《历史研究》1988年第3期。

碎罢了。

　　社会史研究中出现"碎化"的现象，其实与其学科的特性密切相关，一定程度上也可以说是研究过程中自然而然的现象。我们知道，社会史首先是建立在对传统史学的反思、批判的基础上。西方传统史学以实证为重，注重叙述事件而缺少推理分析；注重抄录史实而不作概括归纳；注重研究个人而忽视集团；注重上层人物而忽视下层民众，有人将此概括为"事件的历史"。在中国，梁启超在倡导新史学的同时猛烈批判旧史学"知有朝廷而不知有国家"；"知有个人而不知有群体"；"知有陈述而不知有今务"；"知有事实而不知有理想"，那就是一种"帝王将相"的历史。社会史研究在批判传统史学的基础上异军突起，又在批判传统史学的基础上树立起旗帜，这个旗帜的核心就是代表着新史学发展趋势的"总体史"。勒高夫在谈到伏尔泰等"新史学的祖先"时明确指出："这里所要求的历史不仅是政治史、军事史和外交史，而且还是经济史、人口史、技术史和习俗史；不仅是君王和大人物的历史，而且还是所有人的历史；这是结构的历史，而不仅仅是事件的历史；这是有演进的、变革的运动着的历史，不是停滞的、描述性的历史；是有分析的、有说明的历史，而不再是纯叙述性的历史；总之是一种总体的历史。"①

　　20世纪80年代中国社会史研究的复兴，除了拨乱反正、解放思想的时代背景推动外，史学界本身的自省也是一个重要的动力。人们越来越意识到，一个时期以来，史学研究被浓厚的政治意识所笼罩，以政治史尤其是阶级斗争为主导的史学，不仅不能反映历史的全部和真实，而且使研究越来越苍白干瘪，在一片"史学危机"的呼声中，"把历史的内容还给历史"②，成为复兴社会史研究的最强音。复兴最初的中国社会史，无论"专史说"还是"通史说"，都在强调一种全面的历史或总体的历史。于是乎，人口、婚姻、家庭、宗族、城市、农村、衣食住行、婚丧嫁娶、节庆习俗、教育赡养、自然灾害、会党土匪、宗教信仰等均被纳入社会史研究的视野。柳暗花明又一村，具有新史学色彩的社会史研究

---

① [法]雅克·勒高夫等主编：《新史学》，姚蒙译，上海译文出版社1989年版，第19页。

② 《马克思恩格斯全集》第1卷，人民出版社1956年版，第650页。

大大地超越了传统史学的研究领域，一时间给人眼花缭乱目不暇接之感。正是在这样一种复兴初期扩展领域和"占领地盘"的过程中，90年代初期，即有学者批评中国社会史研究的"碎化"，好像社会史学科也是一个杂物筐，什么东西也可以往里面装。

应该说，社会史研究过程中出现的"碎化"现象，实际上就是在"总体史"的旗帜下自然产生的一种学术现象，西方社会史研究亦复如此。法国学者弗朗索瓦·多斯1987年出版的《碎片化的历史学——从〈年鉴〉到"新史学"》，即是对年鉴派史学进行评介的书。① 问题是，研究者如何在自然的"碎化"过程中自觉地避免"碎片化"，依笔者之见，还是要回到总体史的路子上来，正确地理解和把握总体史。只有如此，才可能使社会史研究真正摆脱"碎片化"的境地。

在笔者看来，社会史意义上的总体史并不是简单地追求研究对象上的五花八门、包罗万象甚至是越多样化越好、越琐细化越好，也不是单个社会要素连续相加重叠的混合体，而是一种多种结构要素相互联系和作用的多层次的统一体。布罗代尔特别强调，"所谓总体，指的是一个统一体"。② 他所倡导并实践的结构、局势、事件"三时段"历史，首先就是一种互相联系和互相作用的总体史。马克·布洛赫说："无论什么性质的社会，一切事物都是互相制约、互相联系的，政治、经济的结构与信仰及思想最基本、最微妙的反映都概莫能外。"③ 社会史的选题应该没有大小之分，再小的选题也可以是社会史的选题，关键是要"以小见大"，在总体史的眼光下寻找事物的互相联系和作用。同样，只有在认识论和方法论的基础上把握总体性，"保持总体化的眼光"，再小的区域也可以做出社会史意义上的总体史。勒华·拉杜里的《蒙塔尤》一书，其研究对象虽只是中世纪法国南部一个拥有数百人的小村庄，但它却试图把构成和表现13—14世纪蒙塔尤社区生活的各种参数——揭示出来，"明确

---

① [法]弗朗索瓦·多斯：《碎片化的历史学——从〈年鉴〉到"新史学"》，马胜利译，北京大学出版社2008年版。

② [法]费尔南·布罗代尔：《资本主义的动力》，杨起译，生活·读书·新知三联书店1997年版，第2页。

③ [法]马克·布洛赫：《历史学家的技艺》，张和声、程郁译，上海社会科学院出版社1992年版，第180页。

表示了新史学的总体研究愿望"。我想进一步强调的是，社会史意义上的总体史与唯物辩证法中整体的观点、普遍联系的观点也是息息相通的。

避免"碎片化"的办法就是从总体的观点进行多学科的交融。彼得·伯克有言："各个学科的结合是对碎片化的补救"，"揭示地域、社会群体与各个学科之间的关联，是与碎片化进行战斗的一种方式"。① 不同学科之间的对话与交流本来就是社会史研究的重要特征，年鉴学派自创始一直到如今第四代学者80年的发展过程，就是一个多学科不断交流和融合的过程。即使当今西方流行的微观社会史，也有许多优秀的能够体现总体史的著作。"由于教科书是通论性质的，你并不必须对每一个小问题都进行研究，而一部好的微观史却同时需要具备细节、证据和总体史的雄心。""倘若一部微观史写得好的话，它应该是一部有着自身深厚内蕴的研究，但同时也会揭示出与在它之外的其他进程的事件的关联。"②

这就是说，只要我们"保持总体化的眼光"，进行多学科的交流对话，勇于和善于在具体研究中运用整体的、普遍联系的唯物史观，再小的研究题目、再小的区域研究也不会被人讥讽为"碎片化"。可惜的是，我们仍有一些研究者并没有把总体史的眼光贯穿到自己具体的研究实践中。对此，早在1950年，布罗代尔在法兰西学院的就职演讲中就引用年鉴派创始人费弗尔的话大声疾呼："最好不过的是，每一位学者在从事他自己的正规专业、忙于开垦他自己的花园时，也应该努力注意邻人的工作。但是，往往由于院墙太高而被挡住了视线。倘若这些不同团体之间的智力交流更频繁一些，那么将会有多么丰富的关于方法和关于事实解释的珍贵建议，会有怎样的文化成果，会在直觉上迈出怎样的一步！"③ 应该说，"碎化"或"碎片化"本身并不可怕，可怕的是碎而不通，碎而不精。目前中国社会史研究中已经出现了多学科交叉的良好势头，也有一些较为成功的著述出现，但未来的路程仍然十分漫长。

---

① ［英］玛丽亚·露西娅·帕拉蕾丝—伯克编：《新史学：自白与对话》，彭刚译，北京大学出版社2006年版，第178—179页。
② 同上书，第76页。
③ ［法］费尔南·布罗代尔：《论历史》，刘北成、周立红译，北京大学出版社2008年版，第20页。

二 区域社会史研究不一定"碎片化"

区域社会史的研究往往被认为是"碎片化"表现突出的领域。其实，现在我们谈论所谓的"碎片化"问题，主要还是由于各种各样的区域史（包括新社会史、新文化史、历史人类学）研究对历史的整体面相不断进行局部解释的缘故。也许正是因为如此，区域社会史的历史书写也往往容易被人误解为"碎片化"。

不可否认，目前学界确实存在一些区域社会史研究过于简单化的做法，就区域言区域，未能将区域内部各组成部分以及区域与整体之间有机地联系起来进行讨论，虽然占有区域性的具体史料，但却陷在史料当中不能自拔，更多地只是将视野限定在所掌握的史料层面上，就史料言史料，不能很好地将"小地方与大历史"的复杂关系全面客观地诉诸笔端，对史料自身的产生背景及具体意图也视而不见，结果实践越多，"碎片化"日深。就"区域研究"中的"某种反省和自我批判的态度"而言，陈春声教授也曾指出："深化传统中国社会经济区域研究的关键之一，在于新一代的研究者要有把握区域社会发展内在脉络的自觉的学术追求。毋庸讳言，时下所见大量的区域研究作品中，具有严格学术史意义的思想创造的还是凤毛麟角，许多研究成果在学术上的贡献，仍主要限于地方性资料的发现与整理，以及在此基础上对某些过去较少为人注意的'地方性知识'的描述。更多的著作，实际上只是几十年来常见的《中国通史》教科书的地方性版本，有一些心怀大志、勤奋刻苦的学者，穷一二十年工夫，最后发现他所做的只不过是一场既有思考和写作框架下的文字填空游戏。传统社会区域研究中，学术创造和思想发明明显薄弱，其重要的原因之一，就是学术从业者追寻历史内在脉络的学术自觉的严重缺失。"①

显然，做区域社会史研究，要想不被人误解或讥讽为"碎片化"，确有必要对区域与整体及两者的相互关系有着相当的认识和把握，直至内化为研究者心中可以运用自如的一种学术自觉。区域是部分的、具体的，而社会是整体的、系统的，区域社会史是在研究具体的区域，但关注点

---

① 陈春声：《走向历史现场》，《读书》2006年第9期。

却应该是整体的社会。区域可大可小，是一个相对的动态性概念，而整体则是众多的区域通过一系列的内在机制所生成的但又超越了区域原有特征和属性的系统性存在，因此，区域形式上看似独立于整体，但是其存在的前提和意义正是通过和整体的紧密关联而显现的，如果脱离了整体性的存在，区域也就毫无意义可言了。真正的区域社会史研究实际上是"形散而神不散"，即便是对原本完整的历史进行不同面相的展现，最终的目的还是要回归到整体史层面上来。

近年来，"华南学派"的相关研究引起了社会史研究及区域社会史研究者的重视。他们三十多年的区域史研究不仅没有落入"碎片化"的窠臼中，相反，却积累了相当丰富的有助于剖析整个中国历史的实践经验与解释体系。由陈春生主编的"历史·田野"系列丛书（生活·读书·新知三联书店2006年版）就凸显了把区域史与整个中国史融为一体的治史理念。另外，黄宗智的《华北的小农经济与社会变迁》《长江三角洲小农家庭与乡村发展》，杜赞奇的《文化、权力与国家：1900—1942年的华北农村》，裴宜理的《华北的叛乱者与革命者：1845—1945》、孔飞力的《叫魂：1768年中国妖术大恐慌》等海外中国研究论著，无论是在选题还是理论与方法上，都对国内历史研究产生了不容轻视的影响。它们也都是从具体的区域或事件入手，但是对区域内容的讨论则放在了整体的大历史的进程中，通过区域研究去透视具有更加普遍性、一般性的问题。例如，杜赞奇在其书中研究的是晚清至民国的华北农村社会，涉及地方政权、乡村政治、宗族、水利、祭祀、婚姻、税收摊派、市场、乡村组织和领袖等内容，但是作者通过这些看似支离破碎的农村问题，构建了清末以降华北农村社会变革背后的结构性特质，如"国家政权内卷化""权力的文化网络""保护型经纪与赢利型经纪"等深层问题，进而为整个中国近代乡村社会的历史演变作出了一个自己的解释。

笔者多年来倡导"走向田野与社会"，在从事明清以来山西区域社会史研究的实践中，也试图通过区域研究反映整体的历史，以此提炼具有普遍意义的概念和理论。明清时期山西人口、资源、环境三要素是探讨该区域社会的重要方面，彼此间的不均衡发展导致的生态环境恶化引发了众多社会问题的发生。我曾指出："明清以来山西生态环境恶化的最突出表现是水土流失，水土流失不仅引起土地的大面积沙化，而且使汾河流域的含沙量急剧增加。河道、渠道的变更,由森林减少而引起的气候环境的变化,又加剧了旱灾及争夺水资源的各类'水案'的频发,这种生态环境的恶性循环一直是困扰山西农村社会经济发展的主要因素。"① 基于此,我们开展了水利社会史的一系列研究,包括水资源的紧缺、争夺导致的"分水"事件,水利灌溉、祭祀与信仰,水利与造纸等手工业的运作,水环境与自然灾害的发生等,试图"以水为中心"去展现乡村民众、宗教信仰、民间组织、精英士绅、国家政权等多重力量共同作用下的山西区域社会。明清以来的山西区域社会是否"以水为中心"这样的问题仍可讨论,但我们试图通过"以水为中心"反映整体的区域社会变迁,也就是通常所说的保持"总体史"的眼光。区域史研究并不一定就是"碎片化",其价值所在就体现于它与整体史的密切关系之中。

三 关于"进村找庙,进庙找碑"

国内区域社会史研究的兴盛固然受到了"中国中心观""区位市场体系""国家与社会"等西方史学思潮比较的影响,但社会学、人类学的田野调查理论和方法更为其提供了直接的学术资源。20世纪80年代后期,陈春声、郑振满、刘志伟等"华南学派"同行即与海外人类学机构和专家合作,开展华南区域社会史的研究,并与香港科技大学、北京师范大学、山西大学等单位联合举办多期"历史人类学研讨班",中山大学的"历史人类学研究中心"随即挂牌成立,历史人类学在社会史界乃至整个人文社会科学界受到了极大关注。依笔者粗浅的理解,"华南学派"的历史人类学,其研究特色主要是在历史学为本位的基础上,充分借鉴吸收人类学的理论方法,从"历史与田野"的视角进行区域社会史研究。或者说,他们注重共时性结构和历时性过程的结合,在把握历史脉络的基础上,从过去如何造成现在、过去的建构如何诠释现在的问题意识为出发点,以宗族、绅士、族群认同、械斗等为切入点,研究华南地区作为特定的地域社会在历史的长河中是如何逐步纳入国家的过程及其复杂的生成关系。

正是基于这样的问题意识,他们的研究对象大都选择在基层与乡村,

---

① 行龙:《走向田野与社会》,生活·读书·新知三联书店2007年版,第63页。

凸显了自下而上的社会史路径,所以对村庄及庙宇的田野考察成为一道亮丽的风景。师兄杨念群教授曾将此形象地描述为"进村找庙,进庙找碑"。在我看来,这样的描述一方面表达了"华南学派"进行区域历史研究的特色,另一方面又似乎在提醒我们不能只是一头钻进村庙而不顾外面的世界,此外,它还试图表明了把历史与田野结合起来对推动整个中国史研究的可行性和重要性。其实,杨念群教授后来倡导和讨论的"感觉主义"及"在地化"研究,以及笔者近年来提出的"走向田野与社会"治史理念,也都有着这样的学术蕴含。显而易见的是,走进历史"现场",寻找过去的遗迹,充分地将文字史料在田野中激活,已经成为区域社会史研究者建构大历史进程中特定地域社会变革所不可或缺的重要工作。

正如我们不必为什么是社会史争论不休、悬而不决一样,我们也不必为历史人类学争什么学科地位。重要的是,社会史研究要"优先与人类学对话",充分吸收人类学的理论与方法,以历史学为本位开展广泛而深入的田野调查工作,应当是值得充分肯定和需要长期坚持的方向。可以说,人类学家从事的微观个案研究,他们到研究对象的生活圈子里进行长期的田野工作,并对其观察和体验到的"他者"世界进行"深描"和"文化的解释",这些都是社会史研究者,尤其是区域社会史的研究工作者应当在实践中认真加以体悟和感受的方法。因此,我们不能把"进村找庙,进庙找碑"与解读历史文献的功夫割裂开来,更不能将二者对立起来。离开基本的历史文献无法去做历史的研究,也不可能拥有社会史意义上的"总体的眼光",进行田野工作恰恰是为了进一步地激活文献,读懂读通文献。为了直接体验特定空间里的历史,到研究对象的实地进行人类学式的田野考察,不仅可以发现一些文献上没有记载的内容,而且会把文献上死的历史记载变为有了切身感受的活生生的历史"现场"。把历史文献与田野考察结合起来,把象牙塔里的历史学家变为"田野里的历史学家"并没有什么不好。然而,需要指出的是,社会史的田野调查还是要以历史学为本位,人类学倚重参与观察和口述资料,历史学则强调在参与观察的过程中对地域历史的体验、感觉和文本资料的收集。我们也可以将这看作是人类学的田野调查与社会史的田野调查的差别所在。我曾经指出要想在中国社会史研究中真正地有所创新,就需要不断地走向田野与社会,将史料、研究内容、理论方法融为一体,这实际上也是在强调史料的收集在社会史研究中的重要性。①

目前田野调查在中国社会史研究中已经蔚然成风,但基本仍限于研究者个体的行为,像年鉴派那样真正的"集体调查"我们做的还非常有限。勒高夫在谈到费弗尔的《为史学而战》时写道:"费弗尔在书中提倡'指导性的史学',今天也许已很少再听到这一说法。但它是指以集体调查为基础来研究历史,这一方向被费弗尔认为是'史学的前途'。对此《年鉴》杂志一开始就做出榜样:它进行了对土地册、小块田地表格、农业技术及其对人类历史的影响、贵族等的集体调查。这是一条可以带来丰富成果的研究途径。自1948年创立起,高等研究实验学院第六部的历史研究中心正是沿着这一途径从事研究工作的。"② 显然,对集体调查的强调事实上也是与社会史的总体史关怀相一致的,它可以使研究者更为全面地兼顾到研究对象的方方面面,真正地从特定的区域历史构建中凸显出整体性的面貌来。

因此,社会史研究者要走向田野与社会,并不能被简单地视为身处乡野,即是我们所追求的田野调查,而是一个发现史料、发现问题、发现历史的综合作用的研究过程。依笔者有限的了解,中山大学历史人类学研究中心对清代贵州清水江流域木材贸易文书的发现整理,山西大学中国社会史研究中心对集体化时代山西百余农村基层原始资料档案的收集整理,或可视为我在此所强调的"集体调查"的开始。可以说,此类历史与田野有效对接的具体方法,无论是在原始资料的发掘上,还是在问题假设上,都对自下而上的社会史研究有着十分重要的意义。我们经常会听到一些研究者在抱怨中国没有像西方那样完整的教会档案和系统文献,从事社会史研究的资料难以收集,其实那是我们的功课还没有做好,我们的工作还没有到位。中国如此之大,资料收集的空间也很大。除了研究者个人的田野工作和资料收集之外,进行整体性的"集体调查"

---

① 行龙:《二十年中国近代社会史研究之反思》,《近代史研究》2006年第1期。
② [法]雅克·勒高夫等主编:《新史学》,姚蒙译,上海译文出版社1989年版,第14—15页。

实在是应该大加提倡的,一定程度上这也是一种文化遗产的抢救。而且,我相信社会史研究在从田野调查中寻找到新的创新点的同时必将推动整个中国的历史研究不断走向深入。

四 需要关注的其他问题

区域社会史研究既要避免"碎片化",走向和回归总体史,又要"优先与人类学对话",走向田野与社会。除此之外,在具体的研究过程中,仍然需要关注以下几个问题。

其一,要有明确的"问题意识"。问题是我们在研究中遇到的困惑或者不清楚的事物,问题意识就是我们在研究中确定所要探索或解决的问题是什么。无论现在对"问题意识"这个时髦的说法有多少种解释,通俗地讲,就是一个"为什么"的问题。"为什么"其实也就是发现问题,可以说这是研究工作的起点。

对于区域社会史研究者而言,发现问题主要有两个途径:一是要有一定的学术积累,从文献的历史中发现问题。没有对学术前沿的了解和把握,没有对中国历史的基本知识,甚至没有对区域社会历史的基本知识,仅在文献领域也很难发现问题。这种情况下,即使发现了所谓的问题,其研究也很可能不免散乱和琐碎,甚而流入"碎片化"的境地。二是要善于从现实社会中发现问题。法国年鉴学派第一代的代表人物马克·布洛赫曾经提出一个著名的公式:"通过过去来理解现在,通过现在来理解过去。"年鉴派的社会史不是让史料说话的实证史学,"而是由历史学家提出问题的史学"。另一位代表人物费弗尔更明确地说道:"提出一个问题,确切地说乃是所有史学研究的开端和终结。没有问题,便没有史学。"① 不同时代、不同国家、不同区域有着不同的过去和现在,历史与现实有着奇妙的沟通,现实的中国与历史的中国紧密粘连。关注现实,关注社会,将历史与现实的关系激活,我们一定会发现问题。另外,

---

① [法]费弗尔:《为史学而战斗》,转引自何兆武、陈启能主编《当代西方史学理论》,上海社会科学院出版社2003年版,第396页。[法]费尔南·布罗代尔:《历史和社会科学:长时段》,载蔡少卿主编《再现过去:社会史的理论视野》,浙江人民出版社1988年版,第50页。

从学科意义上讲，社会史具有"自下而上"的鲜明特征，具有贴近社会、贴近大众、贴近生活、贴近现实的特点，关注就会去贴近，贴近就可能有发现。

其二，要注重"长时段"。"长时段"理论是由法国年鉴学派第二代代表人物布罗代尔提出的。布罗代尔批评只注重段时段、个人和事件的传统史学研究，反对那种"任何历史都把过去分成不同的时期，并根据各自的偏爱选择其中的一个时期进行研究"①的做法，对历史事件做了创造性的处理。在《菲利普二世时代的地中海和地中海世界》这部不朽的名著中，布罗代尔将历史时间区分为地理时间、社会时间和个人时间三个层面，并将这种区分运用到该书的三部分，他在该书初版的1946年的序言中写道：第一部分论述一种几乎静止的历史——人同他周围环境的关系史。这是一种缓慢流逝、缓慢演变、经常出现反复和不断重新开始的周期性历史。第二部分的标题是"集体的命运和总的趋势"，他认为，在静止的历史之上，显现出一种有别于它的、节奏缓慢的历史。人们或许乐意称之为社会史，亦即群体和集团史。第三部分是传统历史的部分，换言之，它不是人类规模的历史，而是个人规模的历史，也就是事件史。布罗代尔特别强调要重视对长时段历史，或者说对"结构"历史的研究，"结构"在其长时段理论中居于首位。他认为，"结构"是社会现实和群众之间形成的有机的、严密的相当固定的关系。这一建筑构件十分耐久地存在，有些结构成为世代相传、连绵不绝的恒在因素，有些结构较快地分化瓦解。对历史学家来说，接受长时段意味着改变作风、立场和思想方法，意味着用新的观点去认识社会。布罗代尔意味深长地写道："马克思的天才，马克思的影响经久不衰的秘密，正是他首先从历史长时段出发，制造了真正的社会模式。"②

借鉴布罗代尔的"长时段"理论，我们认为，区域社会史的研究要把研究对象发展的内在脉络置放于长时段的历史长河中加以把握，而在长时段看似静止时间的研究中，要注意"结构"的发展变化过程，即使

---

① ［法］费尔南·布罗代尔：《历史和社会科学：长时段》，载蔡少卿主编《再现过去：社会史的理论视野》，浙江人民出版社1988年版，第50页。

② 同上书，第76页。

这种"结构"的变化是微小而局部的。正是这种看似缓慢的"结构"性变迁，才支配着、影响着"短时段"所表现出来的纷繁复杂、变幻无常的事件的历史和个人的历史。

不同的研究主题有不同的时间尺度，也有着不同的时段划分。区域社会史研究中的时段划分一定不可拘泥于中国"大历史"的时段划分，而是需要根据区域社会发展的实际和特性来划分必要的历史时段，依样画葫芦地将中国"大历史"的分期套用照搬到具体的区域历史研究中来，往往难免隔靴搔痒，不得要领。例如，1840年鸦片战争是中国近代史的开端，这个"开端"主要是鸦片战争打开了中国的大门，西方资本主义势力开始侵入中国，但西方势力的浸入，经过了一个自东向西、由沿海到内地的漫长过程。19世纪40年代由东南沿海地区引发的欧风美雨并没有直接刮到广大的内地城镇乡村，就华北地区而言，直到第二次鸦片战争后，天津的开埠才使华北地区直接感受到了那种血腥。就山西而言，唐末五代、宋初、明初都是重要的区域社会分期点，而这样的分期自有其区域内部"结构"变迁或重大事件，明代初年山西地区人口数量的相对膨胀和"大槐树移民"，以及由此引发的经商风气、晋商的崛起，都是把明初作为山西区域社会史一个分界点的重要因素。近年来我们开展的集体化时代的农村社会研究，也没有拘泥于大历史的分期。按照传统的分期标准，1949年中华人民共和国的成立是中国近代史和现代史的分界点，但中国农村社会的集体化时代却没有因此拦腰截断。我们认为，"所谓集体化时代，即指从中国共产党在抗日战争根据地时期推行互助组，到20世纪80年代人民公社体制结束的时代。此间约40年时间（各地不一），互助组、初级社、高级社、人民公社、农业学大寨前后相继，一路走来，成为中国历史上空前的，也许是要绝后的独特时代。从历史发展的进程而言，这是一个难以分割的时代，也是一个难以忘却的时代"①。根据地时代建立的互助组，其目标就是集体化。我们不能因为互助组仍然以生产资料私有制为基础，就把它和后来的初级社、高级社割裂开来，正所谓"不知有汉，何论魏晋"。

其三，既要深入区域又有跳出区域。王国维先生在《人间词话》中

---

① 行龙主编：《回望集体化：山西农村社会研究》，商务印书馆2014年版，第3页。

写道:"诗人对宇宙人生,须入乎其内,又须出乎其外。入乎其内,故能写之,出乎其外,故能观之。入乎其内,故有生气,出乎其外,故有高致。"① 区域社会史的研究要深入区域入乎其内,又要跳出区域出乎其外,我们不可能像诗人那样浪漫无羁,但我们一定要深入区域、深入田野,在深入区域中寻找遗迹,搜集地方文献,丰富地方性知识,体悟"同情之理解",甚至像诗人那样去形象描述现实与历史的奇妙链接。另一方面又要跳出区域看区域,要从一个哪怕是普通村庄很小的区域,看到外界的乡、县、省、国家、世界。这就是通常说的,不能"只见树木不见森林"。这里也举一个晋水流域的例子。晋水流域是指以晋祠难老泉为主,晋水灌溉的附近36村流域。这是一个超越行政区划以晋水流域为区域划分标准的所谓"区域",它是一个大区域,还是一个小区域? 其实只是一个相对的概念。重要的是,我们应当从晋水流域的用水制度及其频发的各类水案中,看到村与村、上游与下游、国家与社会、民众与士绅、官府与宗藩等错综复杂的关系及其演变;从流域内一些村庄的逐渐消失中,看到水资源的日趋紧张、川地民人向山地的进发、西山煤铁矿产资源的开发、山区生态植被的恶化及"峪水为灾"这样的自然灾害;要从刘大鹏的《退想斋日记》中,看到晋水流域在社会结构、社会生活、社会制度、风俗习惯、士农工商、普通民众、乡镇农村、平川山地等事物的常态与特性,甚至看到晋水流域之外的"另一个世界"。以小见大,以特定的区域作为研究对象,其目的不仅仅在于探讨区域内部的社会变动和变迁,更不是仅限于对区域的描述和复原,而在于从区域出发,以相互联系、相互作用的唯物主义辩证法探讨整体社会的变迁与发展,这也是区域社会史避免"碎片化",回归整体史的内在要求。

跳出区域同样需要区域社会史的研究者持有一种开放的学术心态。中国社会史研究的三十年是开放的三十年,也是广泛吸收海外各种理论方法推动研究的三十年。区域社会史的研究需要吸收人类学、社会学、地理学、政治学、经济学、民俗学等社会科学的理论与方法,也需要借鉴"中国中心观""长时段""自下而上""地方性知识""后现代""后社会史"等有益的学术资源,但我们不可以盲目跟进,生搬硬套。西方

---

① 王国维:《人间词话》,中国人民大学出版社2011年版,第18页。

与我们有不同的"学术语境",更有与我们不同的历史内容,我们要与西方的社会史进行对话而不能仅限于自说自话,我们更要从中国的历史出发,从中国的实际出发,从区域的实际出发。

区域社会史研究已呈方兴未艾之势,今后依然任重而道远。

第一章

区域社会史的学科定位

任何一门学科都有它的学科定位，什么是区域社会史？就是要解决区域社会史的学科定位问题，这其中应该包括社会史与区域社会史的关系问题、区域的时空界定、地方史志与区域社会史的区别等几个方面。

第一节 社会史与区域社会史

中国社会史研究的复兴大约是在20世纪80年代，在此之前尽管有着一些关于社会史方面的讨论或著述，但大都被湮没在中国经济史和政治史的浩荡洪流中，并未形成气候，更遑论关于社会史理论方面的探究。20世纪80年代，改革开放之下、国外社会史理论的引入以及对旧有研究模式的反思使得社会史研究在国内学界顺势而兴。复兴之初，学者们对诸如什么是社会史、如何研究社会史等问题存在着很多困惑和争论，而这些问题又是必须首先要面对和解答的。

一 社会史

20世纪80年代，受"现代化理论"的影响，中国近代史学界率先提出了"社会变迁"的问题，力图突破从"生产形态"的角度理解历史演变的旧路子，不少研究者尝试以阶层取代阶级，以"结构—功能论"取代"社会发展阶段论"阐释历史发展进程。一时之间，关于中国历史的研究呈现出"横看成岭侧成峰，远近高低各不同"的多元态势。随着研究的深入，新问题出现了。尽管研究视角不同，但学者们所关注的"中国社会"仍是一个"政治"与"制度"的实体，探讨的也主要是这个实体如何运作，难以发现基层社会的运行状态。也就是说，这一时期对"社会"的挖掘仍是在宏大叙事的框架下进行的，缺少细节方面的突破。

真正把"社会"作为一种历史分析的单位肇兴于20世纪90年代。这时期越来越多的研究者开始认识到历史演变不仅仅是个时间因果序列的问题，而且也包括"空间"的内涵在其中。研究者首先面临的就是"什么是社会史"的问题，史学界掀起了关于社会史理论问题的讨论，"专史说""通史说""范式说"，甚或社会史就是社会生活演进史说等观点纷纷涌现，论争不休。

"专史说"认为社会史是历史学的分支学科，与政治史、经济史、文化史相并立。乔志强提出"中国社会史以中国历史上的'社会'为研究对象"，"是一个有序的系列"，它可分为三个方面，即社会构成，包括人口、婚姻、家庭等最基本的社会元素和细胞；社会生活，包含物质生活和精神生活以及各种错综复杂的社会诸关系，它们组成了社会生活的主要网络式的内容；社会职能，包括教育及教养（老幼）、社会控制与调节以及社会病态、问题及其防治等。社会史并不是单纯考察某一社会现象的过程及规律，而是侧重于从社会生产关系入手，对社会生活进行综合研究。①

"通史说"提出社会史不是历史学的专门史，而是通史，是综合史。持这一观点的陈旭麓指出："真正能够反映一个过去了的时代全部面貌的应该是通史，而通史总是社会史。马克思主义研究社会，所注重的是人们在生产中形成的与一定生产力发展程度相适应的生产关系的总和。由此延伸出来的以经济活动为基础的种种人际关系都应当成为社会史研究的对象。"② 他强调研究历史"需要整体的观念"，"社会史就是历史的社会"。

"范式说"则将社会史看作一种新的研究方法，强调社会史不是历史学的一个分支，而是一种运用新方法、从新角度加以解释的新面孔史学。不仅家庭、婚姻、人口这些东西可成为社会史研究的对象，皇帝、宦官这些传统政治史的课题，经济危机、工资与物价这些传统经济史的课题

---

① 乔志强：《中国社会史的研究对象和方法》，《光明日报》1986年8月13日。
② 陈旭麓：《略论中国近代社会史研究》，《华东师范大学学报》1989年第5期。

也可以是社会史的研究对象。历史学的变革目标就是这种社会史，即一个取代传统史学的政治史范式的新范式。①

对社会史的不同理解缘于社会史本身丰富繁杂的学科特征。首先，"社会"这一概念就是多义的。从共时态的角度说，我们既可以将它视为与自然相对应的，由在共同的物质生产活动基础上相互联系的人们组成的共同体本身，也可以将它视为与政治、经济、文化、心理乃至法律或道德并列的，因这个人群共同体而突生的某种非自然的因素。从前一种意义上来说，社会是广义的，它就是一个处于一定历史发展阶段上的，具有独特的特征的人类或人群共同体本身，而在后一种意义上，社会是狭义的，它是人类群体所具有的若干因素或特征之一，或者如一些学者所说，是人类这个特定的存在"经过政治、经济提取后的剩余物"。其次，学者们有着各自不同的学术背景和研究视角，也必然会形成对社会史的不同理解。

关于社会史的学科定位，西方史学界早有论争。1944 年，英国著名社会史学家 G. M. 屈威廉曾界定社会史为撇开政治的人民史，是关于生活方式、闲暇状况和一系列社会活动的历史。这种提法类似我们所谓的专门史。后来，社会史是"整体的历史"的观点一度成为西方社会史学界的主流观点，法国的年鉴学派就是这种"整体的历史"观点的集大成者。查尔斯·蒂利认为，欧洲社会史学的核心内容是"重建宏观结构变迁中普通人民的历史"，明确提出社会史是普通人日常生活史的观点。英国史学家 E. H. 卡尔指出，社会史是历史学和社会科学的结合，社会史强调史学与理论的关系，注重在历史研究中寻求社会人类学、社会学研究范畴的附本。卡纳迪宁则在其《什么是社会史》一文中疾呼："多研究问题，少下定义。"他认为社会史是缺乏中心的，有关社会史的多种定义都只是部分正确地反映了社会史研究的现状，而在社会史理论上仍多分歧。除此之外，在西方社会史学界，对社会史的理解和定义仍有多种：或认为社会史学应该研究人的行为和行为方式的底蕴——经验、动机与意识；或认为社会史应该从社会结构和个人经历之间的中间层着手。即从人们的理解和思想出发来研究行动；或认为社会史学定义之争只是一种"语

---

① 赵世瑜：《社会史研究呼唤理论》，《历史研究》1993 年第 2 期。

义之争"。五花八门，不一而足。

社会史研究和社会本身存在的种种可能的发展形态，使得社会史学家对社会史形成不同认识。无论是"通史说""专史说"还是"范式说"，其实就其学术追求而言并不矛盾，更没有高下之分。从具体的研究对象和内容的学科意义上来讲，社会史可以说是一种专门史。另一方面，从史学研究的方法和视角来讲，社会史以其鲜明的总体史追求、自下而上的视角与跨学科的研究方法，为陈旧的史学研究带来翻天覆地的变化，它又是一种新的范式，两者都是社会史蕴含的本质内容。年鉴派大师布洛赫曾说过，"一门学科并不完全通过它的对象来被定义，它所具有的限制也完全可以以它方法的特殊性质来被确定"。

尽管对于社会史的理解在中西方史学界莫衷一是，但有一点是中西方史家所共识的，也是社会史从开创之初就明确提出的，那就是对总体史的追求。正如勒高夫指出的那样："新史学所表现的是整体的、总体的历史，它所要求的是史学全部领域的革新。"纵观社会史研究在中国的发展历程，基本上也可以这样理解：社会史是对单以政治为主线的传统史学的反动，它强调总体史与社会底层的历史。依此，对社会史也可作如下定义：社会史研究的是社会本身的历史，即研究人类社会及其机制发展的历史，研究人类有史以来赖以生存并必然结成的社会本身的历史。①

如何实现社会史对整体史的学术追求，使我们能够跳出宏大叙事框架的束缚，感受基层社会跳动的脉搏和曾经鲜活的个体存在呢？立足微观社会，展示区域特色，深化社会史研究，把历史变迁置于空间维度下进行考察是最切实可行的办法，区域社会无疑应当是我们重视的研究单位。

二　区域社会史

对社会史的区域性研究由来已久，在国际历史学界，法国年鉴学派的几位开创者及其后来的代表人物，费弗尔、布罗代尔、拉杜里都曾做过许多经典性的区域研究。在中国学术界，区域研究亦有相当长的历史。

---

① 乔志强主编：《中国近代社会史·导论》，人民出版社1992年版。

20世纪30年代的中国社会经济史研究就已开区域研究之滥觞，随后，经梁方仲、傅衣凌、陈瀚笙等人的努力，区域社会经济史研究蔚然兴起，成果卓著。然而，在中华人民共和国成立后学术界推崇的宏大叙事的影响下，区域史一度与地方史研究相混淆，成为一种在传统宏大叙事笼罩下而进行的地方通史式的叙述，这实际上将区域性研究置于全国性研究的附庸地位，降低了区域性研究的价值。

自20世纪80年代以来，随着社会史研究的深入，学界对区域社会史的理解也在争论中不断丰富。与社会史研究一样，学者们对于区域社会史的学科定位也有着种种不同认识。由于区域社会史研究具有很强的可操作性，有学者认为它是一种新的社会史学理论与方法，提出区域史并不是研究主题的地方化，而是立足于文化、民族语言、地理、气候、资源等结构性要素，从整体上探讨影响一定区域内的历史进程的力量及其原因，或区域历史发展共性特征的一种视野或方法。也有学者认为区域社会史是社会史的分支学科，它研究的对象是某一地区的社会经济，探讨其经济结构的变化，该地区的阶级、阶层、社团、秘密会社、市民运动、社会心理、生活方式、社会风貌、民俗、中外文明交汇和冲突，以及城市化等问题。事实上，这两种观点同样不矛盾，并可以相互印证。作为新的史学理论与方法，区域社会史研究为人们考察和研究历史提供了新的视域，同时，用这种新理论与方法进行社会研究所形成的新领域，又是社会史的新分支学科。可以说，任何学科都是如此，学科既是一门知识体系，同时又是人们认识世界的方法论。

考察中西方学界对区域社会史的不同理解，结合区域社会史研究在中国本土的具体实践，我们对区域社会史作出如下界定：区域社会史是以社会及其发展的相近性为依据而划定的一定区域的社会及其发展的历史，它是社会史研究的重要组成部分。立足区域是区域社会史研究的最大特色，对社会史研究中区域与整体、微观与宏观关系问题的理解将有助于我们进一步明确区域社会史的学科定位。

单从文字表述上来看，区域似乎是与整体相对的概念，区域性研究意味着研究领域的细化，而整体史的追求又意味着研究结论的归纳与整合，二者能否在具体的研究中实现统一？答案是肯定的。整体社会史并不排斥包括区域社会史在内的具体研究方法和手段，而区域社会史则从特定区域内经济、社会等多层次出发去把握整体性，从实践中推动社会史的整体研究。在社会史研究中把整体史追求与区域性研究对立起来似乎是对整体史的误解，因为整体史不一定单纯地意指社会科学化的宏观结构史，也可以是对区域历史的整体把握。第二代年鉴学派的代表人物布罗代尔的《菲利普二世时代的地中海和地中海世界》尽管是对一个特定时空的研究，但却涵盖了山脉、平原、海岸、岛屿、气候、城市、交通、人口、劳动力、物价、商业、财政、运输、海盗、宗教、文化、战争等各个方面。勒华拉杜里的《蒙塔尤：1294—1324年奥克西坦尼的一个山村》，其研究对象只是中世纪法国南部一个拥有数百人的村庄，但它却试图把构成和表现14世纪初蒙塔尤社区生活的各种参数意义揭示出来，"明确表示了新史学的总体研究愿望"，使我们能够以这样一个村庄来窥览14世纪的法国社会。其他如古贝尔的《1600—1730年的博韦与博韦人》、勒华拉杜里的《朗格多克地区的农民》等都属于以区域入手开展整体史研究的代表。

综合起来，对区域社会历史整体性的把握可以从两个方面来理解。一方面，区域社会史把特定的地域视为一个整体，全方位地把握它的总体发展，这既是一种整体社会史在特定区域内的研究尝试，又可以在实践中推动整体社会史研究的深入发展。另一方面，区域史意义上的整体史并不一定意味着追求普遍性，也包括对传统史学中忽略的"边缘性人群"和"边缘性问题"的关注，这也体现了历史研究中宏观与微观的关系问题。

就整体社会史在特定区域内的研究尝试而言，历史的所有问题都可以，也只能在区域的范围内探寻其变化的根源，进而实现对历史的全面理解。布罗代尔在《菲利普二世时代的地中海和地中海世界》中提出历史由时间、空间和人三要素组成，他将时间要素抽出，划分为大家熟知的地理时间、社会时间和个体时间，即长时段、中时段和短时段。在社会史研究中，时间、空间和人都必须也只能放入特定的区域中加以考察，才能形成对历史较全面认识和深刻理解。

从时间上看，无论是长时段的环境变迁、组织演化，中时段的经济运行、王朝更替，还是短时段的政治事件、自然灾害都是在特定区域内发生的，只有充分考虑区域因素在其中的作用，才可能发现历史现象背后的深层原因。

从空间上来看，传统的历史研究往往侧重"中央"忽略"地方"，突出共性弱化个性。事实上，不同区域之间社会经济发展程度不同，地理人文环境也并不相同。只有通过对不同区域的比较研究，才有可能获得对某一问题的全息认识。如从明朝开始政府针对沿海倭乱而实施的迁海政策，以往关于这方面的研究大多从国家历史的角度出发，强调国家政策的制定、实施以及对政治格局的影响。这并没有问题，因为它们当然是国家政策的产物，受到朝廷的高度关注，影响到大的政治格局。但从另一方面看，从倭乱到迁海的发生，是与区域社会的特点密切相关的，如果把研究的视角从国家政策和军事行动层面转移到地方社会具体的历史场景中，那么我们对历史的认识可能就会有所不同。① 又如在传统史学中，对里甲制多从制度层面加以研究，事实上，这一制度在不同地区的实施过程是不同的，就传统内地而言，里甲制的意义更多只是一项户籍制度，而对于类似海南这样的边缘地区，明朝编户齐民的过程，很大程度上就是由"化外"转变为"内地"的表现，是个人的身份由"黎"转变为"民"的途径——这个过程正是边缘社会与王朝制度整合的一部分。民间社会集团在制度变迁过程中的社会地位、社会职能及其与国家权力系统的关系都发生了变化，更进一步，在这一过程中国家、地方政府与基层社会之间的互动关系都会有所改变。②

就研究对象而言，社会史强调社会底层的历史，要求研究者既要关注基层社会经过较长时间积淀传承所形成的信仰习俗、文化传统、伦理秩序、组织形态，也要关注短时期内社会变动所带来的个体命运的起伏变化，尤其要对这些生活在底层社会中的下层民众进行研究。要实现这样的学术追求，就必须立足于具体的区域中，必须加强区域史的研究。比如晋商研究一直是经济史研究领域的重要内容，而从社会史角度对其进行的研究就显得十分薄弱。晋商称雄商界五百余年，足迹遍及海内外，晋商对明清时期的中国社会尤其是商品经济的发展

---

① 陈春声：《从"倭乱"到"迁海"——明末清初潮州地方动乱与乡村社会变迁》，载《明清论丛》第 2 辑，紫禁城出版社 2001 年版。
② 贺喜：《编户齐民与身份认同》，《中国社会科学》2006 年第 6 期。

所起的推动作用是毋庸讳言的，但就商人群体本身而言，一直因其身份低微而不被重视。事实上，商人的婚姻家庭状况、商人妇的际遇和心理、中小商人的生存状态、商人与地方社会的关系等方面的问题同样值得研究者关注。

　　社会史研究中宏观与微观问题的讨论随着日常生活史在西方学界的兴起甚嚣尘上。日常生活史研究的代表人物德国历史学家汉斯·梅狄克提出"小的才是美丽的"，认为历史学应该从对"中心"体制的关怀转移到边缘上面去，在那里可以发现有并不符合既定规范的每个个人。梅狄克的观点受到了一些历史学家的质疑，在他们看来，孤立于更广阔的语境之外而把注意力只集中在历史的"琐碎"方面，就会使得历史知识成为不可能而且导致历史学的烦琐化。这样的史学争论在很大程度上体现了学者们研究视角的差异。事实上，在社会史的研究实践中，宏观与微观是很难完全割裂的，也不是非此即彼的对立。"没有任何理由说，一部研究广阔的社会转型的史学著作和一部把注意力集中在个体生存上的史学著作就不能共存并且互相补充。历史学家的任务应该是探索历史经验在这两个层次之间的联系。"①

　　明清的江南社会，因其经济繁荣、文化昌兴、政治活跃一直被史家所关注。但传统史学的研究主题基本都是围绕经济、政治、文化，甚或地方精英这些"中心"展开。这些研究的丰富是否意味着实现了对江南地区整体历史的认识呢？当然不是，例如女性的沉默就成为江南社会史研究中的一大问题。近代以来，中国现代化民族主义事业的需要使得受压迫的封建女性形象成为一种历史的预设，对传统中国妇女的研究多在此基调上展开，而在明末清初江南地区大量闺训、女性格言和文本中，我们却看到了另外一个女性世界。有学者指出，明末清初，江南经济和文化变迁，促进了"才女文化"的繁荣。其中最突出的是坊刻的兴起、读者大众群的出现、对情感的重新关注、名妓文化能见度的提升、女性教育的提倡、女性出游机会的增多及女子特性的重新定义等。所以，明末清初的江南闺秀远不是受压和无声的，她

---

①　[美]伊格尔斯：《二十世纪的历史学——从科学的客观性到后现代的挑战》，何兆武译，辽宁教育出版社2003年版，第119页。

们在男性支配的儒家体系中，创造了一种丰富多彩和颇具意义的文化生存方式。①

从这个层面看，区域社会史研究者对整体性的追求不是把多数人看作是一个群体中的一部分，而要看作是绝不能消失在世界历史进程之中，也不能消失在无名的群体之中的各个人。而要实现这种对多数人的个人生活的关注，我们就需要一种认识论和这些多数人的生活经验配套，它能让我们获得有关"具体"的而不是有关"抽象"的知识。那么这种认识论就只能立足一个具象的生活环境空间，而非一个抽象的社会关系空间，研究的区域性也就呼之欲出了。

通过上述讨论不难看出，在史学研究中，区域与整体、宏观与微观只是相对的，是相辅相成的。没有具体领域的探讨，不会有一般的史学成果，反之亦然。史学研究的学术价值，不全是由这种选题角度的区域与整体、宏观与微观所决定的。相对于特定国家内特定地域的研究而言，全国性范围的研究可以说是宏观的、整体的，但相对于跨国界的世界范围的研究而言，全国性的研究又只是一种区域的、微观的研究，所以说，研究并无绝对的宏观与微观之分。况且，宏观的历史研究固然可以得出带有普遍意义的规律性的结论，而微观研究中得出的结论也未必都是个别的、只适用于局部地区的定论。

从区域角度讲，整体社会无疑是多区域社会相互联系的结合体，另一方面，整体社会史的研究最可能在特定区域内进行尝试，对区域社会史的研究，不仅有助于整体社会史的深入研究，而且可以验证某些已形成的论点。没有区域性的研究，就很难做整体史的研究。当然，我们并不是要把区域性的研究视为整体史研究的铺垫，也不是把整体史看作区域性的叠加，而是认为区域性的研究和整体史的研究，既是互相参照、互相促进的，又是可以相互并存的，两者各有其功能。概括而言，区域社会史研究是整体社会史研究进一步深入的必由之路。可以说，社会史研究必然要在特定时空内展开，社会史必然会导向区域性的研究。

---

① ［美］高彦颐：《闺塾师：明末清初江南的才女文化》，李志生译，江苏人民出版社2005年版。

三　区域社会史的学术关怀

厘清了区域社会史的学科定位，我们需要进一步了解区域社会史有怎样的学术关怀，也就是说它的研究意义是什么。

以区域为视角对中国社会进行研究最早出现在海外的中国研究中。自第二次世界大战至20世纪70年代，美国史学界研究中国近代史的主流一直是"冲击—回应"模式，此模式认为，中国社会长时期基本处于一种循环往复的停滞状态，缺乏突破传统社会框架的内部动力，只是在19世纪中叶受到西方的冲击后，中国社会才开始发生剧变，向近代社会演变。20世纪70年代以来，这种研究模式开始受到挑战，学者们倡导以中国社会内部为出发点，深入精密地探索中国社会内部的变化动力与形态结构，并力主进行多学科的协作研究。这种取向被柯文称为"中国中心观"，其特征之一便是区域研究。从中国而不是从西方着手来研究中国历史，把中国按横向分解为区域、省、州、县与城市，以展开区域与地方历史的研究。柯文认为，这样做的"主要依据是因为中国的区域性与地方性的变异幅度很大，要想对整体有一个轮廓更加分明，特点更加突出的了解——而不满足于平淡无味地反映各组成部分间的最小公分母——就必须标出这些变异的内容和程度"①。

受"中国中心观"的影响，国外著名的汉学家、人类学家、历史学家们开始重新审视中国的历史，以区域社会为研究对象的论著大量问世。学者们通过对中国社会特定区域的研究，各自提出了具有较大影响的理论模式。众所周知的如施坚雅的"区域系统分析"理论、萧公权的"士绅社会"理论、柯文的"中国中心观"、黄宗智的"过密化"理论、哈贝马斯的"市民社会与公共领域"理论、杜赞奇的"权利的文化网络"及乡村基层政权"内卷化"研究、艾尔曼的"文化资本"解释方法……尽管这些理论模式在解释中国问题上的适用性还需要我们不断论证，但值得肯定的是，这些在对区域社会研究的基础上完成的论著，其抱负并非着力于挖掘中国内部以往被忽视的历史细节，而是力图建构一套足以

---

① ［美］柯文：《在中国发现历史——中国中心观在美国的兴起》，林同奇译，中华书局2002年版，第178页。

与传统宏大叙事相对抗的基本解释框架。也就是说，它立足微观层面的下层地方社会，而对那些根据宏观层面的国家与社会得出的普遍性结论提出质疑，这给中国的史学研究带来了很大的冲击和影响。

海外学者建构的这些理论模式在中国社会史学界引起了广泛的重视，学者们在对其不断论证的过程中，推动了中国区域社会史研究的本土化发展。国内一些中青年学者在区域史的研究中也纷纷建构出了自己的理论模式或解释体系，如秦晖的"关中模式"、方慧荣的"无事件境"、杨念群的"医疗空间转换模式"以及陈春声对神庙系统与信仰空间互动关系的研究，等等。目前，中国本土关于华南、长江三角洲、珠江三角洲地区的研究已成气候，对华北地区，尤其是山西区域社会的研究也蔚然成风。这些研究成果对探讨中国区域社会史乃至中国的历史结构，都是一种有益的尝试。

可以说，区域社会史的异军突起是对以往忽视空间因素、忽视地区性差异及其导致的发展不平衡性结果的反思。承认历史发展的多样化，承认各个民族、各个地区有不同的发展道路和发展特点，是区域性研究兴起，并成为国际学术潮流的原因，也是历史哲学从线性思维、因果决定论向多元化、或然性转变的产物。虽然研究起于区域，但研究最为关注的恰恰不是所谓的地方特色，而是在中国历史乃至人类历史上带有普遍性、规律性的问题。对于地方特点的问题，我们所要考虑的是在大的普遍性中为什么会有这样的变异，挖掘区域社会中各种权力关系和结构变化，以便进一步认识和理解中国社会的演变及其特质。

总之，研究区域社会史的学术意义是十分明显的，简略地概括起来有以下四点：(1)社会及其发展的历史在区域之间由于各种原因存在着相对的相异性，区域内则存在着相对的相近性，这是客观存在，因而从区域角度研究社会史是符合客观实际的。(2)整体和局部是相对的，从区域局部来探讨，更能从区域的大小体系之间、从区域的相互之间，深入研究其特色，有利于进一步做宏观、微观以及比较研究，便于这些研究的沟通。(3)冲破以行政管理区划以及用朝代断限来研究社会史的局限，以社会及其发展来确定社会史的研究空间范围和时限，可以扩展社会史的研究视角，有利于多角度、多层次地研究社会史。(4)从实际而言，研究区域社会史，不但可以科学地掌握本区域的社会史，便于在实际生活中应用它，而且有利于协调发展区域间新的社会生活的建设，进而有利于整个社会发展的需要。

第二节　区域的时空界定

　　区域社会史是研究一定时空范围内社会的历史，因此，科学地规范和界定区域时空是区域社会史研究中不能回避的基础问题。事实上，空间和时间也是历史最重要的两个维度，只有将历史事件、历史人物甚至传说故事放到具体的时间和空间脉络中考察，才有可能达到对社会历史发展的"真理解"。

　　区域研究取向最具颠覆性之处在于突破了18世纪民族—国家兴起以来，奉国别史为圭臬的史学范式。今天，随着人们对全球化和本土化认识程度的加深，以国家为历史过程的单位显然已不能满足人们对自身历史的认知要求。从区域的范围对历史进行重新认识成为史学研究的一种必然取向，这就使研究者们需要解决如何从空间上界定"区域"的问题。

一　区域的空间界定

　　对于区域社会史中"区域"的空间划分，历史学界内部的争论从未停止，学者们都曾从各自学科的角度出发，提出过各自不同的划分标准。

　　国内经济史学界曾对历史上经济地域的划分展开过讨论，提出了三种不同意见：(1)以行省作为区域划分的基础或主要标志。(2)按自然经济条件划分。(3)采取多元标准，既可以按行省区域，也可以按山脉走向、江河流域、市场网络和人文风俗的不同来确定。

　　施坚雅在对晚清城市史的研究中提出了划分区域的四条标准：水系及周围的山脉是主要的，也是天然的界标；地域内的贸易量是重要依据；一些经济数据，尤其是人口密度可作为辅助性标准；高级中心地功能所覆盖的最大范围的腹地可视为地域。据此标准，他将19世纪中国划分为九大地域，即(1)长江下游区，包括江、淮分水岭以南的江苏、安徽两省，上海即浙江钱塘江和甬江流域。(2)岭南区，包括广东省和广西省。(3)东南区，包括福建及前述浙江和广东两省的剩余部分。(4)西北区，包括宁夏全省及甘肃、陕西两省的黄河流域。(5)长江中游区，包括湖南、湖北、江西、黔东及河南、广西的长江流域。(6)华北区,包括山西、河南、河北、山东及江、淮分水岭以北的苏皖地区。(7)长江上游区,包括四川大部及甘南、黔北。(8)云贵区,包括云南、贵州两省大部分地区。(9)满洲区,包括辽宁、吉林、黑龙江三省(施氏认为,19世纪90年代以前,此区尚在开发之中,不宜列为完整地域进行系统分析)。①

在区域社会史研究中,施坚雅的区域划分方法尤其值得借鉴。施氏"九大区域"的划分主要是以地理和技术两大因素为标准,其中又包含了地貌、自然资源、距离、运输技术等指标。该方法的优点在于同时突出了各个区域之间以及每一区域内部的中心地带与边缘地带之间,在空间上与时间上存在的差异,同时考虑了政治事件与不同区域的关系,考虑到了灾害、政治决策等因素对不同区域社会诸方面发展的影响。② 而国内学者在划分和选择区域时,"多数史学家出于习惯与方便,感到不把中国划分为省或县是相当困难的。我们所研究的中国人自己就习惯于这样想问题,而且研究涉及的资料(如地方志)也往往是按照行政区域的划分加以组织。"③ 不可否认,传统的行政区划对地域,尤其是对区域社会发展所起的作用不可忽略,理应作为我们在划分区域时的一个参考系数,但是纯粹的行政区划对于区域史研究来说是非常不利的。例如现在很多跨区域的研究中,如果仍然沿用行政分区的标准,便无法展现研究对象内部诸要素之间的共存性、同一性。

除了以历史学为本位的考量外,区域社会史中区域的划分还应当充分借鉴其他相邻学科的划分标准,其中历史地理学和历史人类学当属关注的重点。

区域原本是地理学阐述空间概念的词语,是地理学研究的基本单元和核心,长期以来,地理学一直从地貌、河流等自然地理的角度来界定区域,并论述不同区域的差异。20世纪初期人文地理学逐渐兴起,人文

---

① [美]施坚雅:《19世纪中国的区域城市化》,[美]施坚雅:《中国封建社会晚期城市研究》,王旭等译,吉林教育出版社1991年版,第54—58页。

② [美]柯文:《在中国发现历史——中国中心观在美国的兴起》,林同奇译,中华书局2002年版,第181页。

③ 同上书,第182页。

地理在论述区域时增加了人口、经济、环境、生态的因素。20世纪50年代以后，又衍生出诸如历史地理、文化地理、经济地理、区域地理等等，行政区划、宗教、语言、风俗、生活、饮食、市场、城市等都成为界定区域空间的要素之一，甚至在此基础上形成了所谓的区域科学。区域内涵的拓展使得地理学的研究丰富多彩，也为其他学科涉足区域提供了可资利用的前提条件。概言之，地理学和区域科学对区域的界定大体包括三个方面：首先，形成区域的要素必须是均质（或同质）的，均质（同质）性成为区域界定的首要与基本原则。其次，区域必须是一个系统，这个系统既可以由多种因素构成，也可以由单要素构成，系统性是界定区域的第二个原则。最后，区域必须具有自身的独特性，按某种指标或标准划分出的区域必须与其他区域有明显差别，这是界定区域的第三个原则。[①]

在均质性原则的基础上强调区域特征和区域差异是地理学区别于历史学的关键所在。兴起于20世纪50年代的历史地理学，一直侧重于历史时期区域自然、人文地理现象以及人地关系发展演进规律的研究，近年来更是呈现出区域综合研究的发展倾向，其研究成果与理论方法值得区域社会史研究借鉴。于是有学者据此对区域史作了这样的空间界定：区域是社会历史发展中，由具有均质（同质）性社会诸要素或单要素有机构成的，具有自身社会历史发展特征和自成系统的历史地理单位。依据不同地区社会历史发展的实际，以不同的社会综合性要素或社会单一性要素作为划分指标或标准，可以对区域作不同的划分。[②] 这样的界定意在提醒研究者要从区域特征和区域差异的角度来观察和分析历史问题。比如近代化进程素来被近代史研究者视为一条研究主线，1840年通常被认为是中国近代史的开端，中国的社会性质从此发生改变。但另一个不争的事实是，在近代化的过程中，东南沿海地区和西北内陆省份并不相同，近代化于东南地区往往从1840年甚或明清时期就已开始，而于西北内陆则多从清末新政或民国建立开始。所以这也是学者们在开展区域研究，

---

① 徐国利：《关于区域史研究中的理论问题——区域史的定义及其区域的界定和选择》，《学术月刊》2007年第3期。

② 同上。

尤其是关于近代城市发展、乡村社会变迁或行会制度、市镇、宗族研究时必须特别注意的。

地理学之外，作为新兴学科的历史人类学对区域的界定同样应当引起区域社会史研究者的重视。事实上，在区域界定的问题上，历史人类学与区域社会史有着更大的对话空间。历史人类学研究可以说是历史学和人类学在各自发展的路径上，发现自己的不足与对方的长处，互相向对方借鉴而形成的学术结合。其中，区域研究就是历史人类学和社会史的最大共通之处。与地理学明确的区域界分不同，历史人类学的区域划分更注重隐性因素。对于人类学来说，区域只能是研究对象，也就是人的区域，随着人的流动，区域也是流动的，区域的边界并非僵硬的地理界线。在历史人类学家看来，区域是在不同的历史过程中，由不同的人群因不同的需要而产生的工具与多层次的观念，换句话说，区域是一种有意识的历史建构。①

首先，区域是一种多层次的动态观念。区域会根据时空、人群、场合的差异而产生动态变化。百姓通过市场、聚居、血缘、信仰、婚姻等等在自己心中形成不同的、因应不同场景的区域。不同层次的官员、不同层次的绅士心中同样有着多样性的区域观念。因此，不同的人在同一个地方，会产生关于区域的不同的认识；同一个人在同一个地方，当他面对不同的问题时，也可能有不同的区域观念。其次，这种多层次区域观念背后隐含着复杂的历史建构过程。比如程美宝经过研究指出，经常被人们提到的"广东文化"是被晚近人们建构出来的文化区域观念。"广东文化"观的创造最初起于当地文人阮元建立的学海堂。学海堂凭借与政界、行商的关系，加上阮元个人的影响，很快进入了全国的主流学术圈，并产生了广东历史上颇有影响的一代学人，但这只是形塑了精英文化的性格。今天意义上的"广东文化"则与20世纪的历史密不可分。民国以来伴随着西方人种学的传入和影响，广东士人不断地争辩自己的中原汉人族源地位，从而形成了粤、潮、客三大族群的概念，最终从血统乃至文化上创造了"广东文化"的正统性，塑造出今天我们所熟知的

---

① 黄国信、温春来、吴滔：《历史人类学与近代区域社会史研究》，《近代史研究》2006年第5期。

"广东文化"观念。①

历史人类学的区域观念对区域社会史的研究很具启发意义。从区域观念本身来看，既然区域是长时间历史因素沉淀下来的，关涉到地方性观念、国家意识形态与制度的互动过程，并且在人们心目中形成了多层次、多向度的指涉，那么，区域研究就不应该是先划定地理范围的空间研究，而应该由研究问题的空间特征决定区域的空间选择。另一方面，区域既然是一个动态的历史建构过程，那么研究者似乎就不必过分拘泥于某种僵硬的地理界限与空间界限。

无论是历史学界已有的认知，还是相邻学科区域划分的标准对区域社会史的具体区划无疑都有一定借鉴意义。但我们认为，在此基础上，社会史研究中的区域划分还应充分考虑到社会史本身的几个问题。

一是从研究"社会"的角度出发，注重区域社会"整体的历史"。在中国近代社会，各区域间不仅存在着政治、经济、文化发展的不平衡性，而且社会本身的发展也存在不平衡性。各区域间社会发展的水平有高低之分，发展速度也有快慢之别。区域社会的划分应充分考虑区域内社会各种因素的整体性，寻求社会因素各方面有共同联系和特点的区域，作为区域研究的范围。也就是说，区域社会史是要把特定的区域视为一个整体，全方位地把握它的总体发展。整体史不是在宏大叙事之下的大通史，如果材料充足，一个村子也可以写成一个整体史，即使是以一个问题切入，也必须要有整体史的观照。由此就有了区域划分过程中整体性的要求。

二是要考虑研究对象的具体特征。比如对于一个终生从未离开过村庄的村民而言，村庄就是他的边界。这包含双重含义：首先，他从事的一切都必然以他在这一范围而不是别处所经历的东西为动机；其次，他活动的有效半径，不会拓宽到这一边界之外。对于同在这一村庄的"地方精英"来说，其所认定的范围就要广泛得多，甚至可能会跨越行政边界，甚至国家界限。研究对象的具体特征决定了区域设定的不同。

三是要考虑区域社会史与其他区域史的关系。区域社会史不同于区

---

① 程美宝：《地域文化与国家认同——晚清以来"广东文化"观的形成》，杨念群编：《空间、记忆和社会转型——"新社会史"研究论文精选集》，上海人民出版社 2001 年版。

域经济史、区域政治史、区域文化史等，由于研究取向的不同，往往同一地理名词的涵盖范围也存在差异。如华北是近代以后从英文衍生出来的具有地理概念的话语，随着日本侵华及设立"伪华北政务委员会"等环境变化，通过媒体的广泛传播得到了民众的认同。后来，地理和气象等自然科学界的论证，以及中国共产党设立华北局等，使得"华北"一词成为目前人所共知的地理名词。因此，尽管同为华北，但从经济、政治、历史地理和社会史的不同角度考察，其涵盖范围是不同的。关于近代华北农村社会的研究大致包括山西、直隶（包括北京、天津）、河南、山东四省二市及内蒙古、陕西部分相邻地区。从地理范围讲，这一区域大致是我们通常所说的黄河中下游区，而非当时日本人或共产党政治意义上的华北地区。

综上所述，从区域的空间划分来看，区域是一个相对的概念，大到包括若干省市的区域，小到一个村落。社会史区域研究取向的目的不是为了以小见大，化整为零，而是要通过对一定区域的考察来关注在中国历史上乃至人类历史上带有普遍性、规律性的问题，也就是说，区域社会史是把特定地域视为一个整体，全方位地把握它的总体发展。因此我们可以发现，在区域社会史研究中区域的空间界定并不完全等同于按行省为标准的地域划分，也不是出于便利的人为拼凑，而是要看研究者研究的是什么问题，依据一定的学理进行审慎的划分。

二 区域的时间界定

与空间相比，时间对历史研究来说意义更为重大。历时性，即社会现象的前后演变特性，几乎是历史的同义语；不同时代的差异性和特定时代的征象构成了历时性的具体内容。对时间的界定，史学家的理解更接近常识：任何社会现象都在时间的掌握中，一切以时间始，一切以时间终；时间是历史研究者认识社会的一个基本尺度。回顾以往的中国史研究，主要以宏大叙事见长，在时间脉络上，多强调的是历史的阶段性和进步性，往往忽略了历史发展的延续性。近代以来，中国尽管发生了"数千年未有之变局"，但是传统社会的延续性和巨大惯性在时间的深层仍然左右着历史的定向，因此，要实现社会史，尤其是区域社会史整体性的研究目标，必须对时间有更深入的认识，也就是说要重新认识区域历史的时间，关注区域历史发展的延续性。

布罗代尔在宏观整体的意义上告诫人们要关注历史的长时段、中时段和短时段，但就整体史中的特定区域而言，特别是进入特定区域的社会层面考察时，如何将其置于历史的整体时段考察，如何界定区域的时间范围，则需要进一步审慎分析。结合区域社会史的研究实践，我们认为，在区域的时间界定方面需要注意以下三个方面：

首先，要与政治事件相分离，不能单纯以政治事件作为区域史研究分期的标准。长期以来，多数研究者习惯在区域研究中以政治史的分期方法来为区域史的研究设定边界。比如一般意义上的近代史分期是以鸦片战争至五四运动为分界的，于是在区域史的研究中便"复制"同样的时段，丝毫不顾及区域自身的完整性与独特性。须知政治事件对区域社会发展变迁的影响表现各异，不仅有大小之别，而且有先后差异，不可一律地以政治事件为准绳，这样做的后果只会人为地割裂区域社会的系统性和延续性。从政治史的角度讲，鸦片战争后《南京条约》的签订对中国历史具有着重大影响，从此中国开始了半殖民地半封建化的过程，而从社会史，尤其是社会生活层面来分析，条约的签订、通商口岸的开设所造成的影响是局部的、渐进的，最初主要集中在沿海地区，直到1861年天津开埠前，广大的华北内陆并没有受到太大的冲击。因此，我们在把握近代华北区域社会变迁的过程时尤其应当注意这一点。

其次，要注意区域社会研究过程中长时段与短时段相结合的问题。对于区域社会内的地理、气候、生态环境、社会组织、传统文化等结构方面的因素，我们必须立足于长时段来研究。"这不是简单地扩大研究和兴趣的范围，也不是仅仅对史学研究有利的一种选择。对历史学家来说，接受长时段意味着改变作风、立场和思想方法，用新的观点去认识社会。他们要熟悉的时间是一种缓慢的流逝，有时接近静止的时间。在这个层次上——不是别的层次——脱离严格的历史时间，以新的眼光和带着新的问题从历史时间的大门出入便成为合理合法的了。"① 而对于区域历史上意义特殊的事件、条约、制度等的发生或制定，又需要在了解时代背景的情况下，以显微镜式的观察分析来确立其地位与价值。就这一方面

---

① 蔡少卿：《再现过去：社会史的理论视野》，浙江人民出版社1988年版，第57页。

而言，近代山西社会频发的水案和徽州商人的血缘化回归可以作为生动例证。

近代以来山西各地因争夺水资源常常引发械斗，对当地的社会秩序造成了很大影响。我们在强调近代以来山西乡村社会在公共资源利用过程中出现权力分配不平衡的同时，也必须要从一个较长的历史时段考察引起这种权力失衡的更深层次的原因。明清以来，随着山西人口的急剧膨胀，影响农业生产力发展的基本要素的比例发生重大变化，人口、资源与环境三者之间的关系由良性互动劣化为恶性循环，其中水资源匮乏更是难以克服的首要问题。在前近代通过乡规民约尚可维持的村际用水惯习发展到近代因生存压力的加大而被一次次打破，水案的发生也就势所难免了。由此可见，一次看似普通的械斗背后往往有着历史延续性的体现，可能需要我们在长时段的时间序列中不断地徜徉追寻。

在研究近代商业组织的时候，我们往往强调近代以来中国工商业进入了新的发展阶段，出现了诸多新气象，但这种总括全局性的描述放到区域的范围内难免会有例外。抗战前夕，商业大都会杭州的徽州商人组织就出现了向血缘化回归的现象。从共时态的角度考虑，这似乎难以理解，但如果放在区域社会历时性的脉络中，则又显得理所当然。16世纪，徽州血缘组织的商业化曾经一度造就了强大的徽州商帮，促进了中国商品经济的繁荣。此后，徽州宗族势力随着商业繁盛而不断发展。辛亥革命后，中国社会转型的速度大大加快，但在徽州，传统宗族势力依然强大，并有所发展。这一时期，徽州族谱编修与明清时期相比呈上升趋势，族田数量仍在增加，宗族的权威在地方社会甚至比国民党的基层组织——"保"要高。20世纪30年代，为应对专制强权和列强的双重侵害，商人们需要更强有力的庇护与联盟，于是，曾经带来辉煌并仍在地方社会拥有势力的以宗族为代表的血缘化组织就成为他们的必然选择。徽州商帮在经历了从血缘到地缘、业缘乃至跨业缘的发展后，又出现了商人组织向血缘化的回归，这不能不说明传统社会的结构仍在深层次影响着中国社会的走向，而这个深层次的挖掘则需要有对区域历史延续性的关注。①

---

① 唐力行：《从徽学研究看区域化的中国近代史研究》，《学术月刊》2006年第3期。

最后，要重视对区域发展具有特殊意义的社会时间。相对于展现历史延续性的长时段，代表"社会时间"的中时段在区域社会史研究中同样不容忽视。"社会时间"是布罗代尔代表作《菲利普二世时代的地中海和地中海世界》中的一个关键词，对应于反映周期和节奏的中时段。相邻学科社会学对这一概念的界定值得我们借鉴。在社会学中，所谓"社会时间"，是人们观察某个社会实在的特殊度量，它处在该社会实在的内部，又是该实在带有的许多记号之一和特性之一。社会时间应当从属于社会现象，也就是社会实在，或者反过来说，社会现象规定社会时间。"社会时间"的提出不是要颠覆传统的历史认识和关于世界存在的根本理念，而是旨在矫正社会科学家在时间认识上的形而下的习惯，提倡在考察不同的社会现象时，注意其不同的时间意义，将社会时间而不是将自然时间当作观察社会的尺度，简言之，就是提醒学人以更为宽容的态度来对待时间。

以广东社会发展的历史为例，明代初年是一个相当重要的时期。明初实行的户籍登记政策在其他地区也许只是一项与赋税相关的人口政策，但对广东地区的宗族发展来说意义重大。由于户籍登记，使得原来分布在各处山林之中的无籍土著和流移人口定居下来，成为明王朝的编户齐民，许多明清时期在地方上有影响的大族比较清楚的文字记录的历史就是从明初的户籍登记开始的。有明一代，广东地区频繁发生社会动乱，这在很大程度上是因为"编户齐民"与"无籍之徒"的矛盾激化引起的。在明清时期广东地区的开发过程中，土地控制方面的矛盾和争夺越来越尖锐，也使得这种正统性身份越来越成为土地控制的潜在资源，户籍问题因此变得更为敏感，宗族势力因此得以发展。可以说，明初的户籍登记制度成为广东社会发展历史上的时间性标志，也可以说，是我们考察当地相关问题的社会时间的开始。①

区域社会史时间的特质在于其从区域出发的"社会性"，并以此区别于传统史学的时间概念，但这并不意味着"区域时间"所体现的个别特性完全与传统的历史时间决裂。相反，二者关系非常亲密。当从长时段

---

① 刘志伟：《在国家与社会之间——明清广东里甲赋役制度研究》，中山大学出版社1997年版。

考察区域历史时,往往需要延寻着与传统史学大体相同的认识路径;当从中时段或短时段切入区域社会时,又不能漠视大的作为要素的时代背景,而要在区域的角度有所呼应。

三 重建区域历史的"时空序列"

空间和时间作为历史最重要的两个维度,在区域社会史的研究中体现得尤为突出。事实上,上述对"区域"空间和时间的界定原则都只是在强调一个问题,即我们要根据所研究的问题来构建区域历史的"时空序列",在体现区域特性的基础上展现历史的延续性。而为了实现这样的学术关怀,需要研究者在具体的实践过程中不断摸索总结。其中有两点尤其值得关注:一是要根据研究问题的不同谨慎选择区域划分的标准与模式;二是要重视研究对象的实际状况,以"同情的理解"的态度确定研究范围。

以区域经济史为例,在划分区域时尽管有着较多的客观参数,诸如行政、税收和军事的管辖范围,商品和货币的流通范围等,但仍是多有争议。因为经济的发展往往不是行政命令或者行政区的硬性划分所能完全割裂开的。某些区域虽然从行政区的划分看,并非属于同一单位,但自然的和社会的,内部的和外部的结构又颇多一致,甚至密不可分,因此跨越行政区域的区域研究也就被越来越多的学者们所接受。除了上文提到的划分经济区域的三条标准外,还有学者提出了新的划分经济区域的模式:经济政策相同地区、民族相同地区、经济形态相同地区、经济技术发展水平相同地区等。[①] 划分标准和模式的多样化体现了区域经济研究的深入,但这些标准和模式仍然具有很大弹性,在具体的研究中应如何把握,仍是摆在学者面前需要花费精力去解决的问题。

经济区域的划分尚且如此,缺少客观参数的社会生活及文化现象的区域划分就更令研究者踌躇。以乡村研究为例,研究乡村社会,人们多会提到施坚雅的市场体系理论,并习惯性地的将此作为划分乡村区域社会的重要标准。事实上,施坚雅自己后来也承认,市场体系与乡村社会

[①] 赵德馨:《经济史学研究中区域划分的标准与模式》,《中南财经政法大学学报》2006年第4期。

结构并不完全重合。乡村社会的多重结构要求研究者必须根据自己研究的问题谨慎地划定研究区域，杜赞奇在对20世纪前半期华北农村的研究中提到的乡村社会婚姻圈就很具代表性。他在参考施坚雅的研究成果后指出，在华北乡村社会，即使联姻圈包含于市场范围之内，集市中心也并不一定是确定婚姻关系的地方。换句话说，市场体系理论只能部分地解释联姻现象，集市辐射半径在限定联姻圈和其他社会圈方面都有着重要作用，但联姻圈有着自己独立的中心，并不一定与集市中心重合。① 由此可见，研究乡村市场和婚姻圈所划定的研究区域必然会有所区别。

另一方面，研究者在围绕研究课题划定区域时，大多是以现有文字资料的记载为依据，这就难免从研究者的眼光出发而漠视研究对象的实际状况和主观愿望。阅读地方历史文献，我们大抵可以了解到士大夫的地域意识，但我们很难掌握大多数目不识丁的老百姓的地域意识。我们可以在平面的地图上按照我们的需要划分区域，我们可以在立体的历史时空里根据文献划分区域，但必须警惕的是，研究对象脑海中的区域观念，并非一定和我们作为研究者划分的区域范围叠合。这要求研究者在进行"区域"界定时要充分关注被研究者头脑中的区域概念，借用文化人类学的阐释，就是"同情的理解"——要设身处地理解研究对象。只有充分掌握一定区域社会中包括语言、形象、制度、行为甚至仪式等地方性知识，研究者才有可能破解某一社群的文化"代码"，进入文献附着的社群环境，使那些文献上死的历史就变得鲜活生动，有些无法理解其含义的内容也变得明白具体，而且也会使自己研究中区域界定的学理依据更加充分准确。

区域社会史研究的目的并不是要将历史作区域化的理解，而是试图通过考察特殊来折射一般以加深对历史的理解，要在体现区域特性的基础上突出历史的延续性。要做到这一点却是易说难行，这需要研究者对利用资料描述的地点保持敏锐的感觉，抽丝剥茧，循声觅迹地去挖掘历史的内在脉络，重建区域历史的"时空序列"。我们知道，即使在地方社会档案保存完整的地方，虽然可以"细述"地方制度的各个方面，但诸

---

① [美]杜赞奇：《文化、权力与国家：1900—1942年的华北农村》，王福明译，江苏人民出版社2006年版，第14—15页。

如资本主义和国家政权建设等上层运动对地方社会各方面的广泛影响既不完全相同也不会同时发生。地方制度有自己的时间范围——它有自己的运动轨迹和周期，它们受外部力量的影响以及它们对外部作用的反应也不尽相同。①

历史既是一个时间的过程，又是在特定的空间展开中的，它们之间存在着复杂而又辩证的关系。区域社会史研究中对"区域"的时空界定就是对二者的最好阐释。对于历史的时间和空间，我们不能直接感受到，只能是间接地从文献以及今非昔比的现代地域中认识，但通过对地方性知识的掌握，培养敏锐的地方感，仍可以使我们置身特定的"场景"之中，细致地、反复地琢磨与体验，在某种程度上获得对历史的感悟，追寻区域社会历史的内在脉络。

第三节 地方志、地方史与区域社会史研究

长期以来，中国就有地方史研究的传统，不仅有旧的地方史志的新编版本，而且有各种以行政区划为空间范围的通史和专史，但它们显然不是我们所讨论的区域社会史，地方志、地方史与区域社会史之间存在着本质的区别。

一 传统的地方志

地方志又叫作方志。志，记也，是记载某一地区自然和社会情况的地方文献。在中国编修地方志的传统可谓久矣。有学者甚至将其上溯到周王朝时期，传说中的晋《乘》、楚《梼杌》、郑《志》等书，即具有方志的萌芽性质。春秋战国时期的《山海经》《尚书·禹贡》等，也与方志有渊源关系。东汉的《华阳国·巴志》里可以看出，东汉桓帝时巴郡太守但望的疏文里提到了《巴郡图经》，可见在此以前已有了图经。图经就是一方的地图加上说明，图就是地图，经就是说明，这就是方志的雏形。东汉以后，从隋唐到北宋，图经大盛，到南宋以后，才改称为"志"。当

---

① ［美］杜赞奇：《文化、权力与国家：1900—1942年的华北农村》，王福明译，江苏人民出版社2006年版，第188页。

时由朝廷责成地方官编写地方志，每州或郡都要编写，以后县以上行政单位编写志书成为制度。据朱士嘉先生的统计，流传到现在的有 8000 多部。

方志种类繁多，既有全国性的总志，也有记载地方的省志、府志、州志、县志等，也有山水志、寺观志、书院志等专志，内容涉及疆域、建置、天文、气象、山川、艺文、风俗等多个方面，被誉为"一地之百科全书"。作为囊括地理、历史、经济、政治、文化的地方志，是一个地区、一个时代历史社会的反映。它"兼具史地，注重人文，详今略古，纪实求真"，既有横断面，又有纵切面，是包括天地人物的百科全书。所以，宋朝司马光称其"博学之书"，清朝章学诚认为其可以"补史之缺，参史之错，详史之略，续史之无"。古人说："郡之有志，犹国之有史。所以察民风、验土俗，使前有所稽，后有所鉴，甚重典也。"明朝统治者更是明确提出，"治天下以史为鉴，治郡国者以志为鉴"，赋予其很高的政治地位。地方志同历代国史一样，有官修的，也有私人修撰的，但流传至今的大多以官修为主。

作为从地区角度对社会状况的描述，方志和今天的区域社会史相较，有着诸多相似之处，如二者都是从区域的角度对地方历史的记载；二者所涉及都十分广泛，几乎包括社会生活的全部内容。但只要稍作分析就不难发现二者其实还是有着较大区别的。

地方志是以特定区域为记载空间范围，以特定地情为研究对象，并以地方的特征命名的志书。我国现存的 8000 余种旧志和 20 世纪 80 年代以来编纂的新志，无论是一统志、省志、府志、州志、县志、市志、盟志、区志、乡镇志，还是专门记载山水、古迹、寺观、祠墓、书院等专志，或是新修的地理志、经济志、文化志、教育志、人物志等，都是按照一定的区域为记述范围的，而此区域大多根据行政区划设定，地方志中所指内容无不以特定的区域为依据。在长期的修志实践中，还逐渐形成了与本单位区域毫不相干的人和事概不入志的传统。凡"越境而书"，或借外人以为桑梓生色的做法，均为修志大忌。即使对于那些涉及全国的事件，地方志也只详记和本地区有关的部分。如某一次波及数省的农民起义，方志必详记起义军在本地区的活动；某一项全国性的经济政策，方志只记载它在本地区的执行情况。方志既是以一定的地域空间来记述一方乡土的全面情况，无论在志书的篇目结构安排，还是在内容剪裁等方面，总是力图突出那些能够反映本地区特色的内容。现在所修的新编方志，同样继承这一传统，极力反映地方特色。

与地方志一样，区域社会史也十分重视研究的区域性，但此区域非彼区域。如前所述，在区域社会史的研究中，研究取向的不同，使学者们所关注的空间单位也各不相同，区域的划分标准灵活多样，大者如华南、华北等区或省区，其次是长江三角洲、珠江三角洲、徽州等较大地理单位，再次是以市镇为对象，甚或还有从事村落历史的研究。正如有学者提出的，"区域社会并不是出于研究便利的人为拼凑，而是在生态环境、语言系统、风土人情、心理特征等诸要素之间存在着自然耦合的人文结构，并在实际生活的运作过程中体现出区域特质；不同的区域社会以此相互区别。"[①] 对区域社会的研究必须要有大视野，而不能只盯着所"划定"的地理范围，就区域而论区域。

综合性是地方志的又一大特点。地方志是地情性书籍，综合记载一个地方自然和社会发展变化的基本面貌，内容涵盖地方的各科百业，天文、地理、政治、军事、经济、文化、社会、人物等各门类应有尽有，甚至那些细小而有意义的奇闻异事也有收录。志书内容涉及范围之广泛，门类设置之繁富，在中国各类史籍中无一能逾之者。也正是因为它的包罗万象，使它必须按照一定条目来加以归类。如清代的方志体例分为表、图、疆域、分野、建置沿革、形势、风俗、城池、学校、户口、田赋、税课、职官、山川、古迹、关隘、津梁、堤堰、陵墓、祠庙、寺观、名宦、人物、流寓、列女、仙释、土产27个部门，记载当地的政治、经济、民俗、人物等方面的内容。各地方志基本采用相同的类目体，志书体例的确定虽然起到了对地方资料搜罗其尽的作用，但另一方面，各类目之间缺乏联系，缺乏科学性和整体性，更像是地区的资料集合。简言之，在地方志中大多只回答"是什么"，而不回答"为什么"，体现了资料书的特点。此外，作为官修史书，明代以来，官府统一制定志书体例，并对修志有明确的申详呈报制度，清朝、民国时期，政府对修志也均有详细的规定和明确的要求。这使地方志的修纂日趋制度化，

---

① 小田：《江南场景：社会史的跨学科对话》，上海人民出版社2007年版，第3页。

表现出明显的官方色彩，其综合性也只能是官方对地方资料自上而下的综合。

与地方志不同，区域社会史虽然强调研究的综合性，但研究是有着鲜明问题意识和大历史观照的，也就是要解决"为什么"的问题。借用社会人类学的观点，就是说，区域社会史要把"区域"作为社会现象和社会透视单位的结合体，在关注区域特色的同时，关注与区域内部权力结构和功能一样重要的大场域的国家与社会的关系以及历史与现实的关系。中国区域社会史研究的主要目的，就是要努力了解由于漫长的历史文化过程而形成的社会生活的地域性特点，以及在大的普遍性中为什么会有这些特点的问题，并尽可能将国家的历史在区域性的社会发展中"全息"地展现出来。

在研究视角上，社会史强调自下而上地看历史。按霍布斯·鲍姆的说法，"自下而上的历史"亦可称为"草根史学"，从民众的角度和立场来重新审视国家与权力，审视政治、经济和社会体制，审视帝王将相，审视重大的历史事件和现象。这显然不同于地方志修撰中自上而下的传统研究范式。比如，义和团运动是中国近代历史上的重大政治事件，它对当时中国社会的影响是广泛而深远的，从传统政治史的角度我们很容易对义和团运动定性，地方志对义和团在当地的活动也多有记载，但从区域社会的角度对义和团的观察则要复杂得多。在社会史学家看来，1900年华北民众所经历绝不是一个政治事件那么简单，它与自然灾害、民间信仰、社会生活紧密相关。在区域社会史自下而上研究视角中，某些似乎已成定论的历史问题会浮现出意料之外的面相，某些理所当然的结论会显得千疮百孔，某些模糊不清的图景会变得清晰明了，而这都是传统地方志研究难以达到的。

二 复兴的地方史

区域性历史研究的另一重要分支是各类地方史研究。所谓地方史，概括而言，就是某一地区的历史变迁过程，其地区范围一般为行政区划。地方史研究重在通过对社会情况的记载和分析，总结地区社会发展的规律，从地区的角度突出历史发展的阶段性和进步性。

与地方志一样，编修地方史在中国同样历史悠久，可追溯到汉朝。

见于隋唐《经籍志》《艺文志》的有《会稽典录》《建康实录》（今存）、《敦煌实录》等，还有某地的"耆旧传""先贤传""人物志""风俗传"等。这些书都列于史部旧事类、杂传类，不入地理类。唐宋以后地方史虽然数量不多，但也并未断绝。晚清到民国时期，中国的地方史研究呈现复兴之势。尤其是随着民族危机的日益加深，边疆史地研究一度兴起，如连横编的《台湾通史》、傅斯年编的《东北史纲》、金毓黻编的《东北通史》等。受欧洲和日本乡土教育的影响，当时许多学者在国内实行以培养爱国、爱乡民族主义精神为目的的乡土教育，编修了大量教科书式的乡土史，这成为中国地方史的又一重要组成部分。新中国成立后，特别是 20 世纪 80 年代以来，地方史研究更是呈现蓬勃发展的态势，其中仅入选《全国总书目》地方史类的书籍就有 1000 多种。这些地方史研究涵盖全国各省区，大到地区，小到省、市、县，甚至村，时间更是从古至今都有涉及。

地方史研究的成果归纳起来主要表现在几个方面：一是地方史料的挖掘、整理与出版。包括工具书和书目的出版；地方碑刻、档案、文书的整理出版；各类专题性地方史料的整理出版，如《清实录山东史料》《山西票号史料》等。二是地方通史及断代史的大量问世，如《新疆通史》《台湾地方史》《民国山东史》《天津现代革命斗争史》等。三是各地方的乡土史教材、史话大量出版。这类著述多以通俗化和大众化见长，是以发展乡土教育和弘扬地方文化为目的的普及型读物，如《鸦片战争时期江苏人民反侵略斗争的故事》《上海近百年革命史话》《浙江乡土史》等。四是地方史的专题性论著出版。这方面成果主要集中于地方经济史研究领域，如《长江三角洲地区社会经济史研究》《清代东北地区经济史》《四川茶业史》《江南丝绸史研究》等。此外，城市史研究日渐兴起，如《近代武汉城市史》《近代天津城市史》等。①

地方史研究的深化对史学研究的最大意义在于地方性资料的丰富和对地区历史过程认识的细化。虽然同为以地区为单位的历史学著述，地方史与区域社会史研究区别还是相当大的。

首先，地方史中的"地方"多是以行政区划或地理位置作为划分标

---

① 叶舟：《民国以来国内地方史研究综述》，《中国地方志》2005 年第 8 期。

准，较少考虑人文因素，这导致了地方史研究中的地方概念与区域社会史中的区域划分在空间上的差异。地方史中的地方往往是一个以行政区划为依据的实在地理单位，区域社会史中的"区域"则更多是从研究社会的角度出发，并结合研究者所研究的问题划定的时空范围。也就是说，是研究问题的空间特征决定了区域社会史的"区域"选择，而不是人为的空间取舍形成社会史的区域研究。地方史研究只能说是研究中具有一定的区域化取向，或者说是通史内容的地方化。

其次，在编撰中，地方史大多仍是按照传统的章节体或记事本末体通史的方式来撰写，与国家正史相比，在体例上没有太大变化。一般而言，地方通史或断代史的编纂多以章节体为主要形式，即先按时间顺序分为若干历史阶段，再横排若干类目，对史事分章加以叙述。尽管有的地方史会根据地方特点做些调整，但基本上不会有太大变化。如郭琦、史念海、张岂之主编的《陕西通史》，根据陕西的历史特点，分原始、西周、秦汉、魏晋南北朝、隋唐、宋元、明清、民国 8 个断代卷，加上革命根据地、经济、历史地理、民族、思想 5 个专卷。安作璋主编的《山东通史》参照古代史书各种体裁的特点，分为综述、典志、列传、图表 4 部分。综述按照时间顺序，以记事本末的形式分析与论述山东各个历史时期的重大事件。典志是关于经济、政治、军事、法典、科技、教育、礼俗、宗教、文献等方面的专题性论述。列传主要是山东历史上有一定影响的各个方面代表人物的传，图表包括各种实物图片、地图及各类年表、世表、专题表等。

不论是章节体还是纪事本末体，地方史的编修基本还是遵循传统通史宏大叙事框架，因此很难跳出政治史和王朝体系为中心的传统史学体系，也就在记述中很容易忽略普通民众的历史记忆。这一点也正是立足挖掘"地方性知识"的区域社会史与地方史的最大区别。正如程美宝对二者关系的论证：

> 中国地方史的叙述，长期被置于一个以抽象的中国为中心的框架内，也是导致许多具有本土性的知识点点滴滴地流失，或至少被忽略或曲解的原因。18 世纪以来广州的历史叙述，最好用来说明这一点。当历史学家以广东为例正面地讨论"中西交流"的时候，不

会忘记容闳,不会忘记康梁,不会忘记郑观应,更不会忘记孙中山,但他们往往会忘记大批为欧洲人提供服务的普通人,许多中西文化、生活、艺术和技术的交流,是通过这些人物特别是商人和工匠实现的。①

这段话实际上反映传统地方史与区域社会史的重要区别,即我们是用具体领域的研究去印证或者填塞宏大叙事的框架结构,还是从具体的领域或空间出发,去质疑或者是重新思考这个宏大叙事的结构。有学者指出,地方史的编写成为既定的国家史,甚至世界史等宏大叙事的地方版时,无论它是以省为界,以市为界还是以村为界,它就与作为方法论的区域社会史分道扬镳了。②

再次,从关注点来看,地方史一般关注的是地方特色、地方的特殊性。做地方史研究普遍有两个特征:第一,是从区域上先划出一个地方来,确定为自己的研究对象,那么除此之外的其他地方就都可以放在视野之外;第二,按照中国通史的传统模式,再作出一个省际、市际或村际范围的东西,突出地方特点、地方典型。区域社会史所关注的重点恰恰不是地方特点,而是在中国历史上乃至世界历史上带有普遍性的、规律性的问题。当然,这并不是说区域社会史不关注地方特色,它所侧重的不仅包括特色是什么的问题,更重要的是为什么的问题。"区域"相对于社会史学家,就如同自然科学家的实验室一样,只是在其中研究那些有规律性的问题,对于地方特点的问题,社会史学家所要考虑的是在大的普遍性中为什么会有这样的变异。

三 跨区域的区域社会史

通过如此这般抽丝剥茧的考察,我们不难发现,尽管地方志、地方史与区域社会史看似相近,实则相距甚远。三者最大的差异,就是在对

---

① 程美宝:《地方史、地方性、地方性知识——走出梁启超的新史学片想》,杨念群、黄兴涛、毛丹主编:《新史学——多学科对话的图景》,中国人民大学出版社2003年版,第678页。
② 赵世瑜:《作为方法论的区域社会史——兼及12世纪以来的华北社会史研究》,《史学月刊》2004年第8期。

区域的认知方面。"画地为牢",突出地方特色是地方志与地方史的共同特点,"越境而书"往往被视为编修地方史志的大忌。虽然也是就区域而展开研究,但区域社会史的学术追求决定了它更注重区域之间的比较和跨区域研究。各个地区在历史发展中形成了各自的特色,研究地区特色及其形成原因,是区域社会史研究的目的之一。一个地区的特色,往往要通过与其他地区相比较才能显示出来,没有比较就看不出特色。就一地而论,一地将会失于片面、肤浅,选择一些典型地区进行比较研究,能够比较全面地了解中国的国情,这也是深化区域社会史研究的重要途径。

杨念群曾对近代儒学在不同地域知识群体中的流布情况做过研究。他提出近代湖湘、岭南、江浙三大知识群体在从事不同的日常生活和社会运动时,凭借和利用了具有相当深度的传统区域儒学资源。也就是说,中国近代知识群体于不同地域间存在着差异,更为重要的是这些不同的知识群体在与社会互动的过程中所表现出来的不同的知识主张及其所形成的不同事件。比如洋务运动往往与湘学话语的经世原则相关联,戊戌维新与岭学知识谱系的特殊表现方式密不可分,晚清教育改革的形式也基本上受到江浙知识分子话语的支配和影响。通过这种区域性的比较,不同地区儒学思想的特点跃然而出,这种特点又和地域性紧密相关。以湖湘地区为例,并不是儒学思想的传入影响了湖湘人,而是湖湘人选择了这样一种思想,比较强调事功的、外在的理论,或者说他们形塑、改造并且发展了这种儒学。为什么这些人接受了这种知识,因为湖湘一代民风强悍,有尚武精神,军事性的传统本身就是一种实用型很强的东西,有可能形塑了知识。①

抗日战争对中国区域社会的影响可谓深远,但在不同区域所表现出的特征并不相同。比如学者们在关于日军侵华对中国社会影响的研究中,不同区域之间的差异就非常明显。对广东经济来说,战争的破坏力是空前的,使广东经济的发展从巅峰跌入低谷,全省经济格局在战时和战后都发生了重大变化。其中,省会广州所受损失最为严重,先是迭遭日机轰炸,继而军政当局撤离时自行炸毁,沦陷后又被日军焚劫或占据,公

---

① 杨念群:《儒学地域化的近代形态——三大知识群体互动的比较研究》,生活·读书·新知三联书店2011年版。

用设备、特殊建筑物、新式工业等方面共损失达 9200 多万元。① 而与此同时，西北地区尤其陕西关中因处于大后方，政府政策倾斜，社会经济反而得到前所未有发展，其中西安市因被国民政府定为陪都，从 1932 年到 1945 年间，道路建设、水利建设、乡村建设和城市绿化等方面均取得长足进展。② 这种区域之间的比较分析对于理解全面战争对中国社会的影响方面有着不可取代的作用。

在区域社会史中，区域并不能像地方史志那样被设定为一个过于狭隘的空间单位。当然，我们承认区域存在着空间上的划分，对区域社会的考察也必须从微观层面出发，但这并不意味着区域社会的运行逻辑是囿于孤立自足的微观空间，也不等于说它无法开展跨区域的研究尝试。实际上，对区域社会的认同，需要也必须在区域与区域、区域与国家之间的互动关系中才能表现出来。对历史整体性的认识，仅仅强调国家对地方空间自上而下穿透的一面显然是不够的，地方社会自下而上向国家作用的一面也是不容忽视的，这种作用往往表现在区域社会跨区域的实践中。

光绪初年，全国很多地区因干旱发生了灾荒。在江苏南部的地方精英为避免苏北难民潮对苏南乡土的威胁，自发组织起来前往苏北赈灾，这可以看作是江南救灾传统的直接延伸。从区域的角度讲，苏南与苏北分属两个根本不同的地方空间，这说明，即使在微观的层面上也可能实现跨区域的地方流动。江南义赈兴起后，大批江南士绅又组织了一次深入华北腹地的大范围、大规模的赈济活动，最根本的原因是对西方对华赈灾行动的反应。这些江南士绅一方面不远千里跋涉华北，一方面又与江南地区声气相连，地方性流动有了更大的空间范围，同时在意识层次上超越了地方层面，而与民族国家的宏观进程发生了勾连。随着义赈的深入，其中心发生了由苏州向近代工业化中心上海的转移，于是，带有区域性的赈济活动又和中国的近代化发生了联系。③ 由此我们可以看到，

---

① 吴菊艳：《抗战时期广东经济损失研究》，广东人民出版社 2005 年版，第 97 页。
② 吴宏岐：《抗战时期的西京筹备委员会及其对西安城市建设的贡献》，《中国历史地理论丛》2001 年第 4 期。
③ 朱浒：《江南人在华北——从晚清义赈的兴起看地方史路径的空间局限》，《近代史研究》2005 年第 5 期。

在区域社会史研究中，地方性问题固然发生于区域层面，但其实践过程往往具有跨区域性，而不仅仅局限于地方史志那样的地区性阐发。

通过对地方史志与区域社会史的比较，不仅有利于研究者厘清三者的关系，而且也能够深化对区域社会史的学科定位、研究对象、学术追求甚至研究方法的认识。概言之，区域社会史不是地方的"百科全书"，也不是通史的地方版，而是以社会及其发展的相近性为依据划定的一定地域的社会及其发展的历史，并通过区域内部的和跨区域的比较研究去构建总体的、综合的历史，从而实现从区域的视角对中国和世界的重新理解。

发端于社会史的区域社会史研究既是社会史研究的细化，也是社会史研究的深化。它在区域的空间继承和实践着社会史"自下而上"的整体史追求。区域社会史研究既强调时间与过程，也重视空间与结构。"区域"这个概念在这里并不一定指的是"空间"的或"地方"的含义，它针对的是忽略具体历史情境和历史发展脉络的宏大叙事框架，这就要求研究者不能过分拘泥于僵化的时间或地理界限，而应以人为中心、以问题为中心来划定区域。地方史志虽然具有区域性，但其研究理念、视野和方法与区域社会史并不相同，它们更多地体现了通史内容的地方化，或者通志的地方化。区域社会史研究无疑为中国历史研究走出单一模式做出了重要贡献，但社会史的内涵不应该仅仅从地方性的角度加以界定，或者仅仅被理解为具有"地域社会"这个单一向度的研究，区域比较和跨区域研究也是区域社会史重要的学科特征之一。

参考文献

1. ［美］柯文：《在中国发现历史——中国中心观在美国的兴起》，林同奇译，中华书局2002年版。

2. ［美］施坚雅：《中国封建社会晚期城市研究》，王旭等译，吉林教育出版社1991年版。

3. 乔志强主编：《中国近代社会史》，人民出版社1992年版。

4. 杨念群、黄兴涛、毛丹主编：《新史学——多学科对话的图景》，中国人民大学出版社2003年版。

5. 行龙主编：《近代山西社会研究——走向田野与社会》，中国社会科学出版社 2002 年版。

6. 行龙：《从社会史到区域社会史》，人民出版社 2008 年版。

7. 谭其骧：《关于编修地方史志的意见》，《贵州文史丛刊》1981 年第 3 期。

8. 邓京力：《新时期中国社会史研究趋势》，《史学理论研究》2000 年第 1 期。

9. 唐力行：《论题：区域史研究的理论与实践》，《历史教学问题》2004 年第 5 期。

10. 赵世瑜：《作为方法论的区域社会史——兼及 12 世纪以来的华北社会史研究》，《史学月刊》2004 年第 8 期。

11. 杨念群：《"地方性知识"、"地方感"与"跨区域研究"的前景》，《天津社会科学》2004 年第 6 期。

12. 叶舟：《民国以来国内地方史研究综述》，《中国地方志》2005 年第 8 期。

13. 吴宏岐：《历史地理学视野下的中国近代社会史研究》，《学术月刊》2006 年第 3 期。

14. 黄国信、温春来、吴滔：《历史人类学与近代区域社会史研究》，《近代史研究》2006 年第 5 期。

15. 徐国利：《关于区域史研究中的理论问题——区域史的定义及其区域的界定和选择》，《学术月刊》2007 年第 3 期。

第二章

生存环境与区域特性

区域特性亦即区域差异性,是人们在长期适应、利用和改造生存环境的过程中逐渐形成的,是一个漫长的历史过程,并非一朝一夕所能完成和改变的。区域特性还可以理解为区域社会的一种文化属性或者文化特性,具有一定的典型性、独特性和排他性。研究区域社会,要求研究者必须把握和解决的首要问题便是区域特性。受时间、空间、生产力水平、生活方式、社会制度、价值观念、行为方式等要素的影响,人类社会大到五大洲四大洋,小到一县一乡一村,均有着各自或大或小,或多或少的差异性。区域社会史研究的勃兴,正是区域差异性在社会史领域的集中体现。越来越多的研究者感受到区域差异性对于理解中国社会历史多样性和复杂性的意义。

就本质而言,我们可以将生存环境与区域特性的关系理解为人与自然、环境与社会的互动关系,历史地理学界称为人地关系。尽管古今地理学者关于人地关系的学说为我们理解生存环境与区域特性的关系提供了有益启示。但是就各自学科的研究旨趣而言还是有较大分别的。地理学家的立足点在于自然和环境,历史学家的重点则在于人与社会。近年来新兴的环境史研究既强调人类与社会,也调强自然与环境,主张"自然进入历史,人类回归自然",这与马克思所言"人创造环境,同样环境也创造人"的认识是高度契合的。应当说,区域社会史研究者对生存环境与区域特性关系的重视,与当下环境史学所倡导的学术理念是高度一致的,是区域社会史学术生命力的一个重要体现。

第一节　区域特性的外在表现

区域总是相对于整体而言的，区域特性对于整体的国家而言，其实质就是一种多样性。区域社会史的研究，就是要在揭示多样性的基础上，达成对整体国家历史的统一性认识。无论是古人的观察、记述还是今人的研究，区域特性的问题常常被人们所提及。区域特性的形成与不同区域社会人们各自所处的生存环境关系密切。

对于区域社会史研究而言，生存环境不止于单纯的自然地理环境，尽管说自然环境、地理环境是最为基础的，对于区域社会特性的形成具有某种决定性的意义，但还应当包括与生活在特定地理空间中的人群直接相关的人工环境和社会环境。环境史家已明确指出："作为环境史学互动一方的自然环境，是由地球上的大气圈、水圈、土壤—岩石圈和生物圈所构成的自然子系统，即环境史学所运用的'自然'概念，它不包括人工环境和社会环境。但是互动的另一方，即人类社会，则由现实的人和现实的社会环境的统一所构成，它囊括了人工环境和社会环境。人类正是通过连续不断的实践活动，在利用和改造自然环境的过程中创造着人工环境和社会环境，或者在创造人工环境和社会环境的过程中实现着对自然环境的利用与改造，并使原生的自然环境逐渐地改变了模样。"[①] 因此，我们认为，区域特性恰恰是人与自然、人与环境长期互动作用的结果。

古人在历史文献中对于中国不同区域的特性和差别多有观察和记述。最早见于《礼记·王制篇》："……广谷大川异制，民生其间者异俗。刚柔轻重，迟速异奇，五味异和，器械异制，衣服异宜。中国戎夷，五方之民，皆有性也，不可推移。东方曰夷，被发文身，有不火食者矣；南方曰蛮，雕题交趾，有不火食者矣；西方曰戎，披发衣皮，有不粒食者矣；北方曰狄，衣羽毛穴居，有不粒食者矣。……五方之民，言语不通，嗜欲不同。"这条资料指出了当时居住在中原的华夏族与东夷、南蛮、西戎和北狄在居住、语言、穿衣、饮食等日常生活习性及其差异。

[①] 梅雪芹：《环境史研究叙论》，中国环境科学出版社2011年版，第191—192页。

同样，司马迁在《史记·货殖列传》中，对于当时西汉王朝所辖南北各地的差别也有相当明确的认识："楚越之地，地广人稀，饭稻羹鱼，或火耕而水耨，果隋蠃蛤，不待贾而足，地势饶食，无饥馑之患，以故呰窳偷生，无积聚而多贫。是故江淮以南，无冻饿之人，亦无千金之家。沂、泗水以北，宜五谷桑麻之畜，地小人众，数被水旱之害，民好蓄藏，故秦、夏、梁、鲁好农而重民。三河、宛、陈亦然，加以商贾。齐赵设智巧，仰机利。燕、代田畜而事蚕。"

司马迁之后，东汉的班固在《汉书·地理志》中也秉承了同样的论调："楚有江汉川泽山林之饶；江南地广，或火耕水耨。民食鱼稻，以渔猎山伐为业，果蓏蠃蛤，食物常足。故呰窳偷生，而亡积聚，饮食还给，不忧冻饿，亦亡千金之家。信巫鬼，重淫祀。"这里强调了南方由于山林川泽富饶，地域广大，人们可以通过简单的耕作或渔猎，就可以满足日常生活所需，没有衣食不足之忧，因此养成了无积聚、无盖藏的习惯。如果与司马迁的叙述结合在一起，可知北方地区的民众由于地狭人稠，水旱灾害易发，因而导致人们非常重视农业生产，形成了爱好积蓄、善于经商、植桑养蚕的行为习俗，南北方差别极大。对于古人的这种观察，谭其骧教授曾评价说，"我国近两千年前的学者在人文地理区域的划分、区域特征、人地关系等方面的观察和研究，已经达到了相当高的水平。"①

必须明白，区域特性的表现既有内在的内涵，也有外在的表现。内在的特性需要研究者进入历史现场，去切身体会和琢磨。外在的表现则是可以看得见、摸得着，能感觉到的具相。我们相信，内在的特性也常常是借助于外在的形式来加以表现的。在此意义上，综合古今中外学者的研究，我们认为，区域特性可以具体表现为人们的衣食住行、方言、民族、风俗、习尚、文化娱乐、宗教信仰、行为观念、生产生活方式等方面。以下着重从方言、生活方式、历史人群、风俗文化四个显性因素层面对区域特性做进一步阐述和理解。

第一，从方言看区域特性。中国方言的形成主要是由于我国是一个多民族、多语言、多文种的国家，有56个民族，共有80种以上语言。中国方言众多，几乎各地都有自己的方言。北方方言（官话）、湘方言、赣

---

① 谭其骧：《历史人文地理研究发凡与举例》，《历史地理》1992年第10辑。

方言、吴语、粤语、闽南语、客家话为公认七大方言。周振鹤提出：最能表现地域文化特征的首先是语言，语言（方言）的认同有时几乎就是文化的认同。以我国为例，客家人的文化认同，首先就是以客家话为第一要素，而地缘方面的认同却是次要的，但是究其实质，语言很难说是精神文化还是制度文化的层面，它是超出于一般对文化进行分层的简单化理论之上的。语言的差异甚至影响到古代行政区的划分。

与汉语方言类似，在内蒙古、青海、甘肃、新疆、西藏等蒙语、藏语流行的边疆地区，也同样存在着明显的方言区域，其内部并非高度一致的。研究表明，我国蒙古族绝大多数操内蒙古方言，人口约有230万—240万。主要分布在呼伦贝尔盟南部、哲里木盟、昭乌达盟、锡林郭勒盟、乌兰察布盟、伊克昭盟、巴彦淖尔盟、阿拉善旗、额济纳旗等地。内蒙古方言可分为科尔沁、喀喇沁土默特、巴林、察哈尔、鄂尔多斯、额济纳阿拉善六个土语。除此之外，蒙语方言还包括卫拉特方言和巴尔虎布里亚特方言。其中，卫拉特方言主要分布在新疆的巴音郭楞蒙古自治州博尔塔拉蒙古自治州和布克赛尔蒙古自治县，青海的乌兰县、都兰县、格尔木、海晏县，甘肃的肃北蒙古自治县，人口17万—18万。巴尔虎布里亚特方言的分布地区为呼伦贝尔盟岭北四旗，即东西新巴尔虎旗、陈巴尔虎旗、鄂温克旗的蒙古族聚居地区。人口三四万。

同样，根据中国社科院民族语言调查组对藏区语言的调查研究，藏语被分为三大方言区，即卫藏方言、康方言和安多方言。其中卫藏方言分布在除西藏的昌都地区、那曲地区、林芝地区的林芝县、阿里地区的一部分以外的大部分地区。康方言主要分布在西藏的昌都地区、那曲地区、林芝地区的林芝县、案例地区的一部分、四川的甘孜藏族自治州、云南的迪庆藏族自治州、青海的玉树藏族自治州。安多方言主要分布在甘肃省和青海省的各藏族自治州和自治县、青海省海北地区的化隆回族自治县和循化撒拉族自治县的部分地区、四川的阿坝藏族自治州的部分地区。因此，对研究者而言，站在方言的角度来审视区域社会，能够更容易把握区域社会的多样性和复杂性，循此要素不断深入下去，方有助于形成对区域社会历史变迁的正确认识。

古人在划分行政区时已经注意到方言的问题，虽然有时本意并非要使行政区与方言正相叠合，但却客观上造成这样的结果。如汉高祖刘邦封其子刘肥为齐王,划分齐国范围的原则就是"民能齐言者皆属齐"。把齐国领域与齐方言区等同起来,这是很典型的例子。再比如宋代路的区划与方言区也存在明显的对应关系。根据周振鹤的研究,宋代的两浙路大致为吴语区,荆湖南路是湘语区,广南东路是粤语区,福建路是闽语区,江南西路是赣语区,荆湖北路是上江官话区,淮南路与江南东路一部分是下江官话区。这一地理格局至今尚无根本变化。不但在路一级的大范围存在与方言区相对应的关系,在小范围内也有类似现象。宋代的兴化军,治所在今福建莆田,元代升为兴化路,明清改为兴化府,今天为莆田市。很有意思的是,从宋代至今近一千年其领域丝毫未变,而且从元至今只辖莆田、仙游两县。按照惯例,元代的路、明清的府,一般都要辖五六县,至少三四县,只有兴化特别,主要原因就在其方言特殊。①

第二,从生活方式的不同看区域特性。由于人们活动地域的自然条件不同,获取生活资料的方法各异,其生活方式也就各具特色。各地人群的生活方式,与当地自然环境、经济条件等,都有着密切的关系。以楚人为例,《汉书·地理志》曾指出:"楚有江汉川泽山林之饶;江南地广,或火耕水耨。民食鱼稻,以渔猎山伐为业,果蓏蠃蛤,食物常足。故呰窳偷生,而亡积聚,饮食还给,不忧冻饿,亦亡千金之家。信巫鬼,重淫祀。"《汉书·地理志》的描述,基本上沿袭了《史记·货殖列传》的记载。"呰窳"也就是贪懒、萎靡不振的意思。南方由于山林富饶,河流湖泊星罗棋布,楚人通过"火耕水耨""渔猎山伐"等粗放式的经营,即能衣食常足,这也就养成了楚人不事力作的生活习俗。此外,楚人以崇巫重祀、尊凤崇龙、尚武、尚左和酷好细腰等风习,与北方各地的诸多人群相区别,而且即使是在南方,也表现出了鲜明的地域特色。

从日常生活习惯来看,生活在不同区域的人群有着各自极具区域特点的生活方式,体现在衣食住行等多个方面。比如在内地汉族地区,以秦岭、汉水中游、淮河为界,划分南方与北方。南北之间差异明显,如交通方面是南船北马,饮食方面是南米北面,军事方面是南方水军占优,北方骑兵擅胜,武术方面是南长于拳,北长于腿;再者,由于北方尤其

---

① 周振鹤、游汝杰:《方言与中国文化》,上海人民出版社1986年版。

是华北地形完整、平坦，而南方的地形相对破碎、间隔，使得在语言、饮食等方面，北方在较大地域里显得较为一致，而南方的方言、菜系非常复杂。甚至可以认为，北方在政治、文化等方面因此倾向"求同"，南方在这些方面则习惯"存异"；影响到中国历史的进程，长期以来，政治的主话语权属于北方，所以中国历史追求大一统的趋势相当明显。南北间的差异性，也存在于中国内地以山（太行山）、河（晋陕黄河）、关（函谷关）、峡（三峡）等大体划分的东部与西部之间。南北差异的自然地理基础是纬度的不同，东西差异的自然地理基础则是海陆距离的远近。以这样的南北差异与东西差异为基准，层层缩小来看，中国现在各省区之间，省区内部，城市与乡村之间，甚至城市内部，也都存在这种种的差异。

王士性在明万历二十五年（1597）完成的一部人文地理专著《广志绎》一书中也曾指出过这种差异性："西北山高，陆行而无舟楫。东南泽广，舟行而鲜车马。海南人食鱼虾，北人厌其腥。塞北人食乳酪，南人恶其膻。河北人食胡葱、蒜、韭，江南畏其辣，而身不自觉，此皆水土积习，不能强同。"之所以有如此评价，是因为王士性一生曾在多地任职，所以他有机会到各地了解风土人情。受作者阶级立场、思想观念等方面因素的影响，他对某一个地方的评价不一定客观，甚至会带有偏见。比如他评价北京人说，"都城众庶家，易兴易败"，即认为北京人容易暴富，也容易破产。他对山西人的评价则是：山西人习俗俭朴，有上古之风。百金之家，夏天也不舍得买个布帽遮太阳；千金之家，冬天不舍得买长衣御寒；万金之家，饭菜很简单，生活朴素。因为山西人爱吃枣，所以牙齿比较黄；因为爱吃羊肉，所以长得比较壮；因为西北风比较强，所以风吹得人的皮肤比较黑。这里打井很深，所以从井里取水很锻炼身体，人都很有力气，很少有风湿这些疾病。这里的人很喜欢挖地窖，用以储存食物、避暑和躲避战乱，且地窖不止一个出口，最后发展成了地道，以至于有的人不小心挖洞直接挖到了别人房屋下，跟别人的地窖连到一起了。这里的人做生意经常结伙，做生意成功概率比较大。大商人很多，可以说是全国实力最强的，一般来说，商人没有数十万两的银子则算不上富裕。这些当然是就明代作者所处的时代进行的观察，从中可以看到各地民众生活方式的特点和差异。而这种差异，常常会被有心者记录下来，成为反映时代历史特点的重要资料。

类似地，民国年间，安徽人胡朴安在所著《中华全国风俗志》中，曾以一个南方人的视角调侃北方人的生活习性和思维方式："北京人民，食必葱蒜，衣必红绿，戏必皮黄，盖北方人民，感觉迟钝，无葱蒜则叙述舌之味觉不愉快，无红绿则眼之视觉不愉快，无皮黄则耳之听觉不愉快。……且因感觉迟钝，而益求兴奋之剂以愉快，愈激愈疲，愈疲愈弱。五官本能，因以益钝，是又一原因。以感觉迟钝，故遂至脑筋简单，学说不易输入，文化因以不进步，实人群进化之障碍。"① 总而言之，生活方式的这种差异性，使得各区域人群离开本乡本土，进入异乡异地都会有种种不适应性，而且这种不适应性在不同层级的区域中均有所体现，这就是我们所说的区域特性。

第三，从历史人群的差异看区域特性。一方水土养一方人，一地的自然条件及人文社会环境，对一方人群有着直接的影响。历史时期，由于自然条件及人文环境的差异，不同区域的经济、文化背景，塑造了各地不同的人群性格。各地人群具有不同的类型，这起源于特定的物质与文化生活方式；而纷繁多样的生活方式，则凸显了各地人群对各异的自然条件及人文社会环境的不同反应。以人才的分布为例，秦汉时代山东、山西的人群现象和苏州出状元的现象就值得瞩目。

所谓"山东出相，山西出将"便是指一种独特的人群现象，它反映了不同区域风俗背景下所形成的人才地理分布，有着悠久的民俗传承。秦汉时代的山东、山西，是以崤山、华山和函谷关为界的，故又有"关东""关西"之称。关西地处农耕的汉族与西北游牧部族交错分布的地区，为了应付不同民族之间时常发生的流血与冲突，当地民间"修习战备"，遂形成了勇武善战的区域风俗及剽悍的人群性格。研究指出，关东地区的鲁县（今山东省曲阜）、东海郡治郯（今山东省郯城北），西汉末辖境相当于今山东省东南隅及苏北一带。这一带是西汉时期的文化中心地区，经学与仕宦相结合，文化最为发达，出现了许多世代读经的簪缨世族。②

同样，传统中国社会自有科举制以来，"状元"的分布亦呈现出显著

---

① 胡朴安：《中华全国风俗志》，上海广益书局1923年版，下篇卷一"京兆"，第1—2页。
② 邹逸麟：《中国历史人文地理》，科学出版社2011年版，第374页。

的地域特征,"苏州状元"即是典型。苏州作为文化中心城市,对当地区域人群的产生有着重要的影响。在科举时代,状元是苏州文人中的精英,它反映了苏州地域文化积淀之深厚。自唐代设"状元"算起,唐代有文状元12位(附明经第一1位);宋代有文状元5位、武状元5位;明代有文状元8位、武状元1位;清代有文状元28位,遂有"海潮过昆山,苏州出状元"之说。《苏州状元》一书的作者李嘉球列举了经济富裕、社会安定、教育发达、藏书丰富与家族影响这五条原因来说苏州盛产状元。总体来说,五代、两宋以降,特别到明清以至近现代,吴方言地区成为国内经济与文化的重心区,因此出现了人才辈出的局面。

自明清以来,人口、环境压力增大,各地不断涌现出带有明显区域特征的地缘性人群。明清时代各地流传的"地讳",就是以各区域人群的不同生活方式、物产、饮食、生活习惯等为特征形成的。所谓地讳,可以理解为外省人对该省人特别的称呼,有些甚至是一种蔑称,带有相互嘲讽的意味。而这样的称呼,恰能集中反映各省区某些突出的人文地理特征,也在一定程度上显示了各地人群独有的特色。褚人获在《坚瓠乙集》中就记载了当时的"各省地讳":

> 各省皆有地讳,莫知所始,如畿辅曰响马,陕西曰豹,山西曰瓜,山东曰侉,河南曰驴,江南曰水蟹,浙及徽州曰盐豆,浙又曰呆,江西曰腊鸡,元时江南亦号腊鸡,福建曰癞,四川曰鼠,湖广曰干鱼,两广曰蛇,云贵曰象,务各以讳相嘲。①

老百姓从传统的或做官,或务农,转变为经济生活的多样化,从而引起社会文化生活的多样化。于是不同地区、不同自然环境和不同经济生活而产生的不同社会文化和习俗道德观念,行为方式的地域差异也逐渐出现。不同区域的经济背景和文化传统,也就塑造出各地不同的人群性格,并逐渐形成纵向遗传和横向传播的民俗传承。明清以来,类似于"绍兴师爷""徽州朝奉""吴桥杂技""长子剃头匠"等,就成为名闻遐

---

① 褚人获:《坚瓠乙集》卷一,收入《清人笔记小说大观》,上海古籍出版社2007年版,第717页。

迹、具有悠久民俗传承的区域人群。

绍兴师爷是一个地域性、专业性极强的幕僚群体，作为清代各级官吏处理政务公事、行使管理职能的佐理人员。这个称呼产生于清代，当时各地衙门中的师爷，以绍兴籍最多，因此人们习惯将师爷称为绍兴师爷。不仅师爷，清代衙门中的书吏也多绍兴人，因此清代官场有"无绍不成衙"的谚语。作为一个区域人群，"绍兴刀笔"（绍兴师爷和胥吏）既是中国幕僚制度演变发展的结果，更是特殊的地域环境、人文基因和社会条件综合作用的结果。究竟原因，这一方面是由于绍兴当地文化兴盛，重视教育，人多地少的经济现实导致绍兴人不恋乡土，有远游习俗的民风有关。在清代全国大大小小的衙门中，绍兴师爷遍布，互相介绍职事，并排挤其他乡籍的师爷。而绍兴师爷本身也以苛细谨慎、善治案牍等特点受到官员们的普遍欢迎和信赖。另一方面，不少师爷本身的贪财和腐败也是出了名的，以至于"绍兴师爷"还成为一个带有贬义意味的词。

徽州朝奉，是对徽商中从事典当行业的掌柜的称谓。典当业是徽商主要产业之一，鼎盛时期的徽州典当行遍布全国，在这门行业中甚至有"无典不徽"的说法，由于各地大多数的当铺是徽州朝奉所开，人们渐渐习惯了一进当铺门就开口叫"朝奉"。徽州朝奉，成为一种颇具地域特色的专有职业。徽州民间原有"徽州朝奉，自保自重"的俗谚。作为徽州人的胡适对此深有体会："通常社会上所流行的'徽州朝奉'一词，便是专指当铺里的朝奉来说的；到后来就泛指一切徽州士绅和商人了。'朝奉'的原意本含有尊敬的意思，即表示一个人勤俭刻苦，但有时也具有刻薄等批判的含意，表示一个商人，别的不管，只顾赚钱。"①

吴桥杂技。河北省沧州市吴桥县被誉为"杂技之乡"，吴桥杂技历史悠久，这与他们过去的生活环境有关。吴桥县位于古黄河下游，西有大运河，东靠四女寺河，纵横河流占去大片土地，且土地盐碱瘠薄，水灾频繁，又是历兵战乱之地，人民生活苦不堪言。在走投无路的情况下，百姓只好靠打跟头、变戏法、耍大刀、逗猴子、遛巴狗的技艺来维持生计。吴桥人对杂技有着特殊的爱好，杂技艺术俗称"耍玩意儿"。民谣

---

① 胡适口述，唐德刚译：《胡适口述自传》，华文出版社1992年版，第3页。

说："上至九十九，下至才会走，吴桥耍玩意儿，人人有一手。"

长子剃头匠。长子县有传统三件宝，磨粉、喂猪、剃圪脑；朝廷头上摸三把，走遍天下一把刀。说的就是长子理发名扬天下，有一个很重要的原因就是长子理发师刀功硬、技艺精、服务周到。剃头匠们都有一套推拿、按摩、点穴、捶脖筋、扭麻筋等传统"绝招"。旧时粮食产量低，农民耕作一年，缴清地租后所得甚微，经常处于饥寒交迫的困境中。无奈，不少人为谋生选择此业。尽管剃头被看作下九流，却本钱小，买把剃刀便可养家糊口。随着晋商的兴起，长子剃头艺人也纷纷"走西口"向外发展。在多年的流徙中，理发范围不断扩大，足迹遍及晋、蒙、陕西关中及宁夏、鲁西、豫北等地。到清末民初，长子理发业已形成一个遍布华北各省区，具有同乡同业行帮性质的理发业社群。

第四，从风俗文化的差异看区域特性。风俗文化是以人为主题的文化，是人类对自然和人文环境适应的结果，具有鲜明的地域和时代特点。在社会中，它显示出一种无形的内在力量，以潜移默化的方式，浸润于人们的思想观念和行为活动之中，不自觉地影响了具有区域特征的精神文化和物质文化。

由于我国地域辽阔，生存环境的时空差异极大，因而在不同区域就形成了各具区域特色的风俗文化圈。兹以明清时期的川陕楚边区和山西民间水神信仰为例，理解这种区域特性及其形成机制。明清时期川陕楚边区由于其自然环境的特殊性和社会主体——居民构成的复杂性，在风俗文化上别具特色，自成系统，形成了一个特定的风俗文化圈。从自然地理基础来看，本文化圈为秦巴山地，以南山、大巴山脉为主干，旁及川东北、陕东南、鄂西北，境内多茂林山谷；从空间位置看，处于黄河、长江之间，是我国南北、东西的连接点，西北有八百里秦川，西南有巴蜀盆地，东南有江汉平原；从行政区划看，包括湖北、四川、陕西三省十六府县；从居民构成来看，以外籍流民为主，是周边低地平原区移民的会聚地带，五方杂处；从文化源流和文化影响看，它处于三大文化区的边缘地带，受巴蜀文化、秦陇文化、荆楚文化的交叉辐射，其中以楚文化的影响尤深。影响该区域风俗文化形成的两大因素是三省相接、山多地少的自然地理环境与五方杂处、流民丛聚的社会人文环境。在这两大因素的影响下，明清川陕楚边区形成了别具特色的风俗文化，具体表现为四个方面:"秦声楚歌"的语言风俗结构;"质朴劲勇"的行为风尚;"尚鬼信巫"的宗教信仰;三省混杂的岁时礼仪习俗。

在山西区域社会研究中,我们发现这里的民众信仰和精神生活,体现出一种强烈的以水为中心的色彩。山西地处黄土高原,十年九旱,面对水旱灾害,人们无法控制,便将希望寄托于外在的神力。因而在山西各地,水神信仰相当普遍,旱灾与雩祭构成山西区域社会一个颇具地域特色的民众信仰和文化传统。位于晋南洪洞县的河西地区,流传着一个以娥皇女英信仰为中心的"接姑姑迎娘娘"习俗,这个习俗流传上千年,在洪洞羊獬村与万安镇历山神立庙。民间口耳流传娥皇女英是尧的女儿,姐妹两个嫁给舜为妻。在当地,羊獬被认为是尧的故乡,历山则被看作舜的故乡,两地分别是娥皇女英的娘家和婆家。每年农历三月三,羊獬村民从本聚落的神庙里,通过很隆重的仪式抬出两位女神的驾楼(神轿),然后鸣锣开道、仪仗护持,更有"威风锣鼓"喧天动地,铳炮之声震耳欲聋,一支以男性为主的队伍很神圣地走出村庄,越过汾河,涌上历山,从历山神庙里迎接两位女神的神驾,第二天又更加隆重地离开历山,迤逦回到羊獬。到了阴历四月二十八,历山的队伍又来到羊獬,将两位女神的神像抬回历山,途中热闹一如三月三。不仅如此,迎神队伍途经的村庄,或有娘娘神庙,或设置香案锣鼓接驾,或负责全部食宿,或专门负责"腰饭"(全部停下吃中饭),或沿途供应茶水点心请走亲人员随意吃喝。这个迎神赛社习俗将羊獬和历山之间的二十多个自然村联系到了一起,形成了地域色彩浓厚的民俗文化圈。娥皇女英两位娘娘不仅是地域保护神,也是民众祈雨的对象,民众对于两位女神的神力更是深信不疑,流传至今。

与此类似,太原晋祠的唐叔虞祠、太原市西北上兰村的窦大夫祠、阳泉市盂县的藏山大王祠、交城和清徐等晋中地区的狐突祠,均是在当地民众精神世界中祈雨灵验的神灵。而这些神灵的原型曾经是活跃在山西的地方统治者和治世能臣。唐叔虞是晋国开国君主,桐叶封弟的故事与之有关,系周成王之弟。窦大夫本名窦犨,字鸣犊,春秋时晋国大夫,曾做过开渠利民的事,后被赵简子所杀。据传,孔子周游列国,因仰慕窦犨,曾专程驾车来访。可惜车到娘子关,听说窦犨身死,便在遗憾中驱车而去。宋代时,宋神宗加封窦犨为英济侯,所以窦祠也称英济祠。

据碑文记载，自元代以迄明清，窦大夫祠一直是当地一处重要的祈雨场所。狐突与窦大夫一样，亦是春秋时期晋国大夫。晋献公时因骊姬之乱，公子重耳出逃，狐突之子狐毛、狐偃跟随重耳周游列国，狐突不愿召二子背叛重耳回晋国，被晋怀公所杀，"忠臣不事二主"之语即由此出。后重耳归晋，杀怀公后即位，是为晋文公。因狐突对重耳的忠诚，流芳百世，有三晋名臣之誉。藏山大王祠的原型即赵氏孤儿赵武。赵氏系晋国公族，赵武的父亲赵朔为晋国卿大夫，后因屠岸贾之乱而使赵氏灭族，赵武在程婴、公孙杵臼等人的保护下幸免于难，由程婴抚养成人后得以复仇昭雪。在盂县民间，有关赵氏孤儿的传说口耳相传、传承有序。每年农历四月十五庙会，盂县有108座庙宇都供奉同一个神，那就是灵感大王——赵氏孤儿赵武。而且，每年过庙会都要唱戏，除藏山庙会外，大部分庙会都会唱《赵氏孤儿》。赵氏孤儿的故事逐渐被后人传成神话，把赵武祀奉为"藏山大王"，以盂县藏山为中心及周边的河北省、太原市等地现存供奉赵武的大王庙134处。无论是君主还是臣子，均对各自所处的时代做出了贡献，为世人所敬仰和纪念。久而久之，在民间化的过程中，便与民众需求相结合，无一例外地成了地方雩祭神灵，具有显著的地域特色。

站在区域社会史研究的角度，面对流传至今的风俗文化传统，研究者必须从长时段的视角出发，善于捕捉和把握区域社会中的共性特征，找到特定地域的文化特性及其变迁过程，才能深化对社会历史发展的总体认知，推动社会史研究的发展。

第二节　重视区域社会的历时性与共时性

区域特性表现为区域多样性和差异性。对于区域社会史研究而言，在开展特定区域历史研究时，必须把握历时性和共时性两个方面的内容。历时性要解决的是区域社会发展的纵向时间问题，反映的是一种历史变迁和时代差异。共时性要解决的则是区域社会发展的横向空间问题，反映的是一种空间和结构差异。简言之，就是纵向看发展，横向比差距。在区域社会史研究中，只要把握好历时性和共时性，才能抓住区域社会历史发展的内在脉络，发现造成区域社会差异性的内在机理，加深对区域社会整体历史变迁过程的认知。

一　历时性：把握区域社会的历史脉络

历时性可以理解为区域社会自身历史发展的内在脉络。对于区域社会史研究者而言，梳理清楚特定区域社会的历史脉络，是做好区域社会史研究的关键。所谓历史脉络，是说区域社会拥有自身的发展节奏，这个节奏不一定是和大一统的王朝国家的历史完全一致的。比如在近代化的过程中，鸦片战争以后的五口通商口岸城市与华北、西北、西南内陆、腹地、边疆地区的城市发展就存在着巨大差异。一端是剧烈的中西文化冲突与交融，新生事物、新兴职业、新兴社会阶层应时而生；一端则是在旧有的发展道路上延续着几千年的农耕文明、游牧文明。不同区域显然有着迥然不同的发展节奏。这样就给区域社会史研究者提出了一个重要问题，要注重长时段的整体性研究。按照布罗代尔的三时段论，中时段和短时段所对应的局势和事件，对于研究者厘清区域社会历史发展内在脉络来说是远远不够的。在区域社会史研究中，我们不能将眼光停留在某一具体事件和局势当中，而是要求研究者必须保持一种整体史的眼光，放长视野，寻找属于特定区域社会历史发展的节奏和脉络。每一个区域都有自身的发展历史和关键时间节点，不能将不同区域的历史混为一谈。区域社会史之所以兴起和发展，就是因为对于整体历史遮蔽区域社会发展的现状不满。正因为如此，90年代中期以来的中国社会史研究才会出现从整体向区域的转变。必须看到，中国社会史学界在近二十年来区域社会史研究中，贡献出不少颇具启发性的研究案例，有助于人们进一步理解中国社会历史的多样性与复杂性。在此我们可以列举华南和山西两个区域的研究实践来加以理解。

以刘志伟、陈春声、郑振满为代表的华南学者对位于福建、广东两省的闽江流域、珠江流域的研究发现，应当将该区域的研究时段置放于明清以来的六百年时间当中，认为"明清以来"是华南区域社会历史发展的关键时段。其中，刘志伟对明清以来珠江三角洲沙田—民田格局形成过程的研究，就反映了这一地域社会独特的历史过程。[①] 古代的珠江三

[①] 参见刘志伟、孙歌《在历史中寻找中国——关于区域史研究认识论的对话》，东方出版中心2016年版。

角洲是一个由多个江河口环绕的海湾，在冲积过程中，海湾中的沙洲能够逐渐向外扩张，陆地上的生存空间得以扩大，逐渐形成新沙洲，这就奠定了后来"沙田—民田"格局的环境基础。但是明代以前该区域尚未出现村庄和人群的集聚，直至明代，才开始与国家的历史发生直接联系。最初是明朝大军平定广州，在当地设立卫所，大规模地将当地土著编入户籍，成为明王朝的编户齐民，并组织他们在这一带屯田，开垦新沙洲。国家权力由此介入到了沙田的开发，国家制度也介入到了土著人的生活，这是明代以后新沙洲和旧沙洲开发的重要区别。明正统年间，珠江三角洲发生了规模宏大的黄萧养之乱，叛乱发生地就位于旧沙洲和新开垦沙洲交错的地方。明朝政府采取了分化瓦解的办法，通过叛乱人员对王朝统治的认受与否区别他们"贼"与"民"的身份。叛乱平定以后，政府又派出官员到乡村巡查招抚，辨别"良莠"。乡民们对此采取各种方法证明自己是"良民"，如佛山乡民声称自己拜北帝，不仅得到"良民认证"，还获得"忠义乡"的封赏。这次叛乱最直接的影响是在地方社会进一步确立起王朝的正统性。

经过上述举措，那些被编入里甲之中、成为王朝臣民的人们开始读书科举，通过科举途径培养了大量士大夫。嘉靖年间，已有一批士大夫进入国家权力核心，随后出现的便是具有士大夫文化象征的宗族制度。研究表明，明清时期新开发的沙田几乎全部控制在豪强大族手中，无论是为了维护还是突破这种垄断，都必须借助王朝正统性的象征来完成。与此同时，珠江三角洲的沙田开发以人工方式进行，沙田的形成速度大大加快，沙田很快向外延伸到距离村落越来越远的地方。沙田占有权依然掌握在村落中大宗族的手上，但他们开始难以管理越来越远的沙田，便雇用原来在水上漂泊的蛋民作为开垦沙田的主要劳动力。聚居的村落被称为"民田区"，而"沙田区"则是蛋民居住，如此便形成了"民田—沙田"的空间格局。蛋民在从水上转到陆地上的过程中，也开始了他们的宗族历史建构，形成了自己的身份认同与国家认同。因此，自明代开始的国家权力介入—沙田的开发—黄萧养之乱—编户齐民—建立宗族制度，便构成了这一区域社会自身发展的独特历史路径。因此，我们可以发现，明清以来是华南地域社会开发和走向成熟的重要时段。

与此不同，在从事山西区域社会史研究时，我们却发现不能将研究时段仅仅局限在明清以来，而应放在一个更长的历史时段中加以考察。这是因为，与华南地区相比，地处黄河流域的山西，作为中国农耕文明发生、发展、发达的中心，已经有了四五千年的历史。明清以来虽然是山西区域社会历史发展中的一个重要阶段，却并非该区域社会历史的全部。适用于华南区域的历史时段，放在山西这个区域就会显示出一定的局限性。从山西历史整体发展的过程来看，在传统农业生产力条件下，唐宋时代这一区域社会经济已经达到历史时期的最高水平，这一点在以往的研究中已得到证明。宋金时代可以说是山西历史发展的一个转折点，在这一阶段，不仅有众所周知的"澶渊之盟""宋室南渡"，导致中国的政治、经济、文化中心开始南移。而且，与华南地域最为不同的是，包括山西在内的中国北方地区长期处于辽、夏、金、元等少数民族政权的统治之下，当程朱理学思想所代表的新儒学在华南、江南形成和广泛传播时，北方却长期处于理学几近中断的局面。从整个北方学术界的形势看来，理学在当时还远远没有被士人阶层普遍接受，占统治地位的仍然是宋金以来的旧学风。[①] 宋金以来的山西与明清以来的华南处于迥然不同的两种历史节奏。

因此，我们对山西区域社会历史的研究中，既要关注宋金元，又要研究明清以来，注意探讨宋金元与明清之间的关系，考察历史的延续性与断裂性的问题。站在水利社会史的立场上，我们发现唐宋时代是山西水利开发的一个高峰，宋金以来虽然在个别地区出现了因水争讼的记载，但是基本能够维系唐宋时代水利发展的大局。相比之下，明清以来则呈现出不断衰落的迹象，随着人地关系的紧张，地方性的水利纷争日渐增多，水案迭出，水资源短缺，水利灌溉规模和效率已难以达到唐宋时代的历史高峰了。将山西与华南地区相比较来看，明清以来的华南区域社会既是一个大发展的时期，也是地方社会不断强化国家认同，融入王朝体系的历史过程。而明清以来的山西则是唐宋水利大发展基础上的一个整体衰落期，明清时代的山西与明清以前的宋金元时期相比，在水资源环境变迁和地方社会发展主题上都有新的变化。将前后两个不同阶段的

---

① 姚大力：《蒙元制度与政治文化》，北京大学出版社2011年版，第396页。

历史统一起来加以考察，才能挖掘出区域历史与文化的连续性与断裂性的问题，呈现出山西区域社会历史文化的独特价值和研究意义。

山西和华南的研究如此，中国广大地域范围内其他区域的历史亦然。国家时间与地方时间，政治事件与地方事件，宏观发展与微观差异，常常是区域社会史研究者密切关注的话题。唯有在统一中寻找差异，在差异中寻求统一，才会深化并推动今后的区域社会史乃至中国社会史的研究。

二 共时性：探索不同区域的人文差异

区域社会的共时性强调的是空间差异性。学界对于中国地域南北东西差异性的问题早有认识和讨论。由于我国幅员辽阔，不同区域所处的地理位置、气候特征、历史文化以及政治经济活动等方面的不同，造成了我国东西南北方自然景观和人文景观的显著差异。从空间差异性而言，历史地理学界经常用南北分界线、农牧分界线、人口密度分界线来展示中国不同区域的空间特征。

南北分界线是在空间上以秦岭—淮河为划分标准，这条线以北为北方，以南为南方。南北方因气候、降水、温度条件、湿度、植被差异等，形成了截然不同的区域特征。研究者在论及中国南北方差异时，常用"南涝北旱""南繁北齐""南柔北刚""南甜北咸""南米北面""南矮北高""南尖北平""南敞北封""南船北马""南经北政""南轻北重"等来概括，涉及气候、方言、语音、语调、饮食习惯、人种基因、建筑特色、交通方式、政治格局、经济产业布局等。这种差异性有些是地理环境本身造成的，有些则是人文、社会因素与地方环境因素长期共同作用的结果。对于区域社会史研究而言，仅仅关注一些表面的差异是远远不够的，在关注差异性的同时，进一步挖掘导致差异性的内在机制和深层次的历史文化内涵，才是研究的重点。

同样，农牧分界线也是自古以来人们经常讨论的一条重要分界线。与秦岭—淮河这条南北空间分布线不同，农牧分界线划分的是农耕经济和游牧经济两大世界，基于两种不同生产方式而形成的不同区域社会。农牧分界线最早是由司马迁提出的，他在《史记·货殖列传》中讲："夫山西饶材、竹、穀、纑、旄、玉石；山东多鱼、盐、漆、丝、声色；江南出楠、梓、姜、桂、金、锡、连、丹沙、犀、玳瑁、珠玑、齿革;龙门、碣石北多马、牛、羊、旃裘、筋角;铜、铁则千里往往山出𬬻置:此其大较也。"将碣石和龙门两个点为标界,规划出一条农业区与游牧区的分界线,该线自山、陕之间的龙门起,由西南向东北将今山西省斜切为两半,又越过太行山继续向东北,至于今冀东北的碣石。从自然因素上讲,也相当于 400 毫米等降雨量线,此线两侧为农牧交错的过渡地带,这一区域也正是游牧文化和农耕文化两者碰撞和交融的代表性区域。

近年来,王明珂对中国北方游牧社会不同类型的研究有助于深化人们对这一分界线的认识。他将中国北方游牧区分为在蒙古草原游牧的匈奴,在河湟高原河谷游牧的西羌和在辽西森林草原游牧的乌桓与鲜卑三大类型,并且发现了一个十分重要的现象,三种不同环境下的游牧部族组成了不同的游牧社会政治组合,即匈奴人的草原帝国、西羌人的部落、鲜卑与乌桓的部落联盟,以此来突破华夏或中原帝国的北方资源边界,应对华夏资源边界的扩张。他的问题在于:人类历史上,为何有些人群只建立鸡犬相闻的小社会,有些却建立起横跨大洲的世界性帝国?为何蒙古草原上的匈奴部落能组成经常性的国家,而河湟游牧部落连组成部落联盟都有困难?人类的"理想国"究竟该多大,或多小?经研究发现,游牧是一种难以自给自足的生计方式,游牧人群相当依赖游牧之外的辅助性经济来源。汉代匈奴、西羌与鲜卑以及乌桓,便各自在其特有的辅助性经济与相关空间领域下,形成了不同的游牧社会政治组织。①

以匈奴来说,蒙古草原上缺乏农业而狩猎所得又极有限,各部落游牧领域资源不足以维生且难以预期与掌握,因此他们发展出超部落的国家,通过掠夺、贸易、征纳税等活动向外扩张其生存资源。对蒙古草原上的游牧人群而言,这些是较稳定且能预期的生存资源。因为他们通过掠夺、贸易向外取得主要辅助性资源的对象是如乌桓、鲜卑、乌孙那样的大部落联盟,或如汉帝国那样的庞大帝国,因此超部落的国家成为争取及维护资源的常态性政治组合。但是这种游牧帝国形态又有着致命的缺陷,即对于游牧民族的游牧"本业"造成了极大损害,过度集中的政

---

① 参见王明珂《游牧者的抉择——面对汉帝国的北亚游牧部族》,广西师范大学出版社 2008 年版。

治体制及由此产生的对外政策，严重影响了游牧经济与社会的分散性，也影响了游牧生产活动的人力配置。因而导致其内部不时出现分裂活动，这样就影响了游牧帝国的政治稳定性。

河湟地区的高原河谷环境，使得某一部落若能控制如大小榆谷那样的美好山谷，在谷地种麦，在附近的山地游牧、狩猎，生存所需大致无缺。因此其游牧之外的主要辅助性生业——农业、狩猎、生计性掠夺——使得一个美好的河谷成为资源可预期而值得倾力保护与争夺的对象。如此一个河湟西羌部落的资源竞争对手，或他们向外获取辅助性资源的对象，都是临近觊觎、争夺美好河谷的其他西羌部落，因此部落成为保护人们及其生存资源最重要的政治社会组织。各大小部落为了争夺美好的河谷征战不休，无止的部落战争使得各部落互相猜忌、仇恨。在这样的经济生态下，任何超部落的政治结合都是短暂的。由此可见，羌人部落与部落之间受生计模式的影响，相互之间关系并不紧密，而是各自为战的。

乌桓与鲜卑在辅助性经济、游牧社会组织与领域观念上又不同于匈奴及西羌。这是因为辽西及其邻近地区在环境上非常多元，因此也孕育出多元的人类经济生态。研究发现，在人群生计的稳定性与资源可预期性上，该区域北边的农牧混合经济地区，不如西部宜牧的草原，也不如南部温暖宜农的辽东与辽南地区。因此乌桓与鲜卑各部族经常由北方迁至辽西，再由此往南、往西迁徙。于是不同时间、空间中的乌桓与鲜卑部分其经济生业有相当差别。各地部族之经济基础差异，使得他们无法像匈奴各部落一样组成领域广大的国家。他们也不同于西羌部落那样固守一部落领域，而是经常向外迁移，寻找宜于农牧之地与贸易、掠夺的机会。在此情境下，部落联盟便是一种有效的组织机制。

王明珂的研究发现，在汉代以后中国历史上，蒙古草原上不断出现一些大型游牧汗国、东北森林草原地区各部族也经常形成游牧部落联盟，河湟及朵康地区之河谷、溪谷中各部落一直争战不休。所显示的当是环境、人类生态与社会组织难以改变的"本相"。蒙古草原、辽西森林草原和青藏高原河谷，皆各有其环境特质。在此环境与情境中，人们在游牧经济、辅助性经济策略、社会组织上的选择以及与中原帝国的互动，呈现出各自不同的发展轨迹和生存策略。

需要强调的是，大自然的条件是人们选择农或牧的前提，农牧两类经济生活方式的差别，造就了历史时期中国疆域伸缩的地理基础。自西汉时期司马迁提出农牧分界线后，这条线并非静止不变的，而是处于一种动态变化的过程中。这种变化与两种生产方式所对应的区域和人群势力消长有着密切关系。秦汉时期农耕区的北界曾推进至阴山以南一带。东汉时期，南匈奴内迁西河、北地、朔方、五原、云中、定襄、雁门、代郡一带。东汉末到十六国时期，农耕区北界已内缩至渭河平原北缘、汾河中游和河北中部一线。此后黄土高原所在的山陕两省一度成为农牧交错带。时而为农耕经济，时而为游牧经济，有些地方则成为半农耕半游牧区域，具有明显的过渡性特征。游牧经济与农耕经济相比，其对环境和气候条件的变化更为敏感。研究认为，气候变化对区域农牧生产力的改变可能是影响农牧战争的因素之一。许多学者认为，游牧民族更容易在气候寒冷期发起南下战争，侵略传统农耕区域，但事实并非如此。在中国历史上，气候温暖期多对应战争高发期，游牧经济的单一性、脆弱性及其对农耕经济的依赖性，导致游牧民族多为战争的主动发起方。而冷期对于游牧民族而言，牲畜特别是马匹的减少，会削弱其进攻能力，因此气候寒冷期战争发生频率远较温暖期为少。

与农牧分界线有密切关系的是人口密度分界线，这条线对于区域社会史研究同样有着重要意义。1935年，中国地理学家胡焕庸在《地理学报》第2卷第2期发表论文《论中国人口之分布》，揭示了中国人口的分布规律，并附上了中国第一张人口密度图——《中国人口密度图》。他的研究结论是："自黑龙江之瑷珲，向西南作一直线，至云南之腾冲为止。分全国为东南与西北两部：则此东南之面积，计四百万平方公里，约占全国总面积之百分之三十六；西北部之面积，计七百万平方公里，约占全国总面积之百分之六十四。惟人口之分布，则东南部计四万四千万，约占总人口之百分之九十六，西北部之人口，仅一千八百万，约占全国总人口之百分之四。"① 这条线大体确定了中国人口东密西疏、南多北少的空间格局。应该说这条线是历史地形成的。我们在区域社会史研究中，不单单是要印证这条线是否合理是否存在，还要进一步去追问造成不同

---

① 胡焕庸：《论中国人口之分布》，《地理学报》1935年第2卷第2期。

区域人口分布差异的主客观原因究竟是什么，是否可以突破以及怎样突破。

就中国近代移民史研究而言，走西口、闯关东、下南洋等突出的人口迁移现象，所揭示的正是历史上人们如何从人口密集的中心区域向边疆、海外迁移的事实，他们的迁移对于人口分布格局的改变不能说是没有意义的。进一步而言，在中国移民史上脍炙人口的洪洞大槐树、江西填湖广、湖广填四川等移民现象，长期以来也一直是中国历史学、民俗学、社会学、人口学等关注的重要议题，这些人口移民现象对于各自区域社会的发展变迁无不具有重要影响。关注不同区域的历史人口现象及其发展变化，注意挖掘与这些人群密切相关的史料和史实，探讨人口迁出地和迁入地不同的生存环境特征，对于深化区域社会史研究是颇有助益的。

第三节 生存环境与区域特性研究的四个维度

生存环境与区域特性的关系，在本质上就是环境与社会的互动关系。鉴于区域社会的时空差异性，结合当前中国社会史研究的特点和趋势，我们认为不妨从生态与社会、水利与社会、疾病与社会、灾害与社会四个维度去把握区域社会的历史特点和发展演变特征，进而加深对区域特性的认识和理解。

一 生态与社会

中国学界对生态环境问题的关注由来已久，往往会追溯到从事自然科学和历史地理学研究的学者身上。如竺可桢先生对中国近五千年来气候变迁的研究，使人们认识到中国历史上的冷暖交替现象、冷暖周期及其对王朝更迭、政治变迁的影响。继竺可桢先生开启了历史气候变化问题的研究以后，在该方面倾注心血开展研究的学者不乏其人。但是就其关注点而言，仍然主要限于气候变化本身，是属于历史地理学领域的跨学科研究，并非社会史意义上的专注于人与社会问题的研究。同样，对历史时期动植物分布及其变迁的研究，也是历史地理学领域的传统研究范畴,以往研究中既涌现出了以史念海、文焕然等老一辈学者为代表的对整个中国空间范围内动植物分布和变迁历史的研究,也有以朱士光、王守春、蓝勇等为代表的对某一时段和地域范围内森林植被历史分布、变迁问题的探讨。此外,还有对历史时期湖泊兴废、沙漠化、河道变迁等环境问题的长时段研究,但是研究重点仍然主要集中于环境本身的变化。

随着20世纪90年代以来中国社会伴随经济快速发展而来的生态环境问题的日益严重,如沙尘暴、雾霾天气的持续出现、地下水位下降、泉水断流、河流污染、气候变暖、极端气候频发等,使人们更加重视保护生态环境,建设好人类自身家园。因此便自然而然地关注历史上人与自然的互动关系,也更加关注欧美学界的相关研究成果。在以侯文蕙、包茂宏、高国荣、梅雪芹、夏明方、王利华等为代表的环境史学者们的努力推动下,不仅将欧美的环境史理论、著名学者、重要著作翻译并引入国内学界,而且相继召开一系列以环境史命名的学术研讨会,力图建立一个以环境史命名的新学科。针对中国环境史发展的特点,包茂宏曾概括说:"中国环境史的兴起,是在环境恶化的现实状况刺激以及中外学术交流与知识融合的背景下,中国的世界史学者和中国史学者尤其是历史地理学者共同追求的结果。"①

在梳理中国环境史的学术发展脉络时,人们会不约而同地提到1993年12月由我国台湾学者刘翠溶和澳洲国立大学伊懋可教授发起组织的首届中国生态环境历史学术讨论会,会后在1995年结集出版了《积渐所至:中国环境史论文集》,它被誉为中国环境史研究的奠基作品。这部论文集收录的文章涉及中国环境史研究的理论视野、丘陵与低地、人口与生态、环境与水利、河流与水患、拓垦与聚落的形成、村民的环境史观、气候与收成、鼠疫、霍乱与结核病,官方对环境问题的看法与角色,等等。这些新鲜的选题和研究,对于中国史学界开始关注环境问题,将环境问题纳入学术视野起到了重要推动作用。

中国社会史学界对环境史问题的关注开始于本世纪前后。2000年,行龙即倡导从社会史角度开展中国人口资源环境史的研究,主张将人

---

① 包茂宏:《环境史:历史、理论和方法》,《史学理论研究》2000年第4期。

口、资源、环境纳入社会整体变迁的历史进程中进行考察。研究人口、资源、环境三者之间的相互关系，揭示人口增长、经济发展、资源开发利用、生态环境平衡之间可持续发展的规律性，总结中国历史上在此方面的经验教训。在此理念引导下，编辑出版了《环境史视野下的近代山西社会》论文集，先后多次召开了中国人口资源环境史学术研讨会、水利社会史学术研讨会，使以山西为中心的人口资源环境史研究得到了学界瞩目。

　　开展环境与社会互动关系的关系，既要有长时段、整体史的视野，也要充分利用和吸收相邻学科，尤其是人口、资源与环境经济学、地理学、生态学、人口学、社会学等学科的理论与方法，才能走上正确的方法论之途。结合当前中国生态环境史研究的现状，从历史地理学、社会经济史、农业生态史视角开展的相关研究已经取得了一系列重要成果。其中最具代表性的是王建革的三部著作：《农牧生态与传统蒙古社会》《传统社会末期华北的生态与社会》和《水乡生态与江南社会（9—20世纪）》。作者在三个不同区域的研究均注意到了影响各自区域历史发展的不同生态因素，不论是农牧生态、农业生态还是水乡生态，均构成了各自的区域特色，体现了研究者一以贯之的生态史情结，无论是蒙古、华北还是江南，均能够呈现出生态、技术、制度、社会的多重互动关系，具有很好的示范意义。

　　相比之下，马俊亚对淮北社会生态变迁的研究更注重长时段和整体性。淮河流域在中国历史上是一个灾害频仍，极不稳定的区域。关于淮北区域社会史的研究，有两部著作值得重视。一是裴宜理的《华北的叛乱者与革命者（1845—1945）》，二是马俊亚的《被牺牲的局部——淮北社会生态变迁研究（1680—1949）》。[①] 两部著作均是从淮北生态环境入手，进而探讨淮北区域社会的历史特点的。其中，前者更强调淮北地区农民何以容易发生叛乱的环境和社会因素，后者则强调马克思所言"行政权力统治社会"的危害性，即行政权力对淮北地区生态环境和经济、社会产生的负面影响。

---

① 参见裴宜理《华北的叛乱者与革命者（1845—1945）》，商务印书馆2007年版；马俊亚《被牺牲的局部——淮北社会生态变迁研究（1680—1949）》，北京大学出版社2011年版。

其中，裴宜理在《华北的叛乱者与革命者（1845—1945）》中，首先从淮北的环境入手，分析可能导致民众产生反抗情绪的各种地理和社会环境。接着逐一分析了淮北的地理、人口密度、种植模式、土地占有情况、商业、政府税收和农民心态，然后探究华北农民的生存策略，发现在他们身上既有通常的治家策略，还有侵略性生存策略、掠夺性策略和防卫性策略。于是在出现社会危机的情况下，这些生存策略就会发生作用。在淮北主要体现为捻军、红枪会和共产主义革命三种形态。其中，捻军是掠夺性的运动，红枪会是自卫性的运动。两者均存在局限性，没有发展成为更具革命性的集体行动。经过共产主义革命的改造和洗礼后，淮北民众生活和命运才发生了变化。

与之相比，马俊亚的研究则分析了清至民国前期中央政府在"顾全大局"的政治思维下所制定的政策对淮北地区的影响。他着重考察了淮北地区人类活动，特别是政府行为、官僚意志和地方利益集团对区域环境系统演变的影响。研究发现，淮北生态衰变的实际年代始于南宋建炎二年（1128），其时宋都从东京南迁临安，淮北不再作为国家的核心地区，失去了许多政策上的优惠。尤为严重的是，为了避免与金兵作战，东京留守杜充掘开黄河南岸大堤，使黄河水南流入淮，这是淮北生态畸变的开端，而此时淮北属于宋金交战地带，兵连祸结，交战双方均无意加以治理。此后，淮北再也没有中兴过。1680年泗州城完全沉入洪泽湖底，成为淮北生态史上的重要年代。当时清朝正处于盛世，淮北社会生态却在此时加速衰变，其罪魁祸首正是国家的决策使然。

马俊亚提出，清代中央政府的"三大政"中，不论是作为国家财政支柱的盐务，还是作为国家财政漏卮的河务，以及国家命运所系之漕务，对淮北而言，均非福音，而是随时需要淮北为之牺牲的不可撼触的"大局"。他尤其强调国家权力和意志在淮北社会生态变迁中所发挥的决定性作用。单从表面上看，黄河、淮河等大河水道的变迁是淮北社会生态衰变的直接原因；更深入地看，水患的形成基本上是人为的结果，特别是与国家宏观决策有关。中央政府在淮北的治水事务，巨型治水工程的频繁兴建，与农业灌溉无关，与减少生态灾害无关，主要服从于政治需要。这样做的后果，就使得淮北的生态环境越来越不利于生存，社会、经济和人文环境也越来越差。最终导致作为局部利益而被牺牲的淮北地区，从唐以前生态良好的鱼米之乡，演变成了明清至民国前期穷山恶水之地；从著名的优质稻米产地变成了粗恶杂粮之区；从发达的手织业中心退化为纺织绝迹的经济边缘地带；从家诗书、户礼乐的文化沃土，变成了杀人越货的寇盗乐园；从精英辈出的人文荟萃之地，沦为了江南体力劳动者的主要来源地。

生态与社会作为体现环境与社会互动关系的一个重要视角，已经得到国内外学界越来越多研究者的关注。在区域社会史研究中，选择生态史的视角，依靠多学科的研究方法，开展长时段的研究，是一条切实可行的学术路径，已经得到有效的验证。在今后的区域社会史研究当中，值得花大力气进一步耕耘。这同时也对研究者的学术视野和学科背景提出了更高的要求。

二　水利与社会

水利社会史是伴随区域社会史研究深入发展而形成的一个热点学术领域。早在 20 世纪上半叶就有魏特夫以东方专制主义为核心的治水国家理论和冀朝鼎对水利与中国历史上基本经济区的理论阐释，使人们在中国历史的研究中，不仅要重视土地的问题，也要重视水的问题，乡土中国与水利中国同等重要。[①]

20 世纪 90 年代以来，法国学者魏丕信对关中郑白渠水利灌溉系统的研究，蓝克利以黄淮水系与水患为研究对象的探讨，斯波义信从长时段视野对杭州湾环境与水利相互关系的研究等等，对水利社会史在中国学界的发展起到了重要的借鉴作用。值得注意的是，这些研究均非单纯的就水言水，而是将水利及环境问题与历史时期的政治、经济、军事问题有机地融合在一起进行综合考量。蓝克利在其研究中明确提出"我自己的意图在于指出政治史和财政史是怎样完全得以确定可以影响环境的选择"；魏丕信针对帝制后期陕西历届官员试图恢复郑白渠灌溉系统的努力屡屡失败的现象，敏锐地指出"那是因为几世纪以来（官员们）尝试驾驭不再能够'自然地'为农业服务的资源，已使环境、技术、

---

① 张俊峰：《明清中国水利社会史研究的理论视野》，《史学理论研究》2012 年第 2 期。

经济、社会和政治因素的全面结合在郑白渠的等式中失去了平衡"。①这种整体史的视角，紧密结合实践与空间尺度，将人的思想与行为置于政治、经济、军事、社会、环境变化诸问题背景下进行综合考察的学术风格，对于中国水利社会史研究的勃兴颇具启发和推动意义。

  这还仅仅是一个开始，1998—2002 年，蓝克利、魏丕信在法国远东学院的支持下，联合北京师范大学董晓萍，北大邓小南、韩茂莉，清华张小军等在内的 15 位历史学、人类学、民俗学、地理学、考古学、水利学和金石文字等领域的学者，共同完成了一项以"华北水资源与社会组织"为名称的国际合作项目，对山西和陕西农村开展了田野调查和资料收集。这项研究历时 4 年，在共同研究基础上，2003 年在中华书局出版了以《陕山地区水资源与民间社会调查资料集》为题的 4 部著作，由他们揭示的山西水利碑刻和陕西民间水利文献，使人们充分意识到水在历史时期山陕区域社会历史变迁中所发挥的重要作用，区域社会中水的问题遂成为学界关注的热点。

  与此同时，中国社会史学界围绕不同水资源开发利用特点而形成的水利社会类型学研究也得到了学界的广泛认同和响应。2000 年，行龙倡议学界要重视从社会史角度开展中国人口资源环境史研究，要克服以往研究中存在的人口、资源、环境分而治之的"两张皮"现象。认为人口、资源、环境三者是一个系统体系的有机组合，要将人口、资源、环境纳入社会整体变迁的历史进程中进行考察。2004 年，王铭铭在参加了山西大学行龙教授主办的"首届区域社会史比较研究中青年学者学术讨论会"后，针对会上引起学者们热烈讨论的"水利社会"研究发表了自己的看法："中国是一个具有极丰富的资源和文化多样性的国度。研究这样一个'多元一体'的国度，学者如何处理不同区域的差异，是关键问题的其中一个。中国历史上，既有洪涝，又有旱灾。中国大地上，既有丰水区，也有缺水区。在不同的历史时期，水利具有的意义，可能因此有所不同。这些不同能导致什么样的社会和文化地区性差异？这些社会和文化的地区性差异，与中国历史中国家与社会关系的地区性差异之间，又有什么

---

① 参见刘翠溶、伊懋可主编《积渐所至：中国环境史论文集》，台北"中研院"经济研究所 1995 年版。

联系？若说传统中国社会围绕着'水'而形成这些复杂关系，那么，这些关系是否对于我们今日的水利和社会起着同样重要的影响。""在我看来，对于中国'水利社会'多样性的比较研究，将有助于吾人透视中国社会结构的特质，并由此对这一特质的现实影响加以把握。"①

王铭铭的这一论述，不但指出了中国不同区域水利社会的差异性，而且通过三个问题与假设，指出了水利社会史研究应该回答和解决的学术问题以及水利社会史研究的学术和现实意义所在。此后，王铭铭对与水相关问题的思考更加深刻，在《水的精神》一文中，他不仅比较了水在中西方不同历史、文化环境中所具有的迥然不同的象征和意义，而且发展了费孝通先生有关乡土中国的思想，进一步提出要从过去的以土地为中心转到以水为中心，他指出："从被土地束缚的中国，联想到水利社会的诸类型，在乡土中国与水利中国之间找到历史与现实的纽带，对于分析当下围绕水而产生的变迁与问题，似为一个可行的角度。""要是土地没有水的滋润，便没有繁殖力，植物、动物（包括人类），便没有生命。中国的社会研究，应从这个简朴的道理中汲取灵感。"循此思路，他进而提出："社会科学研究者可以将水利社会区分为'丰水型''缺水型''水运型'三大类。历史上，诸如四川丰水区，出现都江堰'治水模式'；诸如山西缺水区，出现'分水民间治理模式'；在沿海、河流和运河地带，围绕漕运建构起来的复杂政治、社会、经济、文化网络，也值得关注。"② 这一分类，对于学界从水的视角把握区域社会特性、开展区域社会史研究，具有重要指导意义。

王铭铭的这一观点与行龙"以水为中心"开展明清山西区域社会史研究的设想不谋而合。作为对这一研究理念的积极响应，行龙在《从治水社会到水利社会》一文中进一步指出："如果我们把以水利为中心的区域性社会关系再扩展开来，它与区域社会政治、经济、军事、文化、法律、宗教、社会生活、社会习俗、社会惯习等都有直接或间接的关系。从治水社会转换到水利社会，进入我们视野的是一片广阔无垠的学术领域。"③ 在此，我

---

① 王铭铭：《水利社会的类型》，《读书》2004 年第 11 期。
② 同上。
③ 行龙：《从治水社会到水利社会》，《读书》2005 年第 8 期。

们将以山西水利社会史研究为例进一步说明如何从生存环境入手把握区域社会特性。

  以行龙为学术带头人的山西大学中国社会史研究中心学术团队对黄土高原中心地带"山西水利社会史"的研究，始于他们对明清以来山西人口资源环境问题的关注。水资源短缺、环境污染、持续干旱是自20世纪90年代以来影响山西经济社会可持续发展的一个现实瓶颈。从这一现实问题出发，他们发现并整理了明清时期大量水利、水井碑刻、渠册水册、黄河滩地鱼鳞册等多种民间水利文献。以此为基础，他们进行了深入的田野调查访谈，踏访了山西汾河流域众多的水利庙宇和工程遗迹，提出了山西水利社会的多种类型并逐次开展研究。

  目前他们的成果主要集中在山西汾河流域"泉域社会"研究、水井与乡村民生用水研究方面。其中，对山西"泉域社会"的研究，已引起学界的重视和普遍认同。此后，行龙、张俊峰又分别以太原晋祠难老泉、洪洞广胜寺霍泉为典型个案，对泉域社会的水神祭典、分水传说、争水事件做了系列深入研究，他们提出："泉域社会"即"有灌而治"的社会类型与董晓萍、蓝克利等人针对山西"四社五村"研究提出的"不灌而治"的社会类型①，可以视为是中国北方水利社会的两个极端。二者的共同点是同样位于黄河流域汉人长期生活繁衍的中心区域。不同点在于：前者代表了水资源极端丰富、传统农业文明高度发达的区域；后者则代表了水资源极端匮乏、传统农业文明不发达的区域。两种极端类型的意义在于：至少为中国北方水利社会史的研究建立了两个可资参照的模型，循此可更好地理解和解释传统时期中国北方区域社会的历史变迁与区域社会的文化特点。

  与山西传统农业社会农田水利灌溉中围绕水资源开发、利用和分配的研究主题不同，胡英泽以传统时代中国北方地区如何解决吃水困难以及围绕吃水形成的组织、制度、观念、习俗等问题做了探讨，在"水井与北方乡村社会"一文中，他利用大量新发现的水井碑刻和实地调查，指出北方乡村水井在建构社区空间、规定社会秩序、管理社区人口、营

---

① 董晓萍、[法]蓝克利：《不灌而治——山西四社五村水利文献与民俗》，中华书局2003年版。

造公共空间、影响村际关系等方面的重要作用，为学界展示了北方水利社会的另外一重面向。① 在对黄河小北干流滩地的研究时，他利用山陕黄河两岸村庄的滩地鱼鳞册，以"流动的土地和固化的地权"为主题，对秦晖的"关中模式"提出了质疑，进而提出"黄河小北干流模式"。这种滩地社会类型可视为山陕黄河两岸一种比较特殊的水利社会。

站在水利社会史的角度来说，学者们从水的立场出发，不断挖掘出能够反映某一区域社会特性的研究模型。如钱杭对浙江萧山湘湖水利社会研究基础上提出的"库域型水利社会"、董晓萍等揭示的山西四社五村"不灌而治"的水利社会类型、鲁西奇对长江流域"围垸"型水利社会的研究、王建革基于河北平原水利开发提出的旱地水利模式和国家集权模式等水利社会类型等。这些不同类型的水利社会的存在，表明不仅在中国南北方水利社会之间存在着较大差异，即便在大体相似的地理环境和水资源条件下，水利社会也存在着一定的差异性。因此，根据不同区域或相邻区域水利条件的差异和特点，分门别类地开展水利社会史研究极为必要。通过对不同区域水利社会类型的整体性研究，总结其社会发展变迁规律和特点，提炼其社会发展的核心问题，才能进行卓有成效的区域比较和对话，才有可能从水的角度来重新审视和诠释传统与现实中的中国社会。

三　疾病与社会

从疾病史角度开展区域社会研究，同样是环境与社会互动关系的一个新的学术增长点。相比起灾害史、水利史、生态史领域的相关研究，疾病社会史是一个新事物。但是这个新事物却经历了一个从历史学的"漏网之鱼"到"学术热点"的大转变。

疾病史研究最早源于医史学界。20 世纪初期，医史学逐渐发展成为医学下面的一个分支学科，疾病史的研究随之增多，几乎各种疾病的历史都有研究者涉及，形成了一个比较繁荣的局面。然而，这种繁荣的背后却存在着一定的局限，那就是医史学界对疾病史研究的内容和途径相对狭窄，未能触及疾病背后的社会，诸如疾病来临时带来了怎样的危害，

---

① 胡英泽：《水井与北方乡村社会》，《近代史研究》2006 年第 1 期。

国家和社会如何应对，而民众在面对疾病时又是怎样的心态等。要解释这些问题，显然需要历史学科的参与。然而，在历史学的领域里，疾病史研究却在相当一段时期里未能占据一席之地，反而成了历史学的"漏网之鱼"。

20世纪中期以来，西方社会史学界开始涉足疾病史研究，出现了不少研究成果，代表性的有弗雷德里克·F. 卡特赖特和迈克尔·比迪斯合作完成的《疾病改变历史》、麦克尼尔（W. McNeill）的《瘟疫与人——传染病对人类历史的冲击》等。这种研究取向逐渐影响到中国学界。进入20世纪90年代以来，中国史学界对疾病史研究也开始多了起来。不过当时史学界较早关注的并不是中国历史上的疾病，而是中世纪时期欧洲的黑死病，如张绪山在1992年就重点探讨了黑死病对欧洲社会的影响。之后有越来越多的学者注意到了疾病史这个研究方向，并将之引入到中国历史的研究中来，如杜家骥、曹树基、谢高潮、梅莉、晏昌贵、龚胜生等人先后发表了相关论文。尤其是曹树基的《鼠疫流行和华北社会变迁（1580—1644）》一文，引起学界极大反响。该文摆脱以往明史研究往往只考虑政治斗争、阶级冲突和民族对抗的传统视角，通过对生态环境的异常变化这个视角来分析明王朝灭亡的原因，文章指出：万历年间的华北鼠疫大流行使区域经济和社会发展陷于停滞，崇祯年间的鼠疫则在风起云涌的起义浪潮中加速了它的传播和扩散，因此，明王朝是在灾荒、民变、鼠疫和清兵的联合作用下灭亡的。① 这个"老鼠'消灭'了明朝"的结论使得中国大陆史学界真切体会到了"疾病改变历史"的意境。而在1998年，史学界第一部研究疾病史的专著《三千年疫情》出版，该书从先秦谈起，一直谈到清代，对中国历史上的每一个时期的疫情、医家治疫、国家应对等情况进行了深入探讨，使读者对整个中国历史上的疾病与社会的关系有了系统的了解。

在了解了疾病社会史基本学术史的基础上，为了便于理解疾病与区域社会的相互关系，在此我们可以用近年来学界关注较多的"瘴气"及其瘴区社会历史变迁为例来加以说明。瘴气是历史上边疆民族地区长期存在的、特定生态环境下的生态现象，在自然环境原始、地理环境相对

---

① 曹树基：《鼠疫流行和华北社会变迁（1580—1644）》，《历史研究》1997年第1期。

封闭、气候或炎热潮湿或极度寒冷的人烟稀少地区，生物群落繁多，各种生物在生存繁殖的过程中，各生态要素之间尤其是许多含毒生物散发有毒的气体或液体，以及无毒生物间发生物理、生物或化学反应后，产生了诸多危害人体生理机能的液体和气体，这些气、液体及周边环境构成的自然生态现象就是瘴。

就瘴气的分布区域来看，主要限于岭南、福建、西南、台湾等区域。萧璠的《汉宋间文献所见古代中国南方的地理环境与地方病及其影响》，被视为是瘴气研究中用力较深、较具代表性之作。[①] 他以古代南方自然环境、医药卫生条件和居民生活习俗为切入点，从现代医学角度探讨古籍记载的各种南方疾病，阐述此类地方病对南方政治、军事、财政制度等方面的影响，专门从生物学角度对疟疾和瘴的种种情形进行阐释，对南方地方病与地理环境的密切联系进行深入论述。认为瘴即疟疾，云贵、岭南等地瘴气产生与南方的地理环境，尤其是山地丘陵等地形地貌及植被等自然因素密切相关，南土阳气偏盛，多雨潮湿，提供了诸种毒物孕育、生长的温床，滋生出大量有毒草木、禽虫或毒气，暖热气候成为瘴气产生的根源。

以此为基础，左鹏在《宋元时期的瘴病与文化变迁》一文中，以宋元瘴病为研究对象，论述历史上流行于南方的瘴疾与华夏文化扩散的关系。作者认为，宋元时瘴疾分布有一个大体稳定区，其分布地区的变迁反映了中原王朝势力的进退盛衰，各区瘴情的轻重差异反映了中原文化影响程度的深浅。在瘴疾预防上强调习其风土的重要性，以中原医学知识改变南方民众的生活方式和生存环境，瘴疾的记载表明疾病对人体自然机能的影响在某种程度上是社会文化形态变迁的表现，强调外部的暑湿环境是瘴气产生的重要基础。[②] 因此，瘴气的产生及存在各有其特殊的自然地理及生物环境因素，因地理、气候、生态等因素的差异，各瘴区瘴气存在的具体原因不尽一致。

站在区域社会史研究的立场上审视疾病社会史的研究可知，在中国

---

① 萧璠：《汉宋间文献所见古代中国南方的地理环境与地方病及其影响》，《"中央研究院"历史语言研究所集刊》第63本第1分，1993年4月，第67—171页。
② 左鹏：《宋元时期的瘴病与文化变迁》，《中国社会科学》2004年第4期。

不同区域不同的生存环境中，除了鼠疫、霍乱、天花这类急性传染病以外，还有着大量类似于"瘴气"这样极具地域特征的疾病类型，比如长江流域的血吸虫病、北方常见的大骨节病、水土病、粗脖子病等。以此类疾病问题的研究为出发点，不仅有助于深化对各个不同区域社会特性的把握，更有助于加深对中国社会历史多样性和复杂性的认识。应当说，对环境与社会互动关系的认识并不仅仅局限于上述四个维度，在具体实践中一定还包括多种多样的观察视角和类型。它们同样有助于或直接或间接地认识生存环境与区域特性的关系。我们在此提及的灾害、水利、生态和疾病只是近年来学界讨论较多，具有较高关注度，对于人们理解生存环境与区域特性关系具有直观意义的方面。

四 灾害与社会

作为社会史研究的一个重要分支领域，灾荒史在社会史兴起之初就得到学界的高度重视，成就斐然。就灾荒史自身学术脉络而言，邓拓的《中国灾荒史》可谓该领域奠基之作。但是该书主要着力于分析灾荒的成因、影响、自身的规律以及救荒的思想、策略、制度和实践等，属于内容比较单一的灾荒史。改革开放以来，中国人民大学李文海教授率先组织开展灾荒与中国近代社会互动关系的研究。在他看来，作为人类社会生活一个非常重要的方面，自然灾害不仅对千百万普通百姓的生活带来巨大而深刻的影响，而且与政治、经济、思想文化以及社会生活的其他各个方面都有非常紧密的关联，应重点揭示灾荒在社会历史进程中的地位与作用。根据这种视角，他在具体研究内容上的第一步，就是从自然现象与社会现象相互作用的角度，来重新观察和解释近代中国历史上一系列重大事件。他在1991年发表的《清末灾荒与辛亥革命》一文中，便清楚地展示了如何以灾荒问题为视角、如何将灾荒作为重要变量来审视相关的重大历史事件，而绝未出现所谓"灾荒决定论"的偏激观点。① 同样依据这样的思路，他还考察了灾荒与鸦片战争、灾荒与甲午战争等问题，给人耳目一新的感觉。应当说，新时期中国灾荒史研究正是在这样的基础上发展起来的。

---

① 李文海：《清末灾荒与辛亥革命》，《历史研究》1991年第5期。

人生活在一定的自然环境之中，同时也生活在一定的社会条件之下。只有从灾荒同自然、社会的相互关系、相互作用、相互影响的对立统一中，才能更加深刻、更加全面地揭示自然灾害各个方面的本质。这也许正是灾荒史研究在近20年中取得的最重要的学术进步。在开展区域社会史研究时，人们常常会强调某些重大事件对区域社会历史发展进程所具有的重要影响，诸如战争、灾害、疾病、瘟疫等引起的大量人口死亡、社会经济的停滞乃至倒退等，都会引起人们的关注，构成了区域社会历史发展走向的决定性因素。

就中国近代华北区域社会而言，光绪三年（1877）的大饥荒可以视为该区域社会发展中一件具有重大转折意义的事件。19世纪70年代中后期，正当洋务派"求强""求富"活动紧锣密鼓地进行之际，一场罕见的特大灾荒洗劫了中国大地，特别是北部中国。直隶、山东、河南、山西、陕西等省持续三年大面积干旱，这次大旱的特点是时间长、范围大、后果特别严重。从1876年到1879年，大旱持续了整整三年，受灾地区有山西、河南、陕西、直隶（今河北）、山东等北方五省，并波及苏北、皖北、陇东和川北等地区；大旱不仅使农产绝收，田园荒芜，而且"饿殍载途、白骨盈野"，饿死的人数竟达一千万以上。由于这次大旱以1877年、1878年为主，而这两年的阴历干支纪年属丁丑、戊寅，所以人们称为"丁戊奇荒"；又因河南、山西旱情最重，又称"晋豫奇荒""晋豫大饥"。以山西一省为例，饥荒发生时的1877年，山西人口达到1643.3万这个近代山西人口的最高点。1877年开始的大饥荒，山西全省受灾范围高达84个州县，人口大量死亡，灾后全省人口由1643.3万锐减为1065.8万，总计人口损失近600万。人口的重大损失，使得山西社会元气大伤，长期处于恢复、停滞甚至倒退状态。直到1949年，山西人口仍在1100万—1200万左右徘徊，未能恢复到灾前水平，灾荒造成的生产力损失、物质财产损失、人才损失、文化损失，长期无法弥补和平复，对区域社会的发展造成了深刻影响。当我们在对山西区域社会史开展研究时，就不能忽略对大饥荒与地域社会发展关系的探讨，以此来准确把握区域社会发展的历史脉络。

在研究灾荒对社会造成破坏和影响的同时，还要重点关注国家和社会对灾荒的反应和举措。其中，夏明方的《民国时期的自然灾害与乡村社会》（2000年）、朱浒的《地方性流动及其超越：晚清义赈与近代中国的新陈代谢》（2006 年）、郝平的《丁戊奇荒：光绪初年山西灾荒与救济研究》（2012 年）等，均可视为对灾荒与社会互动关系研究的代表作品。这些研究的共同点在于研究者并不满足于"就灾言灾"的局限，而是更加关注政府、民间、社会力量对灾荒的认识、态度、观念和举措，尤其注重讨论灾荒救济中出现的新的救灾机制和救灾力量，如光绪三年（1877）灾荒中的江南义赈就极具开创性。作为一种突破中国传统救荒机制的义赈活动，始于"丁戊奇荒"期间。其时，以江南为中心的民间社会力量总共募集并自行散放赈银 100 多万两，从光绪三年（1877）至光绪七年（1881）连续奔波于山东、河南、山西、直隶四省，赈济灾民总数超过百万。这在此前的中国救荒史上从无先例。站在区域社会的角度来而说，这种新的赈灾组织和力量的出现，不仅对于减轻灾荒造成的损失，改变受灾民众的生计和命运发挥重要影响，而且在灾荒救济机制出现了一些近代化的特征，研究者关注的重点从研究灾荒的历史转变为历史上的灾荒。这样一种视角的转换，更有助于丰富和推动当下的灾荒史研究。

近年来，关注区域性的灾荒史与社会变迁已经成为该领域一个极具活力的学术发展新动向，成功举办了一系列相关主题的学术会议，如"华北灾荒与社会变迁""西南灾荒与社会变迁""灾害与边疆社会""海河流域灾害、环境与社会变迁""江南灾害与社会变迁""江淮流域灾害与民生"等学术会议的召开就体现了这样的特点。研究区域性的灾荒史并将灾荒作为审视某一区域社会历史变迁的一个重要视角，已经得到了学界广泛认可，这既体现了灾荒史研究学术视角的转换，也推动了区域社会史研究的发展，为认识生存环境与区域特性的关系提供了一个很好的观察视角。

区域社会史研究从生存环境入手，对区域特性的探究正是注意到了生存环境的区域差异性，以及这些特性在地方社会发展中发挥的独特作用。强调不同地区生存环境和区域特性的差异性并非是对宏观视角和整体史的否定，而恰恰是要将区域历史放在大的历史脉络中来加以认识，最终目的都是为了更深入地理解历史和社会。不同地区的自然地理条件造就了生存环境的差异性，同一区域所处的时期不同也使区域特性呈现出不同的形态，影响区域历史的各种因素不只限于本章所列举出的几个例子，它要求我们对具体问题做具体分析。只有准确把握区域特性，才能加深对中国整体历史的认识和理解，体现出区域社会史研究的学术意义和时代价值。

中国的历史很长，地域空间很大，区域差异性非常明显。区域社会史作为社会史研究的深化，作为一种方法和手段，无疑有助于提高中国历史研究的深度和品质，却在短时间内很难突破乃至跨越这种障碍。中国之所以未能出现一个类似布罗代尔地中海那样的鸿篇巨制，原因即在于此。完成整体史的追求或重写通史，绝非某一个人、某一个团队在某一时期可以独立完成的。在此情况下，选取特定区域，进行综合研究，通过区域关照整体，才是切实可行的研究路径。学者们在华北、华南、江南、淮北、西北、西南的上述研究表明这样的研究路径当下的社会史研究中还是存在很大空间，大有可为的。

参考文献

1. 刘翠溶、伊懋可主编：《积渐所至：中国环境史论文集》（上下册），台湾"中央研究院"经济研究所1995年版。

2. 梅雪芹：《环境史学与环境问题》，人民出版社2004年版。

3. ［美］J. 唐纳德·休斯：《什么是环境史》，梅雪芹译，北京大学出版社2008年版。

4. 王明珂：《游牧者的抉择：面对汉帝国的北亚游牧部族》，广西师范大学出版社2008年版。

5. 马俊亚：《被牺牲的局部——淮北社会生态变迁研究（1680—1949）》，北京大学出版社2011年版。

6. ［美］裴宜理：《华北的叛乱者与革命者（1845—1945）》，迟子华、刘平译，商务印书馆2007年版。

7. 邹逸麟主编：《中国历史人文地理》，科学出版社2011年版。

8. 钞晓鸿：《生态环境与明清社会经济》，黄山书社2004年版。

9. 王建革：《水乡生态与江南社会（9—20世纪）》，北京大学出版社2013年版。

10. 刘志伟、孙歌：《在历史中寻找中国——关于区域史研究认识论的对话》，东方出版中心2016年版。

第 三 章

小地方与大历史

中国传统史学历来是以王朝更替、典章制度、社会精英为主要描述对象,而社会史研究的兴起,使普通人的生活进入研究者的视野范围内,为中国大历史的书写又增添了一条新的脉络。20世纪90年代,在社会史研究深化的过程中,区域社会史研究成为在既定时间和空间中探索社会变迁的一条重要学术途径。区域社会史的研究对象包括地方社会发展中的生态环境、社会经济、文化生活等诸多具有丰富"地方性知识"的内容,因此,区域社会史的研究不但可以认识区域社会自身发展的脉络与节奏,而且可以反映地方社会对大历史构建所起到的影响与作用。从区域的小地方的研究中反映大历史的进程和变迁,正是区域社会史研究的认识论基础。

第一节 小地方与大历史的建构

在传统史学研究中,大历史的建构方式多是宏大叙事式的。"二十四史"是一部比较完整、系统地反映中国历史发展脉络的大事记,我们从这部浩瀚的史书中不但可以看到秦汉的三公制度、隋唐的三省制、明初内阁制度等皇权制度的演变过程,而且从中还可以找出"分久必合、合久必分""一治一乱"的王朝更迭的因循定律,这部巨作的立言之本在于探讨王朝兴废治乱的原因,检讨君主在统治过程中成功的经验和失败的教训,以达到"以史为鉴,可以知兴替"的皇权制度建构目的。透过历史定律,我们看到大历史建构的内容主要与政治、经济、军事等相关,讲述的也是帝王之道。

因此，在今天看来，中国传统史学书籍中大多是记载着帝王将相轰轰烈烈地上台下台的过程而已，这些人物的命运同时也反映了历代王朝的兴衰与发展，这就是为什么将中国古代史称为帝王将相史的原因。这种大历史的建构方式不仅支配着王朝制度，还同时建构着数千年的传统社会，经典性的描述是"九州之田，皆系于官"，皇帝是所有土地的拥有者，天下所有人的土地都是皇帝恩赐的。因此，农民耕田都必须缴纳被称为皇粮的田赋，并且还要尽义务地去服各种徭役。由此可知，为什么我们在回顾长达数千年的历史时往往是"只见皇帝，不见百姓"，所以说无论是从纵还是从横的两个切面看中国的历史都是和皇权制度联系在一起的，以皇帝为中心的政治制度在历代王朝中都占有极其重要的地位，成为整个历史的重心所在。"普天之下，莫非王土；率土之滨，莫非王臣"，从中央到地方，从皇帝到臣民的方方面面都是围绕着中央集权制度开展的。即使是小地方的历史也被作为资治辅政之用，《周礼·地官》有"诵训，掌道方志，以诏观事"之句，诵训这一官员就是专门为国君讲述地方志中所记述的情况，作为治国之鉴。在中国地方志编纂史上，地方志是在中央集权预设的框架之中进行的，每个地方就成为帝王历史中的一个个面相，在这样的范式建构出的大历史中，小地方不再具有其独特性，方志中所书写的贡赋、沿革、地理、户口、风俗、版籍等内容只是浩荡皇权在民间社会的一种延续，地方志的书写变成了去地方化的书写。因此，梁启超曾批评传统中国史学的构成有"四弊"（知有朝廷而不知有国家，知有个人而不知有群体，知有陈迹而不知有今务，知有事实而不知有理想）和"二病"（铺叙而不能别裁、因袭而不能创作）。

传统史学研究中"放大"与"失小"的原因是缺乏对整体史观的认识，没有把区域研究和整体研究结合起来。历史是一个蕴含着丰富内容的文本，在历史长河的演绎中，小地方的社会要素也往往会演绎成为大历史的重要内容。其实，中国历史中的每一次改朝换代的主要推动力量都来自于农民起义，而历次大规模的农民起义都是集中在地方爆发的，农民起义的原因归纳起来大致有以下几点，土地兼并严重，失地农民增多，赋税徭役繁重，统治阶级腐败，局部自然灾害或战乱威胁农民生存，以上若干社会问题基本上都是集中在小地方出现的，忽视小地方的社会问题从而导致王朝的灭亡一直以来是中国历史的通病。而在区域社会研究中，小地方与大历史是并存的关系，小地方的社会问题就是大历史的问题，尤其是对于一个保存有数千年历史文献，典章制度记载相当完备的国家来讲，地方社会的各种社会形态都可以在国家编著的文献中找到阐释的根源。可以说，小地方的历史蕴含于对国家话语的深刻理解之中，与此相一致，大历史也可以在区域社会中全息地展示出来，正是有这样"大与小"的关系才体现出小地方建构大历史的功能。

那么小地方是如何建构大历史的呢？我们先从现代人文社会科学的基础学科人类学谈起，人类学的兴起缘于对异文化的研究，尤其是19世纪60年代，随着近代资本主义的崛起，全球时代的到来，当人们发现在地球上的某个地方还存在着体质形态、语言文化和风俗习惯与现代人迥然不同的一类人群体时，就产生了对这个地方的关注，进而引发了研究者对人类与自然的关系、人类社会文化起源等问题的思考。人类学代表人物摩尔根多次深入美洲印第安人生活区域考察，对印第安人的生活方式、宗教信仰以及社会组织进行了细致的调查，通过对印第安人的亲属称谓制度研究，发现了人类早期的社会组织原则及其发展规律，并将研究范围从一个区域转向整个人类社会的大历史，建构了人类社会历史从动物进化而来，经过蒙昧、野蛮与文明各阶段的更替发展进化序列的著名理论。摩尔根在《古代社会》这部巨著中以唯物史观阐述了他对人类原始社会发展规律的科学论断，在历史学和社会学领域起了革命性的作用。

人类学对区域的研究使其经历了从对人的宏观研究到历史阐释的重大转型，在这之后的人类学研究一直立足于小地方的耕耘，倡导对文化进行感同身受的理解，以做出大历史一样的解释。"文化圈"概念是人类学者分析不同文化之间传播的一个单位，由传播论学派在20世纪初提出。德国学者格雷布纳认为人类对文化的创造力是非常有限的，不同民族的文化大都是从其他民族借鉴而来，文化圈就是在此情景下生成的一个空间范围。格雷布纳通过对澳洲土著居民的研究，认为澳大利亚和大洋洲地区有6—8个独立文化圈，其中每一文化圈内都有一定数量的文化特质，以小地方"文化圈"为分析单位，指出澳洲文化由相邻地区的四种不同地方文化组成，从文化特性的地理分布情况建构了大洋洲的历史，即文明具有区域性，每个区域自有文化的创造和变迁中心，中心文化向外传播扩散，以区域为核心，世界上可以构建起若干个"文化圈"。比如东方文化圈，东方文化圈是指历史上受起源于黄河文明的影响、过去或现在一直承传中华文化的东亚及东南亚的部分区域。东方文化圈的国度的语言文字、思想意识、社会组织结构大都受汉字、中国式节令制度与农工技艺、汉化佛教的深刻影响。

20世纪20年代，功能主义的人类学派在英国兴起。创始人马林诺夫斯基主要的考察对象是西太平洋诸岛之间存在的一种特殊的贸易方式，即有名的"库拉交易圈"。这是一个以顺时钟和逆时钟两个方向同时进行物品交换的跨群岛交易圈，交易圈的两种物品其实并不具备实用功能，但当地人却愿意冒巨大的风险进行这种活动。为了揭开"交易圈"的谜底，马林诺夫斯基对与库拉交易体系的巫术、造船术、园艺等文化作了全方位的考察，进而勾画出了整个马辛地区的美拉尼西亚人历史生活的方方面面。其后的功能主义研究者过程更是将上述思维发挥得淋漓尽致，布朗通过安达曼岛人仪式与信仰研究，认识到仅仅对某个地方孤立宗教进行研究，是无法理解它们的含义，必须建构出整个体系才能做出对历史文化的解释，即社会活动作为独特因素必须通过整体体现出来，这是社会人类学特定地域的深入研究理论方法的运用。虽然功能主义的人类学派研究也是从小地方做起，但他们认为任何一个社会或文化的研究，都必须从整体、全面的角度来予以把握，而不是孤立地考察单个的文化现象。从以上研究中我们看到人类学基于自身的建构意识拓宽了小地方的研究属性，同时为相关社会学科的研究拓宽了视野。

20世纪初叶，中国正处于民族国家建构的过程之中，传统史学功能的弱化为社会科学研究腾出了较大的空间，西方社会学开始传入中国，社会进化理论一度成为中国社会学的启蒙先锋，但出于时代的需求，30年代的中国社会学研究者选择了英国功能主义学派来建构中国的社会学研究，功能主义学派大力提倡具体社区的研究，深入实地与被研究对象共同生活，详细收集社区的资料，并在对资料分析的基础上，得出对整个社会的深刻理解。进行社区直接观察和亲身体验，重视理论与实践结合的理论和方法对中国社会学产生了深远的影响。作为中国早期社会学本土化的实践者之一，费孝通先生的《江村经济》一书成为代表作，用作者自己的话讲："这是一本描述中国农民的消费、生产、分配和交易等体系的书,是根据对中国东部,太湖东南岸开弦弓村的实地考察写成的。它旨在说明这一经济体系与特定地理环境的关系,以及与这个社区的社会结构的关系。同大多数中国农村一样,这个村庄正经历着一个巨大的变迁过程。"作者通过对开弦弓村的实地调查,将村落的家、财产与继承、亲属关系、户与村、生活、职业分化、畜牧业、贸易、资金等问题呈现出来,其目的不只是表现一个乡村的社会,而是要了解更时长、更复杂的中国社会。费孝通曾对中国农村进行了经典性描述:"乡土社会是安土重迁的,生于斯、长于斯、死于斯的社会。不但是人口流动很小,而且人们所取给资源的土地也很少变动。一个在乡土社会里种田的老农所遇着的只是四季的转换,而不是时代变更。一年一度,周而复始。"①中国的乡土社会一直是被大历史所忽略掉的,而在社会发生变革时期,小地方的变化却成为反映大历史的一个真实面相。

马林诺夫斯基曾评价《江村经济》一书:"通过熟悉一个小村落的生活,我们犹如在显微镜下看到了整个中国的缩影。它有意识地紧紧抓住了现代生活最难以理解的一面,即传统文化在现代西方影响下的变迁。"历史学家罗斯爵士评价这一著作:"据我所知,没有其他作品能够如此深入地理解并以第一手材料描述了中国乡村社区的全部生活。"《江村经济》以小地方建构中国社会历史的范例被学界所关注,并在很大程度上促进了人类学与社会学的结合,继费孝通之后,中国社会学者很快地进入以不同地域的小地方建构大历史的社会研究中。

在中国社会科学引进西方社会科学的同时,中国社会科学研究领域发生的一个革命性变化就是梁启超等人揭橥的"史界革命","史界革命"第一次明确地把历史的书写从上层转移到了下层,把史学对象转向民众。在这之后,几乎所有史学家都力图冲破传统史学的观念希望重构中国历史,"以国民精神为经,以社会状态为纬,革旧贯而造新体,寻小退大进之真相"②。这就使得新史学与现代思想运动的关系变得异常密切,尤其是在新文化运动后,强调人民群众是历史真正动力的马克思主义史学在

---

① 费孝通:《乡土中国》,上海人民出版社2006年版,第425页。
② 曾鲲化:《中国历史》,东新译社1903年版,第86页,载自沈云龙主编《近代中国史料丛刊》,台湾文海出版社影印出版。

中国的传播。马克思主义史学从一产生，就对社会现实表现出了极大的关心，这就促成了新史学研究思路的转变。1924年，李大钊的《史学要论》出版，这是中国第一本比较系统阐述马克思主义历史科学的基本理论著作，其以唯物史论的观点强调历史是人类生活的行程，是人类生活的延续，是人类生活的变迁。因此，"史学研究的对象是整个人类生活，即社会的变革，即是在不断地变革中的人类生活及为其产物的文化。"① 将人类的社会作为研究对象并贯穿于整个历史进程中，是近代新史学观念上的一次重要的变革。在之后的三四十年代里，以"社会"为脉络的中国历史研究得到了空前的重视，历史唯物主义理论在中国历史研究中得到了广泛运用，一批马克思主义史学家运用这一理论对中国历史进行了重新建构。

总的看来，这一时期随着史学多元化、多样化趋势的出现，普通人的历史日益受到重视，史学的微观化趋向以及民众生活史日益受到关注。"新史学"理论和观念使社会史的研究提上了中国史学研究的进程，大历史建构对象由上层转移到下层，其主要研究内容也以皇权制度转变为普通民众的生活。在对社会史研究工作的探索过程中，有关于区域社会发展与大历史的议题在学界出现端倪，"基本经济区"是由冀朝鼎在20世纪30年代从区域历史的角度提出的一个概念，这一概念强调水利系统对中国历史的经济区影响，以及与政治区域发展变化的关系，其实质上也是区域社会发展与中国大历史的问题。"基本经济区"是指"其农业生产条件与运输设施，对于提供贡纳谷物来说，比其他地区要优越得多。以致不管是哪一集团，只要控制了这一地区，它就有可能征服与统一全中国。这样的一种地区，就是我们所要说的'基本经济区'"②。冀朝鼎指出只要控制了经济繁荣、交通便利的基本经济区，即可征服乃至统一全中国，论证了中国统一与分裂的经济基础和地方区划的地理基础，重新梳理中国历史，描绘了两千年来中国经济格局变迁的内在逻辑，这一研究成果成为以区域视角探讨中国大历史演进的开端。在与中国提倡史学

---

① 李大钊：《史学要论》，《李大钊文集》第2卷，人民出版社1999年版，第11页。
② 冀朝鼎：《中国历史上的基本经济区与水利事业的发展》，朱诗鳌译，中国社会科学出版社1981年版，第10页。

革命的同时，西方史学界也掀起了自我革新的运动，这场运动是围绕着反对以兰克为代表的实证主义的史学传统，提倡扩大研究视野，主张关注人类活动的每一个领域为主要内容开展的。1929 年《经济与社会史年鉴》杂志在法国诞生，标志着从此开创了一个与传统史学截然不同的新史学流派——年鉴学派。

年鉴学派提出扩大研究历史文献的范围和对象，借鉴其他社会科学的综合研究方法，把社会看成是一个有机联系的整体，把历史研究扩展到相关社会学科的研究范围中，开拓了历史研究的新领域，历史研究不再是限于传统政治制度的狭小圈子。把与民众生活有密切关系的内容列为年鉴史学的研究主要对象。与此同时，年鉴学派还强调历史经验的差异性，坚持从众多的角度去研究历史，认为任何一个地方社会都有自己的记忆，将历史研究建构于大历史的关照下，通过小地方的研究拓展了史学研究的空间。《菲利普二世时代的地中海和地中海世界》的出版在年鉴学派的发展史上具有划时代的意义，全书由三部分组成：第一部分描写地中海地区 10 个国家的地理环境，包括山脉、平原、海岸、岛屿、气候、城市、交通等，力图说明地理与历史、空间与时间的辩证关系；第二部分主要研究 16 世纪地中海地区的社会和经济状况，包括人口、劳动力、货币流通、物价、商业、财政。交通、人民生活、宗教等；第三部分涉及 16 世纪地中海地区的政治、军事史，主要描述土耳其和西班牙两大帝国争霸地中海的过程。作者费尔南·布罗代尔是年鉴学派的第二代代表人物，他通过对地中海与 16 世纪下半叶地中海地区的研究，将研究视野扩展到整个地中海区域以至全世界。正如他在书中所言："我怎么能够不瞥见地中海呢？我怎么能够逐一研究大批醒目的档案资料，而对地中海千姿百态和生动活跃的生活视而不见？……抓住地中海这样一个历史大人物，利用它的庞大题材，它的种种要求，它的反抗、圈套以及冲动，以期创建一种崭新的史学。"布罗代尔的地中海具有与传统史学不同的鲜明特色，这就是他力图把 16 世纪西班牙国王菲利普二世在位时期的地中海世界作为一个密切相连的整体加以考察，而社会、文化和经济则随着漫长的历史缓缓地流动，传统的政治事件和军事冲突似乎对局部历史并不发生根本的影响。

年鉴学派注重区域历史的特性，认为区域史"作为总体史研究的基础和样板,关注的是整个人类群体的历史,反映的是一个地区总体的历史面貌。"① 的思想和方法开始渗透到欧美各国,并在一定程度上导致了整个西方史学的变革,美国史学界中国史研究"地方化"倾向即是这一史学变革的反映,"地方化"倾向是注重从中国社会内部来考察近代中国的历史,这一研究范式被称为"中国中心观","中国中心观"强调"从中国而不是从西方着手来研究中国历史","把中国按横向分解为区域、省、州、县与城市,以展开区域与地方历史的研究"。② 认为只有进入到中国社会的内部,才可能总结出它的规律,发现它的问题。"中国中心观"就是力求从中国内部区域寻找历史的因素,致力于"在中国发现历史"。

施坚雅是中国史研究转向过程中的一位重要代表人物,他运用中心地学说的原理进行了关于中国城市史及以城市为中心的区域经济史的研究,通过对19世纪中国区域城市化进程的详细考察,认为"由于中国各大区域独特的自然地理结构及其在经济发展过程中形成的半自给自足的自然经济,没有哪两个区域的城市体系是相像的"③。根据这种考虑,由于大宗物品的陆地运输费用太高,水运是大宗贸易的主要渠道。中国古代的城市体系只有在价格低廉的水运区域才可能得到高度的发展。因此,在云贵地区,由于缺乏水运渠道,城市就并未得到广泛发展。施坚雅通过对中国基层市场的建构,突破了在中国历史研究中行政区域空间的局限,打破以行政单位进行分析大历史的思维定式,将区域社会的状态演绎为大历史建构的要素。在施坚雅看来,"只有在一个富有意义的整体中加以详细阐述,才能揭示出地方史学者研究成果的真正意义。"④ 此外,在美国的中国史研究中还出现了一大批对中国区域社会的研究成果,并在此基础上形成了"过密化""权利的文化网络"等有较大影响的理论模式,对区域社会史研究起着重要的推动作用。

20世纪80年代,中国社会史研究复兴后,普通民众衣食住行、婚丧

---

① 吉尔伯特莱编:《当代史学研究》,台湾明文书局1982年版,第285页。
② [美]柯文:《在中国发现历史——中国中心观在美国的兴起》,中华书局1989年版,第165页。
③ [美]施坚雅:《中国封建社会晚期城市研究》,吉林教育出版社1991年版,第168页。
④ 同上书,第22页。

嫁娶等日常生活内容成为社会史研究关注的主要对象，新社会史学体现了一种向下看的学术主张，它深刻地意识到一个民族的历史不仅是王朝制度的演绎与发展、文化思想的精彩绝伦，而且更应是鲜活的社会民众生活史。基于以上历史研究观念的转变，社会史学者开拓的领域越来越宽，其所涉略的内容包括人口、家庭、妇女、儿童、群体、宗族、信仰、生产、劳作等无所不包，力图囊括一切历史图景，研究的对象也日趋具体化。但是中国地域广大、区域特征千差万别，社会生活风俗差异巨大，具体的社会现象需要进行细致的分析与观察，通过细致入微的研究，才能了解整体社会的历史，所以仅仅以某一方面的研究很难达到以一窥全的目的。因此，如何将区域社会的内在因子放大，使研究者体察到区域社会发展过程中所具有的大历史成为学者思考的问题。随着社会史研究的进一步深化，区域社会研究进入研究者的视野，这种以小地方建构大历史的研究方式为社会史研究开辟了新的思路，社会史研究从宏观走向微观，越来越多的研究者开始选取一些具有一定代表性的区域，进行具体深入的考察，以探索其特殊性与普遍性的特点。20世纪90年代以后，随着社会史研究领域的拓展和深入，社会史研究在方法论意义上实现了"区域转向"，"区域社会史"逐渐成为中国社会史研究的主流，在学术界约定俗成地出现了诸如"华北模式""关中模式""江南模式""岭南模式"等一系列说法。① 在这一系列研究模式中，我们以华北为例来阐述区域建构大历史的过程。在近代中国社会中，鸦片战争的爆发是一个重要的时间节点。鸦片战争之前，中国的社会格局自秦汉以来没有发生过根本性的变革。1840年后的一百多年时间里，中国社会在外来巨大力量的冲击下传统的君主制度变成了现代科层的管理体制，传统手工业过渡到了工业化生产方式，文化教育由科举制转变为西方的学科体系。乔志强先生以"社会近代化"为基本线索，通过对近代华北农村社会的研究，探讨了中国社会由传统向近代演进的历史过程，"在近代资本主义入侵的冲击之下，旧的农村经济结构发生了两大巨大的变化，一是乡土工业因无力与机器工业竞争趋向于崩溃；二是商业凋敝带来农村的衰败。传统的小农经济一旦失去工商业的支柱作用，便会出现大量农民经济地位下

---

① 行龙、杨念群：《区域社会史比较研究》，社会科学文献出版社2006年版，第2页。

降，农村的萧条破败日益严重，社会流动也急速下滑的趋势。山西太原人刘大鹏在1917年的一则日记中写道："太谷李满庄为昔日精华荟萃之区，富室林立，自光绪年间，富家渐败，迄今贫穷。住宅无人购买，竟拆毁全宅零星出卖砖瓦木石于远村，年复一年，已拆十之七八，村庄破坏，气象异常凋敝，令人目不忍睹。所见之人贫不聊生矣。昔年村有数千户，现仅二百余户，上等社会之人亦寥寥无几。"① 华北农村经济结构的变化是导致清末社会历史变革的一个重要面相，与之而来是近代中国农村人口、信仰、婚姻等一系列社会因素的变迁，传统中国社会历史发展的单一性、重复性也就因此被破坏掉了。其实，研究小地方就是要从区域社会的发展状况去探讨整个国家状况的取向，使历史学研究从纷繁的时空脉络中探索出各因素之间的相互关系，社区、宗族、家庭等成为透视大历史变迁的空间，民众"有血有肉"的日常生活被纳为历史研究的题材，从纷繁的时空脉络中，探索出各因素之间的相互关系，历史才有可能被客观、全面地重构。

第二节 小地方与大历史的书写

在以往的学术研究过程中，许多区域社会中既存的历史由于与宏大历史不相干，往往会被从研究中排除。事实上，历史研究的对象应包括"区域"与"整体"两个境域的统一书写，因此，小地方在建构大历史的同时，其相应的书写方式也发生了转变。20世纪初，建立在反思传统史学基础上的新史学是这一新书写方式的倡导者，新史学关注社会生活，关注下层社会历史的研究，通过关注大众百姓的生活、活动和经历，将人们对历史的注意力从帝王将相身上吸引出来。正是这种新的学术视野凸显出小地方所具有的大历史秉性，使历史研究的领域变得异常开放，从个人、家庭、宗族、阶层、阶级、社区到仪式、象征、心态、信仰等统统被纳入了可以书写的范围。

在西方，以社会史研究的代表法国年鉴学派为例，其三代学人都主

---

① 乔志强、行龙主编：《近代华北农村社会变迁》，人民出版社1998年版，第234—236页。

张运用多学科综合研究方法，把社会科学各领域都纳入历史学科的范畴，认为历史不再是政治史，而是社会的历史。创始人费弗尔提出将史学从狭隘的政治史的局限中解脱出来，扩大史学的研究范围，把社会作为一个整体，立体多层次、全方位多角度地研究历史，不仅要研究人们所关注的事件历史，也要研究黎民百姓的日常生活、心态、思想活动等非事件历史。"总体历史"思想成为年鉴学派的指导原则，其倡行研究区域社会中的事件、人物、环境等细微事物，并主张把个别事物放到区域的社会环境里加以考察、理解，找出各种社会历史现象之间的相互关系。

年鉴学派第二代核心人物布罗代尔以《地中海》一书不但成功地从时间纬度上创新了年鉴派总体史思想，而且通过小地方的研究拓宽了史学研究的空间。他的第二部著作《15至18世纪的物质文明、经济和资本主义》一书则是对日常生活的结构，如人口、粮食、饮食、住宅等的书写，描写出最底层缓慢而细微演变的长时段的历史，布罗代尔以麦（欧洲）、米（中国）、玉米（南美）这些生活必需品做研究对象，对在此基础上形成的不同国家社会结构进行了深入研究，比较了社会历史发展的异同之处。在年鉴学派的研究视野中，小地方与大历史的书写模式深入到具体的日常生活中，因为只有将日常生活材料多样化，才能找到小地方与大历史相生、相辅、相成的关系，才能使之重新书写全面的历史。一个典型的例子是第三代代表人物法国历史学家勒华拉杜里的著作《蒙塔尤》，蒙塔尤是13世纪晚期14世纪初期法国西南部的一个村庄，1320年，主教雅克·富尼埃作为宗教裁判所法官到此办案。在调查、审理各种案件的过程中，他详细记录了这个小山村居民的日常生活、个人隐私以及种种矛盾、冲突等所有的社会内容。拉杜里发现了这批珍贵资料，以历史学、人类学和社会学的研究方法重现了600多年前该村的社会景象，描述了该地区牧业经济、家庭构成、妇女生活，以及当地的空间、时间、宗教信仰等内容，拉杜里通过对一个数十人的农村的研究书写出了大历史，从《蒙塔尤》中我们看到法国的王权、宗教在乡村社会中的变迁等社会现象。尽管蒙塔尤是一个小地方研究的个案，但却以一滴水的方式展现了中世纪村庄的面貌。"蒙塔尤是一滩臭气扑鼻的污水中的一滴水珠，借助日益增多的资料，对于历史来说，这滴水珠渐渐变成了一个小小的世界；在显微镜下，我们可以看到许许多多微生物在这滴水珠中游动"① 史学家在评述这部具有代表性的区域史著作时，往往会指出该作品"应该是一部有着自身深厚内蕴的研究，但同时也会揭示出与在它之外的其他进程和事件的关联"。②

与年鉴学派重构法国历史的同时，中国的社会学者也正在以微观的视角来重写历史，20世纪初至中华人民共和国成立前，社会学研究方法呈多元化发展的趋势，受功能主义影响，中国社会人类学力图挖掘传统文化元素来书写历史。这是与当时的国情相吻合的，20世纪中叶，中国受到现代化因素的冲击还局限在城市和沿海地区，广大农村仍然还保留着许多传统文化，在东西方文化交流的过程中，受到西方人类学熏陶的中国学者将目标锁定在了汉人社会的宗族文化研究方面。林耀华先生1910年出生于福建省古田县岭尾村，1935年在北平燕京大学获硕士学位，后赴美国哈佛大学人类学系学习，1940年获哲学博士学位。他以家乡的田野考察为基础，融合自己的生活经历以及人类学的学术思想，撰写了《金翼——中国家族制度的社会学研究》（以下简称《金翼》）一书，《金翼》以中国福建闽江中游黄村两个普通家族的兴衰沉浮为线索，述说了有着中国传统文化背景的家族如何面对社会变革之事，再现了当年中国农村生活的情景，涉及了19世纪末叶至20世纪30年代福建乡村的农业、船运、商业、教育、民俗、信仰等多角度的社会文化生活。《金翼》是一部社会人类学学术专著，是中国乡村社会中家族体系的缩影，作者通过书中祭拜祖先、家庭聚会的节日、大家庭的分家等大大小小的事件叙述，呈现出中国家族体系的缩影，赋予一个家族从地区到民族国家历史的普遍意义。反映出20世纪上半叶，中国乡土社会变迁进程的真实写照。与费孝通先生侧重于对村庄结构和功能研究不同，林耀华先生在《金翼》里则是把具体事件的书写与研究联系在一起，为我们展现出乡土社会的普遍生态，其引人入胜的故事加上采用小说的叙事方式使写作独具特色。同一时期，华裔美籍人类学家许烺光先生出版了《祖荫下：

---

① [法]埃马纽埃尔·勒华拉杜里：《蒙塔尤——1294—1324年奥克西坦尼的一个山村》，许明龙、马胜利译，商务印书馆1997年版，第428页。

② [英]玛丽亚·露西娅·帕拉蕾丝·伯克编：《新史学：自白与对话》，彭刚译，北京大学出版社2006年版，第76页。

中国的亲属关系、个性和社会流动性》（以下简称《祖荫下》）一书，此书是作者在云南大理喜洲村庄进行田野调查的成果，书中围绕以祖先崇拜为主的文化行为方式，详细地描述了喜洲的农民生活、劳动习俗、祖先的庇荫、普通人的住房、宗教活动等乡土风情，分析了喜洲村庄的格局、住宅房间的雕饰与功能，村民如何续香火、繁衍、死亡、葬礼、祭神、扫墓、宗族以及如何延续祖辈的生活、婚娶、子女的教育等问题。通过对喜洲的研究，我们看到的是中国社会中反反复复一成不变的大历史，即传统乡村社会中的婚姻、亲属、谋生等活动都要在祖先的权威下进行，其目的要子孙后代繁衍重复祖先的生活。

社会人类学著作《金翼》与《祖荫下》都是通过小地方生动地展现了中国农村的宗族体系，虽然这一体系仅仅是中国农村一个方面，但却代表着中国传统文化的特质。传统中国家庭是一个以父子关系为轴心，以血缘关系为脉络，以家族为本位的社会组织。在这里，家庭宗族概念具有极大的包容性和伸缩性，宗族体系的嬗变历程，离不开中国深厚底蕴的文化背景。古人"修身、齐家、治国、平天下"的个人理想反映了"家"与"国"之间的同构过程。"家国同构"即家庭、宗族与国家在组织结构方面的共同性，同样"家国同构"的政治结构是儒家文化赖以存在的社会渊源，是中国古代社会的重要特征。因此，对于地方宗族的书写实际上反映出来的是中国社会的大历史。

在对地方研究的区域关注中，与社会人类学相同，历史学也是从华南地区开始的。傅衣凌先生在1944年出版了《福建佃农经济史丛考》一书，这部著作侧重于福建地区的农村经济研究，同时以区域的形态对中国封建社会经济进行了总体描述，是中国社会经济史学的开山力作，被列为第二次世界大战后对世界汉学研究产生重大影响的研究之一。在这之后，傅衣凌先生一直从事区域经济研究，在通过对川、陕、湖三省交边山区、福建、江西交界山区以及江西新城等地的手工业、农业等方面研究，对中国的农业资本主义萌芽问题进行了探讨，提出手工业中资本主义萌芽问题，特别是关于中国的农业资本主义萌芽由山区扩展到平原的观点在学术界产生了较大影响。与社会人类学者借助地方调查来书写大历史不同，历史学者研究的资料来源主要是文献资料，尤其重视对小地方资料的收集，傅衣凌早在20世纪30年代，就强调民间资料的收集和整理对中国区域社会经济研究的重要价值，并指出在进行"农村的经济小区的研究时，应不放弃其对于中国社会经济形态之总的轮廓的说明"。《福建佃农经济史丛考》一书其所引用的资料，大部分是从福建的地方志、寺庙志以及作者在乡村所发现的民间文约写成，方志、族谱、契约文书等地方资料中记载的大历史信息使傅衣凌先生对问题的认识更加深入。例如，傅先生通过对严如煜《三省边防备览》等专书和地方志的研究，得出一个极为重要的结论："在先进地区有落后因素，在落后地区有先进因素，这是中国资本主义萌芽的又一现象。即'萌芽'不仅存在于沿海和江南的经济先进地区，而且也存在于山区。为什么山区会出现'萌芽'呢？这和山区的棚民、矿民有关，因为他们或从事于煤、铁等矿物的开采；或从事于松、杉、漆、麻、烟、茶等经济作物的栽种；或从事农产品的加工。他们的产品都不是农民本身所能消费了的，必须到市场上去出卖，我还有这样一个想法：内地的资本主义萌芽的生产形态有的较沿海地区还更加成熟。"① 小资料与大问题的意识，小地方与大历史的书写方式一直是傅先生的治学方式，20世纪50年代后，傅先生对明代地方商人进行了逐一研究，通过对徽州商人、江苏洞庭商人、福建海商、陕西商人、东南洋铜商、厦门洋行等商人的分析，指出"这些大小商人的活动，自更有利于把全国各地的物资的流通，初步形成为一个完整的国内市场"。可以这样说，每一个地方商人都能根据他的活动轨迹画出一幅地图，而把每个地方商人活动的轨迹叠加在一起就可以画出一幅完整的商业地图，通过这幅地图不但可以研究地方经济，而且可以研究整个国家的经济。

其实，我们从傅衣凌的治学研究中还看到基层资料对于书写大历史的重要性，要找到民间资料就必须主动地走到田野中，这一时期，许多学者也是秉承这一理念进行关于中国社会问题的研究，民俗学者顾颉刚先生以妙峰山及其古香道为基地，开创了中国近代民俗学研究野外调查的先河。研究明代赋役制度的梁方仲教授曾多次到农村调查土地关系和农民田赋负担的问题。这从一个方面反映出社会科学在研究方法上已无界限，历史学者在运用人类学的方法对小地方进行研究，与此同时，人

---

① 傅衣凌：《明清时代商人及商业资本》，人民出版社1956年版，第34、35页。

类学者也在借鉴历史学的方式对中国的社会进行深度书写。莫里斯·弗里德曼是美国汉学人类学家最杰出的代表之一，这位被喻为"摇椅上的人类学家"在特殊的历史条件下由于无法进行田野调查，利用其他学者论述的基层文献，发挥人类学家的思维和构想，写出了《中国东南地区的宗族组织》一书。弗里德曼在书中提出东南地区分化社会中的单系亲属组织和集权政治体系的主题，讨论了中国东南的地方宗族的结构、宗族之间的关系、宗族和国家之间的关系以及宗族与社会之间的关系。指出中国东南地区同一个姓氏的村民聚集一个村落，形成一个宗族，其宗族的成员声称自己有一个共同的祖先，宗族之间有明显的划分界限。作者最终想构建一个中国东南地方宗族的一个统一的历史模型。

历史学、人类学等相关社会学科在理论与方法上的融会贯通，为小地方书写大历史提供了翔实的材料，尤其是在基层社会中留存着丰富的族谱、碑刻、账本、契约、日记、宗教书籍等民间文存，这些资料虽然不登大雅之堂，但是通过对资料的解读和实地调查可以增加对区域历史及大历史关系的了解，这种历史的感受在典章文献中是找不到的。近些年在学术界引起广泛关注的《退想斋日记》就是典型的民间文献资料。

《退想斋日记》作者刘大鹏，山西太原晋祠赤桥村人，晚清举人，生于1857年，卒于1942年，享年85岁，刘大鹏从33岁起开始写日记，直至临终前5天停笔，连续记叙52年，现存日记约150万字。作者世居晋祠赤桥村，9岁入本村私塾受教，38岁的刘大鹏中甲午科举人，其后数次进京参加会试均未中，回乡从事教学和担任公职之余从事写作，先后写成《晋祠志》《晋水志》《游绵山记》《乙未公车日记》《退想斋日记》等关于地方历史的多部著述，其中《退想斋日记》是刘大鹏长达半个世纪耳闻目睹的亲身阅历，日记描述了当时当地农村的政治、经济、文化等社会情况。如气候、水旱灾害、祈雨活动、农业生产、农产品品种、产量、价格、雇工工价、赋税、差徭，以及当时的民间生活风俗。如岁时节日人们的种种庆贺、祭祀、演唱活动，结婚、订婚的各种程序、礼品、费用、婚令和礼节，日记真实地记述了近现代晋祠、太原、山西乃至中国发生的重大变化。《退想斋日记》作为史料，许多研究者对其进行了解读，罗志田先生在1996年第10期的《读书》发表了《近代中国的两个世界》一文。在文章中,作者以刘大鹏为例,论证近代中国存在着以京师和通商口岸及其影响辐射区为一地区,以广大的内地为一地区的"两个世界"的观点。"刘氏生于咸丰七年,少历咸同'中兴'时期,成年后目睹光宣时的日渐衰落。"① 这正是近代以来中国东部沿海和西部内陆之间差异性凸显的时间段。"洋"与"土"的对照形成沿海与内地之间明显的反差。早在道光二十三年(1843),粤海关便告示,广州"自近岁以来,开设洋货店户者,纷纷不绝"②,大量的洋货进入已造成东南沿海地区传统经济的解体,"洋布、洋纱、洋花边、洋袜、洋货入中国而女工失业,煤油、洋烛、洋电灯入中国而东南数省之柏树皆弃为不材,洋铁、洋针、洋钉入中国而业冶者多无事投闲"。③ 而这一时期,洋货的渗入对北方地区的社会影响则十分有限,在山西的许多农村仍然保持着"俗尚节俭,男务耕耘,女务纺织""居不近市,女不向街"的传统习俗。"近代中国整个社会的变化甚快,但各地变化的速度又不一样。在相当长的一段时间里,全国实已形成两个不同的'世界'"。从刘大鹏日记中不但可以解读出生存方式日显差异,而且可以看到两种"世界"中的价值观念。还在科举考试废除之前,刘大鹏注意商人地位明显上升,弃儒就商已渐成风气。"近来吾乡风气大坏,视读书甚轻,视为商甚重。才华秀美之子弟,率皆出门为商,而读书者寥寥无几;甚且有既游庠序,竟弃儒而就商者。"原因即在于:"读书之士,多受饥寒,易若为商之多得银钱,傅家道之丰裕也。"重商轻学的一个直接后果就是应童生试的人数日减。许多教书人因此而失业,又"无他业可为,竟有仰屋而叹无米为炊者"。衣食足而后知礼节是中国的古训,他不禁慨叹:"磋乎!士为四民之首,坐失其业,谋生无术,生当此时,将如之何?""士为四民之首,现在穷困者十之七八。故凡聪慧子弟悉为商贾,不令读书。古今来读书为人生第一要务,乃视为畏途,人情风俗,不知迁流伊与胡底耳!"如果士无以为生,传统社会礼义廉耻之路已无法继续,这样的变迁必然导致四民社会的难以为继,民生和民心皆不稳定,"四民失业将欲天下治安,得乎?"

---

① 罗志田:《近代中国的两个世界》,《读书》1996 年第 10 期。
② 彭泽益:《中国近代手工业史资料》第 1 卷,中华书局 1962 年版,第 473 页。
③ 郑观应:《盛世危言·纺织》,《郑观应集》(上),第 715 页。

刘大鹏此时看到的是乡村社会将要遭遇几千年未有之大变局。对于近代中国的变得之大、变得之快，英国学者沈艾娣通过对刘大鹏身份的研究也进行了同样的阐释，"儒生、孝子、议士、商人、老农"，沈艾娣用这五张标签划分了刘大鹏不同的人生侧面，这五个侧面是近代中国知识分子的群画像，是中国近代转型社会的一种文化缩影。儒生是实现政治抱负的理想途径，孝子是儒家伦理道德的要求，议士是维护乡党利益和儒家政治正统性的需求，做商人时又能发挥强调儒家思想中的诚信品行，而老农则是践行儒家信仰的广阔空间。尽管在现代化大潮的冲击下，儒家信仰和道德体系渐渐被弃之不顾，但刘大鹏始终身体力行。刘大鹏一生无法接受现代化，坚持用儒家道德秩序看待世界。他痛恨学校讨论时务，认为"全在富强而伦常至理并置不言"；他认为革命推翻清政府而建立的新政权不合法，共和国"既成民国乃拂民心，则失民国之本旨也"，还对省议会选举提出批评。在沈艾娣的研究中刘大鹏虽然看似身份多样、面目丰富，但实际内心十分单一，是一个最终要维护儒家道德的破落绅士。

通过对日记等地方文献的解读，可以让历史学者获取丰满的现场感，《退想斋日记》解读就是从小地方的历史出发，去理解中国社会的内在脉络，这种历史的书写方式使史学研究从单线条转向多线条。研究者在多线条的历史脉络中，发现任何一个历史事件的发生都不是偶然的，而是社会多种因素共同作用的结果，历史的决定因素不是那些当政者的执政方针和施政利益，而往往是与百姓日常的生产与生活紧密联系的内容，即是从底层社会的视角来重新审视重大的历史事件。例如，清雍正年间实施的"摊丁入亩"政策，它废除了近两千年来的人头税，改变了历代以人口为主要对象的赋税征收方式，极大地削弱了人口与赋税的依附关系。然而这一政策在执行过程中却受制于区域性差异，山西省早在雍正二年（1724）九月就开始执行将"丁银"并入"地粮"的政策，但直到晚清光绪五年（1879）才最终完成"摊丁入亩"，成为最后一个实施该政策的省份。郭松义先生曾在《论"摊丁入亩"》①一文中就山西省摊丁入

---

① 郭松义：《论"摊丁入地"》，载《清史论丛》第 3 辑，中华书局 1982 年版，第 1—60 页。

亩的时间、过程、执行等情况研究，指出"以晋省居民置产者少，逐末者多，且地土瘠薄"是政策进展一直十分缓慢的主要原因。加之山西自耕农较多，土地兼并与其他省份相比不太严重，虽然"丁赋改革"使农民人身获得较大的自由，但与从前的赋、役分征办法比较，丁银相对偏重，而在一些商人云集的州县，摊丁入亩政策有利于经商者不利于种地的农民，"富室田连阡陌，竟少丁差；贫民地无立锥，反多徭役。以致丁倒累户，户倒累甲"，因此遭到了百姓的强烈反抗，甚至于激起万泉、安邑等县"罢市、烧城门、毁公署"的民变。郭松义先生在文中还论述了直隶、山东、陕西、福建、江苏等地摊丁入亩政策实施的情况，说明在清初赋役混乱的情况下，各地推行这一政策实际上还存在着很多的差异性、变异性，福建漳州府所属的龙溪（今漳州市），漳浦、海澄（今龙海县一部分）、诏安等各县，自顺治九年（1652）起，因战乱、疾疫、迁海等变，"户口逃亡""丁额无征"，造成"官民俱困"。江淮地区少数"富民""坐拥一县之田，役农民，尽地利，而安其食租衣税"，却只负担十分之一的丁银，剩下的十分之九，除了那些"非在官则士夫"和"逐末者"以外，主要也都由"农夫之无田者"承担等情形的出现。这些具有重大影响的国家事件只有放到地方社会中具体进行考察，并充分地体验出民众真实的生活感受，才能得到国家历史的整体构图。通过对地方具体历史事件的分析，注重区域社会事件在历史中的关联作用，可以考察国家的宏观政治在这个地方的实施以及演变的情况，即以地方的视角去重新理解中国和世界。

　　小地方为大历史书写提供了多元的研究视角，不同的地方会书写出不同的大历史。中国资本主义缓慢发展的原因一直是学界探讨的重要内容，有学者从地租、社会分工、农抑商经济观念等方面进行了分析。但是中国地域广阔，每个地方情形迥异，对资本主义缓慢发展的原因是否能做同一性概括？黄宗智先生通过区域历史研究对这一问题进行了回答，《华北的小农经济与社会变迁》一书根据日本"南满洲铁道株式会社"研究人员在华北平原冀—鲁西北33个自然村实地调查所得的资料档案材料为依据，以华北地区为研究范围，探讨了中国小农经济长期没有发展成为资本主义经济形式的原因，深入分析了自清初以来三百年间小农经济的特点、结构及其演变的形式，分析了村庄与国家、士绅的三角关系及村庄结构的变化，探讨小农经济与社会变迁的关系。在研究方法上，作者立足于华北区域以多元化的角度对小农经济进行了分析，兼及与之相联的人口压力、商业化、阶级分化、政治体制，乃至生态环境等问题，指出小农经济的演变，不能归诸某一单独的因素，而是多种因素相互作用的结果，社会经济的发展，尤其农业经济的发展，受到经济制度、政治体制、人口、生态环境等所构成的生态条件的制约。在以往有关历史变迁的研究中，考虑较多的是社会属性，环境与生态问题一直为人们所忽视，《华北的小农经济与社会变迁》提出将生态环境对社会变迁的影响，更加彰显出区域的特点与大历史的关系。近年来，学者们在区域社会研究中将土地、水、森林等自然资源的变化纳入了社会变迁范围进行讨论，并深入探讨了人类行为对生态环境的影响，强调了生态环境变迁对大历史所起的作用，这一研究视角给人耳目一新的感觉。例如，在有关明朝灭亡的历史研究中，研究成果多集中在阶级矛盾、政权斗争和民族纷争等方面。有学者考察了明代后期万历和崇祯年间华北两次鼠疫流行病发生的原因和对社会产生的影响，指出"万历年间的华北鼠疫大流行使区域经济和社会的发展陷入了停滞，崇祯鼠疫则在风起云涌的起义浪潮中加速了它的传播和扩散。明王朝是在灾荒、民变、鼠疫和清兵的联合作用下灭亡的"[①]。上述研究从一个新角度表明区域自然生态环境的异常也是造成明王朝灭亡的原因之一。

  从以上区域社会史研究的内容中我们发现，不论是对宗族社会关系的探讨，还是对文化观念、民众经济社会生活以及生态环境等内容的剖析，虽然都以小地方为切入点，但我们感知到的却是大历史的发展。更为重要的是，小地方书写大历史的功能注重从中国社会内部来考察近代中国史，只有进入中国社会的内部，才可能总结出它的规律，发现它的问题。中国幅员辽阔，民族众多，地理环境复杂，经济文化发展区域差异较大。俗话说："广谷大川异制，人居其间异俗。"色彩斑斓的地域特色，使区域社会史日渐成为中国社会史研究的一个主要方向。

---

  ① 曹树基：《鼠疫流行与华北社会的变迁（1580—1644年）》，《历史研究》1997年第1期。

第三节　小地方与大历史的陷阱

以小地方为主题的历史书写注重了对大历史的深入解读，在这样的研究实践推动下，各个地方凸显出大历史的丰富元素，诸如有关于华北地区庙会、传说、民间信仰组织、地方宗族、族谱、乡约的研究；有关于华南地区民田、北帝信仰、疍民、花会的研究；有关于徽州社会与徽商、晋商与地方社会的分析等，无不体现出中国社会史在地方社会研究方面取得的成果。与此同时，这些地方元素在建构大历史的过程中也很容易走进"碎片化"的陷阱中。在这个陷阱中，区域社会史往往被认为是表现突出的领域，因为丰富的元素往往是小地方所独有的。

以商汤信仰为例，商汤信仰是晋东南地区广泛流传的一种民间信仰，是当地的一个独特的文化现象。据统计，历史上仅山西阳城县就有汤王庙380座，最早的汤帝庙可以追溯到宋代。诸多商汤庙的修建多是出于当地民众面临旱灾时对天降甘霖的祈求，汤王在这个地区是雨水的象征符号。明清时期，阳城地区的地方士绅以及民众信徒通过捐资修庙、传承故事、演剧献戏等方式不同程度地推动了"商汤信仰"的传承与发展，使之成为带有浓厚地域特色的民间信仰之一。然而，祈雨文化是中国民间文化的重要组成部分，为什么商汤庙在山西阳城构成了祈雨文化空间，同样是农耕社会的山西其他地方却祭祀着龙王神？汤是中国历史上的一位重要人物，他建立商朝后，减轻征赋，鼓励生产，安抚民心，使商的势力扩展至黄河上游，成为又一个强大的奴隶制王朝，他的贡献应不该仅仅在于为民祈雨，发展农业。《易·革·象辞》中讲："汤武革命，顺乎天而应乎人。"商汤开以武力夺得天下的先例，使中华帝国以后的历史变得多彩多姿，从现有的文献来看，商汤也是殷商先公先王中最受尊敬的一位。如果只研究地方祈雨文化中商汤信仰，这可能就进入了区域社会史研究中的"碎片化"的陷阱中。所以，我们看到小地方建构大历史的过程中最常见的问题，就是研究者难以顾及整体研究的需要，其论证孤立，不能连贯统一。因此，区域社会史研究中的碎片化问题应运而生。

冯尔康先生早在20世纪90年代初期就指出：社会史研究中的一个不尽如人意的问题是"研究内容显得琐碎、重复，孤立地叙述某些社会现象,对与它相关联的社会事项缺乏了解和说明"。随着区域社会史研究的进一步深入,各种区域研究模式的提出,碎片化问题也随之被提出。有学者分析碎片化问题产生的原因主要有以下几个方面:其一,主要是由于各种各样的区域史(包括新社会史、新文化史、历史人类学)研究对中国近代史的整体面相不断进行局部解释的缘故。其二,所谓的碎片化是指在具体而微的研究取向中,一些问题过于细小琐碎,同时又缺乏多维联系观点及深层意义阐释,由此造成论题成为缺乏联系、意义微弱的零星碎片。其三,区域社会史研究中的碎片化是指只满足于资料堆积,而缺乏对历史的思考,缺乏深层次的思维,轻视理论和整体研究的倾向。①

从以上三方面原因可以看出,碎片化主要是指当前在区域社会史研究中缺乏总体史关照的倾向,乔志强先生也曾提出,微观研究应当从整体社会史的角度进行,即把微观研究的对象放在总体社会史中进行考察,在系统社会史的知识体系中明确专题研究的位置。这样,便可以寓宏观于微观之中,在微观中体现宏观,避免"只见树木不见森林"的缺陷。在区域社会史具体研究过程中,还有学者将微观的区域性研究与整体史对立起来,这不仅是对区域社会史主旨的偏离,同时也是对整体史的误解。"总体史固然强调宏观的、综合的、长时段的研究,具有'大历史'的特征,但它却并不排斥微观的、具体的历史研究,而常以微观、具体的历史研究作为其载体,或者更确切地说,是小中有大,以小见大,把握和审视是宏观的,切入和描述是微观的,将宏观历史研究与微观历史研究、长时段研究与短时段研究有机地结合在一起,才能从而形成一种新的史学风格。"② 可以说,区域社会史所强调"区域"并非与整体相对立的概念,这里所指的"区域"也并非是多维度的概念,而是在大历史因素积淀下来的多重复杂性元素形成的过程。因此,区域社会史也是以

---

① 以上关于碎片化的原因分析参见行龙《克服"碎片化"回归总体史——中国近代史研究中的"碎片化"问题笔谈》,《近代史研究》2012 年第 4 期,第 20 页。李长莉:《交叉视角与史学范式——中国"社会文化史"的反思与展望》,《学术月刊》2010 年第 4 期。韩毅《构建有中国特色的世界史学体系:争辩与思考——"中国世界史学科体系建设研讨会"学术观点述评》,《中国社会科学》2008 年第 2 期。

② 马敏:《商会史研究与新史学的范式转换》,杨念群、黄兴涛、毛丹主编:《新史学——多学科对话的图景》,中国人民大学出版社 2003 年版,第 504 页。

整体史为其特征的,尽管是在一定区域内的小地方研究,但在研究过程中必须要有总体的宏观把握和全局性的大历史眼光,正如雅克·勒高夫在论述新史学的特征时,所提出的"任何形式的新史学都试图研究总体史"的命题。

在目前的区域社会史研究中,出于认识上的偏差,出现了重视专题而忽视整体的片面性,还有通过专题研究相互积累以显示出整体性研究的现象,我们知道局部的专题性研究是不能代替宏观的整体性研究的,若干个专题研究简单机械叠加与整体的研究之间是不能画等号的,这种仅限于个别的、支离破碎的研究严重影响了社会史研究的发展。要避免区域社会史研究中的碎片化问题,就是要从区域社会的"整体的历史"研究谈起,即全方位地、立体地考察区域社会,将区域内的政治、自然、经济、社会、文化纳入一个完整的体系内探讨,展现这一地区的立体全景,并在历时性的研究中加入共性的分析,实现向整体社会史方向的迈进。区域社会史研究不是为了简单地去归纳地区特点,而是要发现社会和人的生存机制,通过研究特定时空条件下,人们从事社会活动的最基本的行事方式,我们才会发现历史发展的内在脉络,这正是区域社会史研究的意义所在。这就要求研究者在区域社会研究中处理好"小与大"的关系。区域本身也是一个相对的概念,所谓小与大是相对的,其小可至一镇、一村,大可至一国、一州,要避免历史的碎片化,确有必要对区域与整体之间的相互关系有准确的认识和把握,区域是局部的、分散的,而社会是具有整体性、系统性、集中性的,可以说,区域社会史研究的内容是具体的,而关注的却是整体的社会,其所体现的价值就在于通过探讨社会各要素之间的相互关系揭示区域的整体特征,进而去认识整个社会历史。在学界中日渐兴起的"进村看庙"的研究可谓是区域社会史研究中的小中之微,村落是人们社会生活的基本单位,其自身既有独立性,也有与外部社会的关联性,村落的形成与社会历史密切相关。通过对村落的基本要素人口、家族、习俗等内容的考察,"对于认识中国整体社会的物质生活、精神文化、民众意识有着重要意义。村落史的视角虽然从地理空间切入,其实质是生活史研究的深化"①。《礼物的流动——一个中国村庄中的互惠原则与社会网络》一书关注了中国村庄中一个十分普遍的现象,即乡民之间的礼物交换。作者阎云翔在黑龙江省一个农村生活了七年,并两度回访,通过参与观察、深描等人类学方法,发现村民在日常生活中的礼物交换和流动规律是十分复杂的社会实践过程,并具有广博的文化意义,对这一行动的研究有助于我们理解中国这个礼仪之邦背后深层次的东西,"礼"的变化与传统中国社会"礼乐文明"有着密切关系,其不但包括了农耕社会中的再分配式,而且还暗含了封建社会自下而上的朝贡制度,基于礼物的研究揭示了中国传统农村社会结构中非制度化的特征。

区域社会史研究的价值不仅在于对一个相对小的历史时空进行细致深入的解剖,而且通过解剖中国社会的某一个局部去认识整体中国,通过对局部研究的逐步深入去把握整体的特征。而整体特征的构成则是由区域相关系列的内在因素生成,这一特征同时又高于区域原有的属性。因此,看上去区域独立于整体,但其实区域正是依存整体而显现的,如果孤立于整体性之外,区域也就失去了原有的特征。区域社会史研究对区域进行不同层面"形"的展现,但终极目标是要回归到整体史的"神"上来。"形神兼具"的区域社会的研究便于对大历史作具体的分析,更有利于区域间的比较和综合,可以防止以偏概全、拼凑史料、堆砌实例等研究问题的出现。这就要求研究者把区域社会史置于整体史的观照之下,了解区域社会史不仅是社会史的重要组成部分,更是整体史的一个部分,其不过是更加突出了社会层面的内容,突出了区域的特殊性,其目的就是要体现历史多元化、丰富化和全面化。

但是,随着社会史研究的深入开展,日趋完善的社会史研究在受到人们肯定的同时也引起了学术界的担忧,尤其是把区域社会史的研究对象限制在下层人民的日常生活方面,似乎与大历史息息相关的政治也被碎化到了村庄庙宇中间,碎化到只能使用区域文化才能书写的形式。就以上问题有学者从传统史学与文化观念的角度进行了思索。《中国大通

---

① 常建华:《社会生活的历史学:中国社会史研究新探》,北京师范大学出版社2004年版,第193页。

史》一书在探讨著史方法时,论述了传统中国社会"家国同构"结构的全方位影响,认为举凡政治、经济、军事、文化教育等活动,乃至意识形态、社会心理、价值取向、行为模式,无不深受这种社会基本格局的制约。① 这一论断为深入开展的中国社会史研究工作提出一个无法回避的问题,那就是在中国这样一个具有千年历史文化的国度中,历代王朝的典章制度与国家的权力是怎样深入民间社会中的,民间社会又是怎样对朝廷的典章制度进行合理性解释的,宗族、信仰、娱乐、礼俗等丰富的社会内容又是怎样与国家话语进行交流的?针对这一问题,有学者从社会史角度提出政治史研究的主张,强调突出区域社会史中的国家在场,从而呈现中国社会演进的脉络和特质,以在区域研究中真正实现整体史的目标。所以,区域社会史研究不但要处理好"小与大"的关系,还要在微观的视野中处理好"下与上"的关系,这与社会史从 90 年代以来开始大量地以国家与社会关系作为分析模式,从单纯的基层社会研究,转向以基层社会研究为切入点,关注国家与社会之间的复杂关系。与国家与社会研究同时兴起的还有新革命史、新文化史、新社会史等方面的研究,这些研究促使了区域社会史研究方法论"自下而上"的转变,"自下而上"的书写方式是通过对民众的生存环境、日常生活状况等内容来揭示大历史的规律,在这里国家政治摆脱孤立、抽象的叙事成为一个具有强烈时空感的鲜活场景,以散落在民间的关帝庙为例,关羽去世后,最初只是作为一种地方性的神灵而存在,被民间尊为"关公",又称"美髯公"。但自宋代以来,国家不断地向关羽及其后代加封晋爵以至尊关羽为武神,至清代奉为"忠义神武灵佑仁勇威显关圣大帝",崇为"武圣",与"文圣"孔子齐名。关羽"侯而王,王而帝,帝而圣,圣而天"的过程是国家意识不断进入深入地方社会的一个过程。杜赞奇在对华北村庄的村庙系统和"关帝"的研究中,表明"国家"的意识进入乡村的地方性观念中,为乡村原有的符号赋予更新的意义。而乡村领袖利用国家塑造它在乡村的权威的机会,也加入到这一过程中,通过参与修建关帝庙,使关帝成为封建国家、王朝和正统的象征,而自身也在这一过程中获得

---

① 曹大为:《关于新编〈中国大通史〉的几点理论思考》,《史学理论研究》1998 年第 2 期。

了权威。

通过对以上问题的讨论,我们看到在区域社会史研究中要避免"碎片化",其首要目标在于实现"总体史"路径,要实现"总体史"路径,研究者的问题意识中必须具备地方性知识。"地方性知识"是区域社会史研究中的一个重要概念,其最早存在于古希腊哲人的思想观念中。第二次世界大战结束后,在全球化的背景下,人们认识到知识作为一种动态的文化形式在任何时间、地点都具有普世的价值。因此,所谓的地方性知识是指某一地区的民众在长期历史过程中形成的与自身生产和生活密切联系的知识体系,其包括以文字形式和非文字形式保存的民俗、礼仪、惯习、信仰、思维等内容,具有自主、专有和传递的特点。地方性中的"地方"与行政区划或地形、地貌特征无关,它指的是知识的生成特定的语境,包括历史因素、文化群体、共同价值观、特定的利益关系等。所以,地方性知识强调知识总是在一定的情境中生成并在特定的群体中运用。例如,传统中国农耕社会中流传的一些农谚就具有地方性知识的特征,在华北平原"白露早,寒露迟,秋分种麦正当时",而黄淮地区是"秋分栽蒜,寒露种麦"。同一种农作物在农谚给出的种植时间是不一样的,这些农谚是在某一特定区域的人们在长期日常生活中形成的经验性知识,它与地方土壤、气候、温度、湿度、人们的生产劳动、生活习俗等方面的影响,是具有文化特质的地方性知识。

"地方性知识"为人类学研究者提供了地方性研究的理论与方法。人类学家通过与文化持有者的对话以获得地方性知识。在吉尔茨的解释人类学中,一个极其重要的观念就是强调从文化持有者的内部眼光来看问题,而不是把研究者的观念强加到当地人的身上。即从当地人的自然观、宗教信仰、文化观念等出发来看待其自身的历史,突破以科学作为评判的标准,并以此来确定一种历史、文化的研究范围。这种研究方式"绝不是要研究者原封不动地机械转述当地人的文化感受,'地方性知识'的获得有赖于文化研究者充分发挥主体能动性去寻求与'文化持有者'的积极对话"①。这种研究方法在于充分发挥认识者在认识活动过程中的主

---

① [美]克利福德·格尔兹:《地方性知识:阐释人类学论文集》,王海龙、张家宣译,中央编译出版社 2000 年版,第 203、208 页。

体能动意识,从而借助对文化符号的深描来达到对文化实体存在内在意义的解释。格尔茨认为人的行为是一种符号,一种文化现象,体现出深度描绘和浅度描绘某种意义,人类学家要解构符号中的层层意义,对文化现象进行深度阐释。他通过对"'巴厘岛人斗鸡'现象的描述,从斗鸡习俗到双方参与者的经济状况、社会身份等一直深入到对巴厘岛人的性格、气质、心态等方面进行了研究,从巴厘岛人的角度来解开斗鸡对他们到底意味着什么,指出深度描绘的实质是对当地人解释的解释"①,通过对研究对象进行深描分析逐步揭示文化符号所指代的深层内涵,这也是最有价值的地方性知识。深描的目的不是要具体描绘出各文化实体的共性特征,而是要发现其特殊之处,是要"通过对特殊问题的特殊对待,来达成其分析的进步"。格尔茨充分意识到地方性知识的多样性和复杂性,而深入揭示这种多样性与复杂性便是对人类学知识的最有实效的深化,即能反映出小地方与大历史的关系。

因此,人类学家更加注重区域社会中的微小与细致,秉承"小处着手、大处着眼"的方法对区域社会进行更加广泛的研究,小地方有助于研究者对区域社会自身发展达到既有深度又有广度的理解。"地方性知识"从文化人类学理论中扩展到全球发展领域,内涵本土化,外延多样化,推动了社会学科的多样性思考和行动。中国早期的社会人类学者都曾主张以村落为标本来研究与相联系的种种社会关系,"进而观察这种种社会关系如何互相影响,如何综合以决定这社区的合作生活。从这研究中心循着亲属系统、经济往来、社会合作等路线,推广我们的研究范围到邻近村落以及市镇"②。

对中国历史学界而言,与"地方性知识"最先结盟的应是近年来兴起的"历史人类学"。

张小军先生在《历史人类学学刊》第 1 卷第 1 期发表了《历史学的人类学化和人类学的历史化——兼论被历史学抢注的历史人类学》一文,文中指出历史学中发生了"人类学转向",形成了一个可以称为"历史人类学"的研究视角。在这一研究视角中"小社区的典型研究对于理解一

---

① [美] 克利福德·格尔茨:《文化的解释》,韩莉译,译林出版社 1999 年版,第 530 页。
② 费孝通:《费孝通文集》,第 2 卷,群言出版社 1999 年版,第 5 页。

个社会内部多种因素的相互关系，从总体上把握社会发展的趋向，具有其他研究不能取代的意义。"①　"在具体的研究过程中，提倡田野调查与文献分析、历时性研究与结构性分析、上层精英研究与基层社会研究的有机结合。强调从中国社会历史的实际和中国人自己的意识出发理解传统中国社会发展的各种现象。"②　田野考察是对历史重新解读的重要方法，也是探讨中国社会的深层结构，揭示小地方的历史特性的主要研究手段。人类学者给予区域社会研究的启示是通过"地方感"取得的，区域社会中的社会事件、人的互动关系、宗教信仰、意识观念、象征符号、闲暇趣事及社会流动性等内容被编排在同一个时空下，在这纷繁复杂的历史叙事中看到不同的空间与时间对历史产生影响的过程，或过程中的社会关系。在这一关系中，人类学者对具有普世意义的大历史观进行着颠覆与重构。这种将研究目标与实践场域相结合的思路，对于深化"地方性知识"研究有积极意义。在田野调查中，家谱、族谱、碑刻等民间留存资料，村民口耳相传的口碑资料，都为研究者揭示的社会文化内涵提供了有效途径，而通过这些资料同样为研究者提供了厚重的历史文化享受。

历史人类学通过寻找"地方感"打破了以往受文献记载等因素的制约，改变了传统的知识观，使历史学科对区域社会发展的阐释具有更强的一种张力。由此可以看出，区域社会史越来越注重不同区域的具体性和特殊性，在越来越多的个案研究中，"田野调查"的采掘方式成为社会史研究者构造小地方与大历史的一个重要技术途径，在这样一种技术途径中，空间与时间成为社会史研究中两个最重要的维度，其两者之间的辩证关系日渐为学者重视。从文献中认知历史，在空间中感悟历史。"地方性知识"通过研究者的一种身临其境研究，将知识变成了研究者的一种感觉，研究者身份的转换使他们体验到小地方社会中很难由外人所知晓的生活百态，以及当地民众百姓的所知所感。这种直接体验空间历史的方法将文献上的字体变得具体、生动、鲜活了，使地方社会的价值不

---

① 陈春声：《中国社会史必须重视田野调查》，《历史研究》1993年第2期。
② 华南研究中心，历史人类学研究中心合编：《华南研究资料中心通讯》第23期，封二，华南研究资料中心2001年4月15日出版。

再是作为一种机械的系统知识存在，而成为研究者的一种丰富的体悟。因此，地方感的提出大大拓展了原有知识框架中所限定的地方社会。在具体实践中，区域社会史学家更加强调走进历史现场去找"地方感"，在历史现场可以发现新的材料，不但可以有助于对传统史料的理解，而且还可以利用现场的景象和实际环境增强问题意识。

此外，由于地方感涉及若干个场域中，不同背景的人群构造出一个整体世界的问题，因此地方感还成为区域社会史研究的另一种表述。在这个空间中，各种各样的人群都有他们特定感知周边世界的方式，而不是我们在传统历史教科书中被固定化的社会认知。研究者在地方感觉历史事件时往往发现史与实之间的距离，民众的表达也常常是他们对现实生活的解释，而不是历史事实本身，在这样的场景中，历史价值存在于百姓的记忆表达、当地文化的构造以及研究者在实地调查对问题的探究中，"感知地方"在这里成为建构地方与朝廷、国家与社会、过去与现在的一个重要内容。有的学者更明确地提出来"对区域社会史的理解也应更多地关注政治作为一种强有力的空间表现形式，是如何与地方性知识达成了某种张力关系的"[①]。

地方性知识的张力还在于不从人种、语言、习俗、信仰、江河、湖海等人文或自然边界去划定界限，而用何种方式划分区域完全是根据研究的需要而定的。这犹如陈寅恪先生所讲的："我作历史研究，使用的是几何学里的三维直角坐标系"，这样的研究区域突破了依政治或自然为依据划"界"而定的区域社会。在这里，我们通过对山西的"行政边界"研究来透视有别于传统区域共同体的中国社会。山西东面跨太行山与河北相邻，西隔黄河临近陕西，南面与河南相接，北直接与内蒙古毗邻，地域上接壤毗邻为人们迁徙带来方便，同时又促进了商业经济的发展和文化交流等。因此，山西各地的乡土文化由于受其毗邻地区的影响，多与邻近省区相同或相近，尤其是地方戏剧。蒲剧（蒲州梆子）是山西四大戏曲梆子之一，最早可追溯到明代嘉靖年间。其发源地蒲州地处黄河中游，此地毗连山西、陕西，是南方地区通往西北的交通要道，商业汇通，经济繁荣，因此，蒲州为戏曲发展、交流提供了有利的环境。在金

[①] 杨念群：《为什么要重提"政治史"研究》，《历史研究》2004年第4期。

元时期，这里杂剧演出极为盛行，明清以来，地方梆子盛行，蒲剧的渊源有两种说法，一说脱胎于晋南和陕西东部民间的锣鼓杂戏；二说是北方戏曲与山陕两省民歌小曲相结合的弦索调。至明中叶受青阳腔（清戏）影响后演变而成。到康乾盛世时传入北京，北京观众称蒲剧为西调、西秦腔、勾腔，后来又多以"山陕梆子"称之。所谓"山陕梆子"就是指山西的蒲州梆子和陕西的同州梆子。两地仅有黄河之隔，语言文化相近，风俗生活习惯相同，同时又有大庆关渡口将两地毗连为一体，艺人经常相互搭班演出，没有地域界限之分，乾隆年间秦腔名旦申祥麟曾由蒲州售技至太原，成为当地的佳话。嘉庆年间（1796—1820）北京有"山陕班"演出，最为著名的是蒲州须生郭宝臣和同州工旦白长命在北京搭梆子班演唱的《鞭打芦花》。① 这种融入了界线之外的地方戏剧文化在山西还有"上党梆子""北路梆子"等多种剧种。由于区域性及各自依附的地理条件、生活习俗以及社会环境等多种历史因素的差异，使得山西及与周边省域形成了区域文化凝固。地方戏剧作为一种文化传承的载体，使我们在品阅文化的同时不经意地领悟到了大历史演绎的过程。

总的来说，通过田野调查与文献解读相结合的方法，更容易发现百姓日常活动所反映出来的空间观念和地域认同意识，以及国家与社会的长期互动中形成的话语背后的历史，这一发现有可能重新解释中国的社会历史。毋庸置疑，任何一种地方感都是在种种无法复制的地方上建构起来的。在具体研究实践中，地方感不仅为区域社会史提供了思考的基础，而且也为之提供了思考的对象。某一区域特殊的地理位置和自然条件产生其特殊的生产和生活方式，而这种特殊的生产、生活方式，又使其形成独具地域特色的文化背景，俗语讲："五里不同风，十里不同俗"，这种地方文化又对其地域经济和社会发展产生特殊的影响。从这一意义上说，某一区域的历史图像，正是由一个个的具有地域特色的元素所构成的。因此，对于研究者而言，这种地方感同样具有不可复制性，如何挖掘区域社会中的地方感，在区域社会史研究进行大历史叙事，成为关注区域研究的历史学、人类学者共同思考的问题。实际上，早在1949年，法国著名人类学家克劳德·莱维·斯特劳斯就宣称："他们（历史学家和

---

① 河津县：《1963年戏剧资料普查汇编戏剧文物资料》（内部刊印本）。

人类学家）是在同一条道路上、沿着同一方向走着同一个旅程；唯一不同的是他们的朝向。人类学家是朝前行进的，寻求通过他们早已深知的有意识现象，获得对无意识的越来越多的了解；而历史学家却可以说是朝后行进的，他们把眼睛死盯着具体和特殊的行为，只在为了一个更全面和更丰富的观点上考察这些行为时才把眼光离开它们。这是一个真正的两面神伊阿努斯。正是这两门学科的结盟才使人们有可能看到一条完整的道路。"① 所以，在追寻区域社会历史的内在脉络时，几乎所有地方性知识的研究背后都隐藏着一种探寻普遍意义的宏大叙事目的，小地方实际上全息地反映了多重组合的社会变化历程，这一历程是曾经场景的重建与再现，并有可能孕育生成的小地方与大历史的图像展现于世人面前。

参考文献

1. ［美］摩尔根：《古代社会（新译本）》，杨东莼、马雍、马巨译，中央编译出版社 2007 年版。

2. 费孝通：《江村经济》，北京大学出版社 2012 年版。

3. ［法］费尔南·布罗代尔：《菲利普二世时代的地中海和地中海世界》，唐家龙、曾培耿、吴模信译，商务印书馆 1996 年版。

4. ［法］费尔南·布罗代尔：《15 至 18 世纪的物质文明、经济和资本主义》，顾良、施康强译，生活·读书·新知三联书店 2002 年版。

5. 林耀华：《金翼——中国家族制度的社会学研究》，庄孔韶、林宗成译，生活·读书·新知三联书店 2007 年版。

6. 许烺光：《祖荫下：中国乡村的亲属、人格与社会流动性》，南天书局有限公司 2001 年版。

7. ［英］莫里斯·弗里德曼：《中国东南地区的宗族组织》，刘晓春、王铭铭译，上海人民出版社 2000 年版。

8. 刘大鹏：《退想斋日记》，乔志强注，山西人民出版社 1990 年版。

---

① ［法］克劳德·莱维·斯特劳斯：《结构人类学》，谢维扬、俞宣孟译，上海译文出版社 1995 年版，第 29 页。

9. ［英］沈艾娣：《梦醒子》，赵妍杰译，北京大学出版社 2013 年版。

10. ［美］黄宗智：《华北的小农经济与社会变迁》，中华书局 2009 年版。

11. 阎云翔：《礼物的流动———一个中国村庄中的互惠原则与社会网络》，上海人民出版社 2017 年版。

12. ［美］杜赞奇：《文化、权力与国家：1900—1942 年的华北农村》，王福明译，江苏人民出版社 2003 年版。

13. ［美］克利福德·格尔兹：《地方性知识：阐释人类学论文集》，王海龙、张家宣译，中央编译出版社 2000 年版。

14. 乔志强、行龙主编：《近代华北农村社会变迁》，人民出版社 1998 年版。

第 四 章

区域社会史研究的理论

什么是理论？理论指人们由实践概括出来的关于自然界和社会的知识的有系统的结论。什么是区域社会史研究的基本理论？它和社会史研究的理论有什么异同？我们认为，社会史研究的理论仍然适用于区域社会史，区域社会史只是在一定的地理空间范围内，通过"整体史"追求，研究区域社会构成、变迁的脉络及其特征。

区域社会史是"整体史"，多学科交叉渗透，需要广泛的理论基础。除历史学的一些理论外，历史地理学、人类学、社会学、人口学、经济学等学科的理论都是区域社会史借鉴和利用的来源，从而在经验研究的基础上，实现经验研究与理论研究的结合。

区域社会史理论，是认识区域社会，了解区域社会形成、发展、变迁的特点和规律的基本原则，可分为宏观理论、中观理论、多元实践三个层面。它具有基础性、原则性的地位，决定了区域社会史研究的方向和方法。它主要涉及两个方面，一是空间的、"整体的"区域的理论，即区域内部生态环境与社会的相互关系、社会结构及其诸要素之间的相互关系、区域之间的相互关系、区域局部与整体的相互关系等；二是时间的、"长时段"的理论，即区域社会的发展和变迁。区域社会史或是对一个区域社会的整体性历史进行研究，或是对一个区域范围内的经济、社会、文化等领域进行专题性研究。整体性研究、专题性研究都需要与其相应的理论。所以，区域社会史研究强调多学科理论的交叉、渗透与融合。

第一节　区域社会史研究的宏观理论

区域社会史研究的宏观理论还是要从马克思的唯物史观、法国年鉴学派等理论谈起。

唯物史观主要包括历史唯物主义和辩证法。马克思曾经在《政治经济学批判》序言中这样说：

> 人们在自己生活的社会生产中发生一定的、必然的、不以他们的意志为转移的关系，即同他们的物质生产力的一定发展阶段相适合的生产关系。这些生产关系的总和构成社会的经济结构，即有法律的和政治的上层建筑竖立其上并有一定的社会意识形式与之相适应的现实基础。物质生活的生产方式制约着整个社会生活、政治生活和精神生活的过程。不是人们的意识决定人们的存在，相反，是人们的社会存在决定人们的意识。社会的物质生产力发展到一定阶段，便同它们一直在其中活动的现存生产关系或财产关系（这只是生产关系的法律用语）发生矛盾。于是这些关系便由生产力的发展形式变成生产力的桎梏。那时社会革命的时代就到来了。随着经济基础的变更，全部庞大的上层建筑也或慢或快地发生变革。……大体说来，亚细亚的、古代的、封建的和现代资产阶级的生产方式可以看作是社会经济形态演进的几个时代。①

马克思、恩格斯进一步说道："我们首先应当确定一切人类生存的第一个前提也就是一切历史的第一个前提，这个前提就是：人们为了能够'创造历史'，必须能够生活。但是为了生活，首先就需要衣、食、住以及其他东西。因此，第一个历史活动就是生产满足这些需要的资料，即生产物质生活本身。"②

马克思历史唯物主义的重要认识在于：

---

① 《马克思恩格斯选集》第 2 卷，人民出版社 1972 年版，第 82—83 页。
② 《马克思恩格斯全集》第 3 卷，人民出版社 1960 年版，第 31 页。

历史的主体是人，历史研究需要研究人们生活的物质条件。人不是抽象的人，是满足自己物质生活的需要、追求自己目的的人，是在一定物质生活条件下生活的人。只有从那些使人们成为现在这种样子的周围物质生活条件去考察人及其活动。

人民群众是历史的主体，在社会和政治动荡时期，人民群众的历史作用尤为重要。人民群众是多数人，劳动群众是人民群众的主体，不仅创造物质财富，而且创造精神财富。"任何一个民族，如果停止劳动，不用说一年，就是几个星期，也要灭亡，这是每一个小孩都知道的。"[1]"无论不从事生产的社会上层发生什么变化，没有一个生产者阶级，社会就不能生存。"[2]

在本书中，我们曾讨论过生存环境与区域特性的问题，目的就是强调在一定生存环境和物质条件下，人为了生存和发展，形成具有区域特色的生产方式、社会习俗、地域文化。例如，在传统社会的生存状态下，以血缘关系为基础，聚族而居，不能不说是一种生存的选择。土地、森林、水资源等的开发和利用，经常发生竞争、纠纷、械斗，在对资源控制合法化的过程中，又援借国家赋税、里甲制度，利用祖先、神灵等文化象征资源，实质是地域社会对生存资源的争夺与控制。黄土高原土厚水深、井深汲艰，日常生活用水困难，形成了严格的水井制度；"四社五村"的不灌溉水利，都是解决生活用水的需要。"油锅捞钱""三七分水"体现的水利纠纷、官府判决以及水利秩序的形成，本质上是水利灌溉、水利加工业等生产活动。旱灾、水灾以及社会救济更突出体现了危机面前的人的生存问题。还有，我们较多讨论的施坚雅的市场理论、九大区域划分，反映的是人的经济交往与物的流动。在区域社会史研究中，对普通人的物质生活需要的关注，对民众生活具体实践的重视，正是对作为历史主体的人及其生存这一根本原则的持守。

马克思以前的历史观多把历史的动因归之于神或少数英雄人物。在这种历史观的指导下，"从前的历史，专记述王公世爵纪功耀武的事。史

---

[1]《马克思恩格斯全集》第32卷，人民出版社1974年版，第541页。
[2]《马克思恩格斯全集》第19卷，人民出版社1963年版，第315页。

家的职分,就是买此辈权势阶级的欢心,好一点的,亦只在夸耀自国的尊荣。凡他所纪的事实,都是适合此等目的的,否则屏而不载;而解释此类事实,则全用神学的方法。"① 梁启超慨言:"二十四史非史也,二十四姓之家谱而已。"② 鲁迅在《中国人失掉自信力了吗》一文中讲道,"我们从古以来,就有埋头苦干的人,有拼命硬干的人,有为民请命的人,有舍身求法的人……虽是等于为帝王将相作家谱的所谓'正史',也往往掩不住他们的光耀,这就是中国的脊梁。"③ 无论是梁启超、李大钊还是鲁迅,都谈论到二十四史是以帝王将相为中心。

  关于阶级观念和阶级斗争以及社会过程的研究。巴勒克夫在概括马克思主义史学特征时指出,"马克思的社会阶级结构观念以及他对阶级斗争的研究不仅对历史研究产生了广泛影响,而且特别引起了对研究西方早期资产阶级社会中阶级形成过程的注意,也引起了对研究西方其他社会制度——尤其是奴隶制社会、农奴制社会和封建社会——中出现类似过程的注意。"④

  社会和经济的复杂而长期的过程研究。其中包含两个重要内容,一是社会和经济的研究,二是长时期的过程研究。马克思在对生产力、生产关系矛盾的认识的基础上,建立了几种不同的社会模式。这些社会模式曾一度被简单化、固定化、公式化,但是,当这些社会模式放在历史长河中,就会显示出其社会分析的逻辑。社会和经济的复杂而长期的过程研究对法国年鉴学派产生了重要影响,正如布罗代尔所言:"马克思的天才,马克思的影响经久不衰的秘密,正是他首先从历史长时段出发,制造了真正的社会模式。人们简单地把这些模式固定下来,赋予法则和价值,似乎它们能自动说明一切和预示一切,似乎它们能适用于所有的场所和所有的社会。其实,如果把马克思主义的模式拉回到时间的可变长河中进行观察,它们的网络将显得一清二楚,因为这是编织得十分精细和十分牢固的一个网络……马克思主义是上个世纪中最强有力的社会

---

① 《李大钊文集》(下),人民出版社1984年版,第362页。
② 梁启超:《新史学》,商务印书馆2014年版,第85页。
③ 《鲁迅全集》第6卷,人民文学出版社2005年版,第122页。
④ [英]杰弗里·巴勒克夫:《当代史学主要趋势》,杨豫译,上海译文出版社1987年版,第27页。

分析；它只能在长时段中恢复活力和焕发青春。"①

这里需要指出的是，社会史强调人的历史、民众的历史、下层的历史，相对的是精英的历史、上层的历史，精英与民众、上层与下层是相对而生，并不是截然对立的。问题在于，区域社会史研究的民众、下层，不是复数的、抽象的、概念化的，而是具体的、有着自身内在实践逻辑的人，包括精英与民众，在自身的自然环境、社会环境中，所发生的一切行为及其目的，在此基础上形成的社会秩序、礼仪制度等的过程的研究。

恩格斯曾说过，"马克思的整个世界观不是教义，而是方法。它提供的不是现成的教条，而是进一步研究的出发点和供这种研究使用的方法。"② 区域社会史研究在历史研究中占有重要地位，显然，唯物主义史观的理论具有指导意义。

马克思主义史学对于法国年鉴学派产生了重要影响，当然，其影响不是均质性的。在年鉴学派发展的不同阶段，不同的历史学者，马克思主义史学的渗透、影响有所区别。

法国年鉴学派的史学理论，主要包括整体史、长时段等内容。

所谓整体史，一是把历史研究的地理空间视为一个整体，无论是西班牙、土耳其，还是大西洋、撒哈拉沙漠，布罗代尔的《菲利普二世时代的地中海和地中海世界》，把地中海地区本身视为一个整体，一个"大地中海"，通过全局的视野考察历史。二是总体性、系统性的研究观念。既要能看到环境、经济、社会、政治、文化、事件等各方面内容的全貌，又能看到相互之间复杂的动态关系的整体。应当说，年鉴学派的整体史是一种追求，不易达到。比如，在《地中海》讨论"文明"的内容中，布罗代尔对于集体心态等内容并未涉及。因此，"整体性并不是要写出完整的世界史……而只是当人们面对一个问题时，一种有系统地超越局限的愿望。"③ 由此可见，在区域社会史研究中，整体观念和系统思维是主

---

① [法]费尔南·勃（布）罗代尔：《历史和社会科学：长时段》，载蔡少卿主编《再现过去：社会史的理论视野》，浙江人民出版社1988年版，第76页。

② 《马克思恩格斯全集》第39卷，人民出版社1974年版，第406页。

③ [英]彼得·伯克：《法国史学革命：年鉴学派，1929—1989》，刘永华译，北京大学出版社2006年版，第106页。

要的，但不是面面俱到，简单罗列，而缺乏全局视野和系统思维。

历史学者常会根据自己的研究兴趣、偏爱、特长，选择一定的时期、空间开展研究，例如断代史研究。另外，传统史学偏重政治史、事件史，研究内容都是短时间的。布罗代尔把历史时间划分为"地理时间""社会时间""个别（人）时间"，对应的是环境史、结构史、事件史。以《地中海》为例，该书分为三部分，第一部分为人与环境之间几乎不动、静止的历史，一种其进程几乎无法被感知的历史，一种所有变迁都很缓慢的历史，一种不断重复、反复再现的周期的历史，可称之为"地理史"。第二部分为经济、社会、政治结构缓慢变化的历史，题目为"集体的命运及总体的趋势"，关注的是结构，经济体系、国家、社会、文明及变迁中的战争方式的历史，它的历史步伐比事件史缓慢，它的步伐是世代甚至是世纪。第三部分为稍纵即逝的政治事件史。

布罗代尔指出，"结构"在长时段是居于首位，在考察社会问题时，"结构"是指社会上现实和群众之间形成的一种有机的、严密的和相当固定的关系。有些结构因长期存在而成为世代相传、连绵不绝的恒在因素，妨碍或左右着历史的前进。地理格局、生物现实、生产率限度和思想局限，对社会有着持久而固定的限制。"长时段"是一个相对的概念，与"地理时间"相比，"长时段"显然是短暂的，一般要跨世纪甚至几个世纪。

在区域社会史研究中，强调"整体史"视野，进行"长时段"研究，可以说是社会史研究者的理论自觉，也可以说是实践当中的自然选择。社会本身具有整体性，以村庄研究为例，走进一个历史文献遗存较多的村庄，我们常常看到家谱、鱼鳞册、凿井、修路、建庙等公共事务的石记，土地、水利、森林等资源纠纷的官府的判决碑文等，方方面面，无所不包。但在具体研究中，可能仅仅选择某一方面进行专题研究，但留存文献所体现出的村庄的整体性的特点，毋庸置疑。

在一个范围相对较小的研究空间，历史文献的时间序列常常不是断代的、短时间的，而是绵延不绝，跨越朝代的。进入一个庙宇，可以发现，兴建、维修庙宇的碑刻，或许有十几通、几十通，甚至上百通，保持较为完整的时间序列。来到乡民家中，一部家谱记载了先祖建基立业几百年的历史。如果只分析民国、清代，而不顾及明、金、元、宋等历史，显然不能明其所来，辨其所变。

更为重要的是，在区域社会史研究中运用"长时段"，可以深入分析区域社会史变迁过程和结构性特点。一方面，可以从人与环境关系的历史分析区域社会的变迁。例如，珠江三角洲沙田的变化与地域社会、文化变迁等方面的研究、明清以来山西水资源环境与水案的研究等。另一方面，可以分析区域社会经济、社会、政治等历史的结构性特点及其变迁。例如，郑振满教授关于明清福建家族组织与社会变迁的研究，提示了宗法伦理的庶民化、基层社会的自治化、财产关系的共有化这一结构性演变过程。

在区域社会史研究中，还应当关注区域的相关理论，这里主要讨论区域、区域变迁理论。

区域研究是年鉴学派的一个重要特征。在《法兰西的特性——空间和历史》中，布罗代尔仍然坚持空间、时间共同书写的理论，运用长时段理论，揭示环境在历史中的作用。从书名来看，他是研究国家史，但他是通过研究区域史、欧洲史乃至世界史来达到研究法国史的目的。在长时段里，区域是相对的，这对区域社会史研究的具有重要的理论指导意义。正如他所讲，法国的六边形国土，并不是参照的唯一尺度。其下有较小尺度的地区、省份、地方，其上有欧洲，欧洲之上还有世界。长时段（首先是它，尤其是它）、六边形、欧洲、世界成为布罗代尔研究的时空范围。在这里，时间和空间就统一起来了，历史就成为特定时空连接点上的一个坐标，历史就成为自然、社会（经济）与个人（事件）三位一体的"总体史"。

《礼记·王制》有这样一句话，"广谷大川异制，人生其间异俗"。反映了先民对地理、社会特性及其两者之间关系的直观而朴素的认识。

区域是一个地理学的基本概念，它是在近代地理学发展过程中逐渐形成和完善的。最初，传统地理学的区域概念只强调区域的空间性，而排斥区域的历时性。后来，人们逐渐认识到区域空间单纯研究的局限性，于是把自然、社会等因素等纳入一个区域动态的系统中。

对区域比较全面和本质的界定是20世纪50年代由美国地理学家D.惠特尔西（D. Whittlesey）提出的，即"区域是选取并研究地球上存在的复杂现象的地区分类的一种方法"，他认为，"地球表面的任何部分，如果它在某种指标的地区分类中是均质的话,即为一个区域",并认为,"这种分类指标,是选取出来阐明一系列在地区上紧密结合的多种因素的特殊组合的"。① 据此,能够概括出区域的三个基本特征:一是可度量性,每一区域都是地球表壳的一个具体部分,它有一定面积,明确的范围和边界。二是系统性,每一区域都是内部各要素按照一定的秩序、方式和比例组合成的有机整体,而不是各要素的简单相加。三是不重复性,按同一原则、同一指标划分的区域体系,同一层次的区域不应该重复,也不应该遗漏。

随着人们对区域问题认识的不断深化,"区域科学"作为一门新兴边缘学科逐步形成。区域科学是研究存在于有确切意义的区域和区域系统内的社会、经济、政治和自然环境相互作用的综合性学科。区域学的研究包含了自然环境、社会经济、人类文化心理(行为)等与研究区域开发与发展相关联的内容,区域系统的研究是区域科学的核心。

地理学和区域科学对区域概念的界定虽不尽相同,但对区域的均(同)质性、系统性、独特性这三方面的认识应该说是一致的,在遵循上述三方面、特别是均质性原则的基础上,选择不同的要素作为指标或标准,便可以对区域作不同的划分。

在区域社会史研究中,区域界定与时间界定同样重要。研究者或以文化、政治单元作为区域,或以自然单元如以河流流域(河流流域又可具体分为上、中、下游)、海盆洋盆作为研究区域。布罗代尔对地中海世界的经典研究就是以海盆为空间范围的。虽然中国区域社会史研究从一开始就注意区域概念的界定和讨论,其中一些观点或许受到了区域理论影响,对区域的界定、表述和地理学、区域科学有些方面比较一致,但并没有鲜明强调地理学、区域科学有关区域的理论对于区域社会史研究的科学规范意义,近年来这一问题逐渐引起学界的反思。整体而言,区域社会史研究采取了不同"区域"作为研究单位。有的研究者根据行政区域如省、府、州、县等来开展研究,区域和行政区划重叠。有的研究者选择华北、西北、江南、华南、关中等比较大的区域进行研究,区域

---

① 转引自陈文晖、鲁静编著《区域规划研究与案例分析》,社会科学文献出版社 2010 年版,第 1 页。

较为宽泛模糊。有的研究者以文化区作为区域。有的研究以流域作为研究单位,如王笛的《跨出封闭的世界:长江上游区域社会研究(1644—1911)》等。近年来随着水利社会史的开展,还出现了一些以"泉域""库域"等为区域的研究,如钱杭的《库域型水利社会研究——萧山湘湖水利集团的兴与衰》。还有的研究者强调问题意识,或通过"小地方"看"大历史",或通过区域研究来解构或建构理论,相对淡化区域的选择或界定。

区域社会史研究中应当重视区域的界定,但历史研究必定不同于地理研究,在借鉴地理学区域理论的同时,又不能受缚于地理学的区域理论。这里有几个问题值得注意。其一,区域的地理尺度。按照历史地理学对于区域的认识,较小地区如地点或非常大的区域如世界区域,都是区域研究,过于强调区域研究应当以中观而非微观或者宏观的尺度进行,并不可取。从这个意义来讲,地点的研究、社区的研究属于小尺度的区域研究。其二,区域的划分标准。区域社会史研究对于"区域"的理解和界定方面诚然存在一些问题,如区域社会史的通史地方化,还有以较大的、宽泛的区域进行研究,可能仅显示了区域的均质性而模糊了区域内部的差异性,如华北区域的河南、河北就和山西、内蒙古就存在差异,山西、陕西内部纬度地带性差异明显。另一方面也要看到,区域社会史研究中选择行政区域的合理性,如行政区域蕴含了"山川形便""犬牙相入"两大原则,行政区划本身就属于政治学意义上的区域。虽然一些省级行政区划从自然、社会来看不属同质性,较为典型的是江苏省。但不应忽视行政区划对社会的内聚形塑作用,因此,以行政单位作为区域未尝不可。在区域社会史研究中,区域划分的重点在于如何理解"区域化"。在一定的空间、时间范围里,人的活动、社会行为是以何种方式形成制度化的东西,形成显著的社会特征。其三,区域的边界变化。区域的边界并不是静态的、固定的,它是动态的、变化的。更为重要的是,区域取决于研究者的视角,取决于研究者的问题意识,区域是一个尺度不同、可以伸缩的弹性范围。所以,在区域社会史研究中,一方面,应当借鉴地理学、区域科学对区域界定的标准,科学规范研究区域;另一方面,还是要从具体研究出发,从问题意识入手,确定研究的区域。最后需要强调的是,区域研究中要注意区域研究不能画地为牢,把区域实体化，而要把区域放在国家、世界范围内，从区域来看中国、世界的历史。

在区域社会史研究中，除了区域的空间特点之外，同时要关注时间特征，区域的变化，这里主要介绍"基本经济区"理论、中心（核心）—边缘理论、现代化理论。

在我国历史发展过程中，伴随着王朝循环、统一分裂，曾出现过经济重心转移和变化的过程，冀朝鼎称之为统一和平与分裂斗争时期"基本经济区"的转移。秦汉时期，泾水、渭水、汾水以及黄河下游地区为其基本经济区。三国、两晋、南北朝时期，四川与长江下游逐渐得到发展，出现了能与前一时期基本经济区相抗衡的基本生产区。隋唐时期，长江流域取得了基本经济区的地位，大运河也得到迅速发展，使得首都与基本经济区相连。五代、宋、辽、金时期，长江流域作为基本经济区得到了进一步发展。元、明、清时期，首都与基本经济区的距离成为一个重要问题。历代政策的一个根本方针就是对基本经济区的掌握和控制，而政府对水利事业的重视与否是其中的关键。基本经济区的衰落与转移，很大程度上是对新经济基本区水利开发的重视和对旧经济基本区的忽视所致。当然，"基本经济区"理论，本质上还是王朝历史、国家历史观念下的区域变化研究。

中心（核心）—边缘理论，简而言之，中心是指政治、经济、文化发达，人口密集的地区，边缘地区是指政治、经济、文化不发达，人口稀少的地区。中心和边缘之间存在着过渡地带或中间地带，过渡地带有的属于向上的、发展的区域，有的则属于向下的、衰落的区域。中心、边缘也是相对的，是可以相互转化的，就是从中心到边缘，从边缘到中心。上面所讲的基本经济区理论，其实就存在着中心、边缘的转换。

从世界范围来看，同样如此。在新大陆发现以前，虽然一些国家之间有远距离的陆地、海上贸易等联系，但多数仍处于相互隔离状态。地中海由于其独特的地理位置，连接欧洲、非洲、亚洲，意大利长期成为世界经济文化的中心。随着环球航行和美洲大陆的发现，大西洋成为繁忙的通道，英国兴起并成为世界经济的中心。经过两次世界大战，美国又取代了英国的位置，成为世界经济的中心。

核心、边缘理论和中心、边缘理论有所不同，它对于解释经济结构的空间演变具有重要意义。约翰·弗里德曼创立的核心、边缘理论,虽然是针对现代的发展中国家的理论研究,但对历史研究可提供重要的借鉴。核心、边缘理论是解释经济空间结构演变模式的一种理论。该理论试图解释一个区域如何由互不关联、孤立发展,变成彼此联系、发展不平衡,又由极不平衡发展变为相互关联的平衡发展的区域系统。他认为,核心区在空间发展过程中发挥作用。核心区具有支配和决定作用,它可以从周围地区获取人、物、资本、信息等,并向其所支配的外围区传播、扩散创新成果。核心区在自我强化过程中,它的集聚、扩散的强度、频度、范围都有所扩大。随着空间系统内部和相互之间信息交流的增加,创新将超越特定空间系统的承受范围,核心区不断扩展,外围区力量逐渐增强,导致新的核心区在外围区出现,引起核心区等级水平的降低。

在中心(核心)、边缘的转化和区域的兴衰过程中,人为因素、制度因素有时发挥关键作用。例如彭慕兰在《腹地的构建:华北内地的国家、社会和经济(1853—1937)》所揭示的那样,长期以来清政府特别关注沿运河地区,但政府的政策确实使得这个地区变得更加贫穷,原因之一是为了应对外国威胁中国主权,清末和民国时期政府实施支持沿海、损害内地的政治经济战略。帝国主义对正在发展着的、重新形成的中国地区之间关系的干预,对某些地区有推动作用,但却极大加剧了其他地区的困境,并短暂地把中国某些最肥沃的地区与这个国家的其他地区分隔开来(而把它们与新的海外贸易伙伴联系在一起)。这些扭曲了的地区性的变化,反过来极大地束缚了中国政府维持甚至是基本的秩序的能力,极少提供帮助推动现代发展所必需的服务。

现代化理论假设了从"传统"到"现代"社会的演变。"现代"(Modern)意指新近的、时髦的,从字的含义来看,"现代"一词是作为一个时间的概念,指当今的时代。可以包括"近代"和"当代"的内涵或特定的历史时代或特定的阶段。现代化指现代化的过程和状态,现代化的定义很多,但人们的基本共识是,现代化是指自工业革命以来,人类社会所经历的最剧烈、最深远而且是不可避免的变革过程。

现代化具有一些本质特征或界定性因素。罗兹曼在《中国的现代化》、罗荣渠在《现代化新论——世界与中国的现代化进程》中都为现代化划分了一些指标因素。总而言之,这些因素包括政治现代化(民主化、法治化、科层化即官僚制度）、经济现代化（工业化、专业化、规模化）、社会现代化（城市化、福利化、流动化、分化与整合、大众传播）、个人现代化（开放性、参与性、独立性、平等性）、文化现代化（宗教世俗化、观念理性化、现代主义、普及初中等教育）等。

现代化理论有不同学派，如结构—功能学派强调传统性与现代性的比较与转化；过程学派重点研究转变过程、规律、特点；行为学派强调人的现代化；综合学派注重社会各个方面的深刻变化等。如罗兹曼从国际背景、政治结构、经济结构及经济增长、社会整合、知识和教育五个方面来研究中国的现代化进程，就属于系统考察的方法，但他又把中国的现代化和日本、俄国等国进行比较研究。

对于中国的现代化，罗荣渠在《现代化新论》中指出既不把它能看成是"外因"引起的单向运动，也不能看成是"外因"与"内因"对立两极之间的直线互动，应从错综复杂的、多线性多方向的矛盾运动来考察。近代中国的变革贯穿了自身衰败、半边缘化（半殖民地化）、革命化、现代化四个过程，近代中国的大变革，不是简单化的"挑战（冲击）—回应"模式或"传统—现代"模式，而是一个主客体相互作用、复杂的网络运动，中国的现代化是"被延误的现代化"。

区域社会史研究，可借鉴现代化理论来理解区域的变化。例如，乔志强、行龙的《近代华北农村社会变迁》，把中国分为沿海型、中部型、内地型、边缘型四类，借用现代化的理论，指出中国社会的近代化程度存在一个由沿海向腹地递减的态势。近代华北农村社会变迁呈现出被动性、迟滞性、不平衡性、复合性四大特征。

第二节　区域社会研究的中观理论

不论是地理学、区域学，还是区域社会史，虽然研究领域各有侧重，但最终还是要具体落实到一些基本的要素或内容，如区域的环境（地形、气候、资源）、人口、交通、经济等。这些要素研究势必涉及不同学科的理论和方法，具有鲜明的多学科特征。

具体到研究内容，以布罗代尔的《菲利普二世时代的地中海和地中海世界》为例，分别从环境的作用（半岛、海洋、气候、交通、城市等自然条件和人文条件），集体的命运和总的趋势（人口、经济、货币、贸易、运输、战争等），事件、政治和人三个部分来描绘地中海世界的历史，这三个层次的实现是通过分解为具体化的内容来实现的。

中国的区域社会史研究同样如此。我们在《近代华北农村社会变迁》中，通过人口增长和流动，婚姻状况及其变迁，家庭规模、结构、关系、功能，近代华北农村的宗族与社会生活的变迁，阶级—阶层结构及社会流动，市场交换与农村社会变迁，城市化与城乡发展，物质生活与社会变迁，近代华北农村的生活消费，社会风俗的变迁，华北农村的民间信仰变迁，社会心理及其嬗变，社会生活中的人际关系，农村教育的演进及其社会效应，农村基层政权和组织，地方自治与社会功能系统的演变，近代华北的灾荒，近代华北农村社会问题的演变，艰难的社会变迁等内容来反映近代农村社会发展变迁的状貌。因此，人口、婚姻、家庭、宗族、社区、市场、民间信仰、社会结构、社会流动、社会功能、社会变迁等理论，在区域社会史研究中应当学习、借鉴和利用。

人口理论。人口问题影响着社会生活的各个方面，是每一个社会、经济、政治问题的根源。人口理论是关于人口发展的基本观点、学说，是人们对人口发展一般过程的系统化、理论化的认识。在前资本主义社会，为适应当时人口与政治、军事、经济发展的关系，代表奴隶主、封建主统治阶级利益的思想家，一般都把人口看作富国强兵、征收劳役赋税的源泉，如《管子》的《重令》篇中提出："地大国富，人众兵强，此霸王之本也。"[1]《霸言》篇中强调"夫争天下者，必先争人"，"得天下之众者王，得其半者霸"[2]。在《入国》篇中鼓励人口增加。清代实行"摊丁入亩""滋生人口永不加赋"之前，口赋长期作为国家财政的一项重要来源。

马尔萨斯的《人口原理》是最早系统阐述人口理论的著作。马尔萨斯人口理论的主要思想可简单概括为"两个前提、三个定理"。两个前提是指，其一，食物是人类生存必需的；其二，两性间的情欲是必然的。人口必然地为生活资料所限制。三个原理是，人口制约原理，人口几何

---

[1] 颜昌峣：《管子校释》，岳麓书社1996年版，第138页。
[2] 同上书，第215页。

级增长，食品算术级增长，人口增长受到生活资料的限制；人口增殖原理，只要生活资料增长，人口必然增长，除非受到某种非常有力或显著的阻止、抑制；人口均衡原理，即占优势的人口繁殖力为贫困和罪恶所抑制，因而使现实的人口得以与生活资料保持平衡。晚婚、节育等为人口的道德抑制，战争、瘟疫、灾荒等为人口的积极抑制。马尔萨斯的人口论虽然争议较大，受到诸多批评，但他提醒人们注意人口与生活资料比例的协调，防止人口过快增长，因而成为现代人口理论的开端。

马克思、恩格斯在批判马尔萨斯人口理论的基础上，形成了自己的人口理论。其一，社会生产既包括物质资料的生产，也包括人类自身的生产。二者相互联系，相互依存，是矛盾的对立统一体。人在社会生产中必然存在三种关系，一是人和自然的关系，人通过劳动、制造工具改造自然，形成社会生产力。二是人和人在生产中的关系，即生产关系。三是人和自身的再生产和繁殖后代的关系，即婚姻关系和家庭关系。在这三种关系中，人口是物质资料生产和人类自身生产的前提，然而没有物质资料的生产，人类自身就无法生存、繁衍，所以社会生产方式制约着人口。其二，社会生产方式对人口发展起决定作用。人口作为社会生活的主体，必然受到生产方式的支配。物质生活生产方式不仅决定了人口的数量、质量、结构、分布、迁移等，而且还决定了人口再生产的社会形式，如婚姻、家庭制度等。不能离开生产方式和社会制度，抽象地解释和说明人口现象。科学和技术会增加食物和其他商品的供给，它至少会与人口增长的速度相近。其三，人既是生产者又是消费者。人是生产力中起决定性作用的因素，是社会财富的创造者。人口增长的结果不是贫困。其四，人口状况对社会发展起促进或延缓的作用。虽然人口状况不是决定社会的形态和社会变革的原因。但是，人口状况对社会发展的促进或延缓作用表现在人的再生产与物质的再生产的比例关系以及人口质量方面。

人口变迁对于区域社会历史有重要影响。人口的存在和发展一方面受到自然条件如地形、气候、水流、植被等的影响，同时也会对自然条件施加影响。在传统农业社会，土地、水、草原、森林等资源对人类获取生产生活资料具有突出地位，随着人口数量的增长或减少，人口、资源、环境的相互关系影响着区域社会的发展和变迁。从人口与中国历史发展的关系来看，对于中国历史的"王朝循环"，有一种解释就是从人地关系出发的。新的王朝建立初期，人地关系松懈，通过休养生息政策，经济发展，人口逐步恢复。进入繁盛时期，人口增长，人地关系紧张，土地兼并，阶级矛盾激化，实现新旧王朝的嬗递。从人口和自然环境的关系来看，谭其骧先生认为，汉代以后黄河下游之所以长期出现了长期安流的局面，是因为中游地区的生产方式以牧为主，保持了较好的植被，防止了水土流失。① 史念海先生的研究则表明，明清时期黄河中游森林遭到严重破坏，水土流失加剧，下游河患频发。还有，明代，由于人口的增长和新作物的传播，长江中游的山区被垦殖，导致了这一地区水土流失的加剧。人口迁移对区域社会历史的影响也是明显的，例如，明代的洪洞大槐树移民、清代的"湖广填四川""闯关东""走西口"等对区域社会变迁产生了深刻影响。

通婚圈（婚姻圈）。通婚圈是伴随着两性婚姻关系的缔结而形成的一个社会圈子，婚姻超越个人和家庭是通婚圈形成的基础原因。通婚圈表示某一社会群体婚配对象的来源和范围，是不同的群体联系的纽带。通婚圈可通过"社会距离""地理距离"来衡量。社会距离指种族、阶层、宗教、教育等对婚姻的限制。例如，魏晋南北朝时期，门阀士族不与庶族通婚。清初未废除"贱民"之前，"贱民"阶层不得与平民通婚。等级通婚圈反映了社会阶层、社会集团之间的开放性和融合程度。地理通婚圈指通婚对象来源的空间范围，它反映了家族、村庄、区域乃至国家之间社会交往程度。通婚圈的扩大、缩小甚至闭合，体现了择偶范围、社会交往程度的变化。

通婚圈是研究者关注的重要领域，并存在一些争论。例如，施坚雅认为，婚姻圈与市场圈存在一致性，杜赞奇则不同意施坚雅的观点。

宗族理论。弗里德曼的宗族理论是运用社会人类学的方法，来理解中国传统社会的，对于研究中国乡村社会有重要影响。

1927年，毛泽东在《湖南农民运动考察报告》指出："宗法封建性的土豪劣绅，不法地主阶级，是几千年专制政治的基础。"政权、族权、

---

① 谭其骧：《何以黄河在东汉以后会出现一个长期安流的局面——从历史上论证黄河中游的土地合理利用是消弭下游水害的决定性因素》，《学术月刊》1962年第2期。

神权、夫权四种权力，是"束缚中国人民特别是农民的四条极大的绳索"，其中族权是由宗祠、支祠以至家长的家族系统构成。毛泽东提出"族权"的概念，并将族权以及控制者土豪劣绅、不法地主作为中国革命的对象，以解决社会危机，建立新的秩序。

弗里德曼的宗族研究是二手资料，是"摇椅上的人类学家"。他率先在以中国宗族为对象的研究中推出了"世系群"（lineage）分析模型的构想，奠定了以社会人类学为理论指针的中国宗族研究的学术基础。他认为，在中国社会中，宗族之所以成立，根本的原因是祖先的认定与祖产的建立。同一宗族内部存在社会分层，地方领导权集中在富人与士绅手中。宗族内部权力集中在少数人手中，有利于把宗族成员会聚成一个团体，使宗族不受强大邻族的侵害，并使国家对地方的剥削减轻。宗族内部精英分子的存在，是国家与宗族并存的机制。

区域和宗族的关系是弗里德曼的宗族理论一个很重要的基础。他强调因为东南是个远离中央集权中心的"边陲地区"，"天高皇帝远"，所以宗族才得以全面的发展。东南地区有三大特征：边陲状态、水利与稻作生产。核心的类型是"村落—家族"，而华南地区（包括东南沿海的福建）"村落—家族"之所以如此普遍存在，正是因为这个广大的地区地处皇帝力所不及的"边陲地区"。灌溉性的稻作生产在区域经济中有重要作用，精耕细作不仅能够为密集的人口提供多种生计，而且东南省份与中国其他地方相比较所表现出的一个重要差异是，土地的共同拥有在经济生活中扮演着重要角色，它为"村落—家族"提供了经济基础。

从宗族内部的结构来看，宗族内部在谱系上是平衡的，但在权力和地位方面是分化的。宗族内部的社会分化，甚至在谱系的基础上给予绅士等有影响的成员更多的机会获得领导职位，仪式生活使宗族社区的社会分化更为突出。弗里德曼对连接宗族与社会之间的关系进行了研究，其中涉及宗族之间的关系、宗族与国家的关系两方面。根据弗里德曼的研究，一方面，婚姻的联系跨越了宗族之间的界限，有时以一种恒常的关系连接着宗族；另一方面，冲突和械斗是不同宗族之间的另一类支配关系。这两类关系有时是相互重叠的。弗里德曼的一个重要观点是，冲突和械斗不仅仅是破坏了村庄生活原有的秩序，械斗可能导致遍及整个冲突区域的联盟，其实赋予了地方性共同体某种相互结合的机制。械斗是地方宗族解决争端的方式，正如他们诉诸国家的法律机器一样。中国的官府结构和观念鼓励地方自治。作为宗族成员的绅士，就跨越了宗族和国家之间的桥梁，在税收、解决内部纠纷等方面形成宗族内部的政治和法律权威中心，减少了官府对地方事务的干预。弗里德曼注意到秘密会社群体和宗族之间的关系。他指出秘密会社和宗族组织并不一致，往往体现了宗族内部、阶层之间的分化，它与更为广阔的社会结构有关，它秉承了对抗国家和跨亲属群体的性质。弗里德曼发现，东南地区有三件事情引人注目：大规模的宗族组织、宗族之间的械斗，以及三合会之类的秘密会社。这些现象之间存在功能的联系。秘密会社形成的对抗国家的联合，与继嗣组织发展到一定高度是宗族社区之间和产生的对抗保持平衡。在有些背景下，宗族与宗族之间发生冲突；在另一些背景下，却是宗族或者宗族的阶层部分联合起来共同对抗国家。这种冲突的双重联合在每一个方面防止了战争的发生。

有学者对弗里德曼的宗族理论提出反思。如有研究者指出，东南地区、水稻种植等和宗族的发达与否不存在对应关系。明清时期宗族存在的前提是意识形态的突破以及政权结构的转型，是和朱熹等理学家倡导把先秦时期形成并在其后一直服务于帝国等级制度的建构与维护的宗法制度逐步改造为庶民的人文关系规范有关。无论如何，宗族理论在区域社会史研究中确实有着重要的意义。

社区研究。在很大程度上，人类学功能学派的马林诺夫斯基是社区研究的开拓者。马林诺夫斯基强调，人类学者不应该把物质文化、人类行为、信仰和理念分割开来进行分别的排列组合，而应把它们放在"文化事实"或所谓的"分立群域"的整体中考察，展示它们的互动关系。马林诺夫斯基所讲的"文化事实"和"分立群域"指的就是方法论优先的整体分立社区，或"田野工作"的社会空间单位，后来成为社会人类学社区研究法的基础。

马林诺夫斯基开创了一个人类学传统，即对田野工作的地点进行"分立群域"的界定，田野工作确定社会空间单位。他认为，人类学者只有通过在分立的小型社区的长期的直接参与观察，才可能对当地社会进行全面考察，对当地社会特质进行整体的分析。

20世纪20—30年代，芝加哥学派提出了人文区位学理论。派克将人类组织划分为社会与社区。他认为，社会是人类生存的文化的、共意的方面，是反映各社会群体的一致意见和共同目的的集体现象；社区是与社会相对应的生物的、竞争的方面。它体现了达尔文的物竞天择的人类本性。派克在强调都市环境中各个不同部分之间的相互关系时，尤其强调竞争，认为竞争是社区生活的主导过程，是影响都市空间结构的主要因素，它决定着社区环境各部分相互联系的空间形式和区位功能。

20世纪三四十年代，吴文藻结合马林诺夫斯基和派克的理论，主张社区是了解社会的方法论和认识论的单位，提出从社区着眼，来观察社会，了解社会，建立中国社会学人类学的学术范式。费孝通的《江村经济》就是通过小型社区研究中国社会的经典，后来的"魁阁"系列研究秉承了这一特点。

费孝通在《乡土中国》一书中曾说到，以全盘社会结构的格式作为研究对象，这对象并不能是概然性的，必须是具体的社区，因为联系着各个社会制度的是人们的生活，人们的生活有空间的坐落，这就是社区。社区分析的初步工作是在一定时空坐落中去描述出一地方人民所赖以生活的社会结构。第二步工作是比较研究，在比较不同社区的社会结构时，常会发现每个社会结构有它配合的原则，表现出来的结构形式也不一样。

社区研究的内容包括哪些方面？马林诺夫斯基根据他本人和其他人类学者的田野经验曾经归总出一个可用于帮助田野作业的比较完整的参考体系"文化表格"。费孝通的社区研究大致有以下几方面内容。一是社会结构，即在一定时空坐落中去描述出一地方人民所赖以生活的社会结构。一是社会功能，即对文化器具与人的基本需求的相关性进行研究。一是社会变迁，以他姐姐帮助农民建立的生丝精制运销合作社为例，探讨与技术引进相关的社会变迁动力问题。

社区研究把人类学研究从原始部落推向文明社会，具有重要的意义，但同时也引起了较大的争议。对中国这样一个与简单的原始社会有深刻差异的"复杂文明社会"进行社区分析，是否能体现中国社会的特点？换言之，社区研究针对的是小地方，而在大型的文明社会中，小地方无疑也是大社会的一部分，但是，它们是不是可能被视为大社会的缩影。利奇教授就提出，一个包括人数众多、历史悠久、文化复杂的民族或国家，只研究其中一个由少数人组成的小社区，能不能了解这个民族整体的社会文化。

社区研究要处理好几方面的关系。第一，小与大的关系或者说偏与全的关系，也就是特殊与一般、微观与宏观的关系。第二，城与乡的关系，既要研究乡村社区，也要研究有别于农村的市镇社区。第三，上与下的关系。社区不是一个封闭的体系，它受到社区之外的国家的影响，应把国家与社会的关系引入社区研究，成为理论修正的努力方向。第四，共时性与历时性的关系。社区研究不仅要有共时性的结构分析，而且关注社区的历史和变迁。

上述关系其实指出了社区研究在空间、时间和文化层次上所受到的限制。费孝通本人及其他学者在坚持社区研究的同时，对改变社区研究的困境进行了努力。在小与大、偏与全的空间关系方面，费起初承认"局部不能概括全部"，提出用"逐渐接近"的手段来达到从局部到全面的了解。后来，他又提出"类型""模式"的概念。每个农村都与众不同，自成一格是不对的，相同条件形成的相同事物就是一个类型。以江村为例，它果然不能代表中国所有的农村，但是有许多中国的乡村由于所处条件相同，在社会结构上和所具文化方式上和江村基本上是相同的，所以江村固然不是中国全部农村的典型，但不失为许多中国农村所共同的"类型"或"模式"。利用微型社会学的方法搜集中国各地农村的类型或模式，可以达到接近对中国农村社会文化的全面认识。费孝通还强调，在人文世界中所说的"整体"并不是数学上一个一个加而成的"总数"，同一"整体"的个体是整体的复制品，就像从同一个模式里印刷出来的一个糕饼。在市镇研究方面，费孝通的小城镇、大问题，可以说为乡镇企业的发展做出了贡献。

共同体理论。德国社会学家滕尼斯最早提出"社区"（共同体）概念。根据人与人之间的相互"关系"和"结合"，滕尼斯划分了"共同体"与"社会"两种类型。"社区"（community）不同于"社会"，关键在于它是"共同体"，是地缘共同体、利益共同体、情感共同体、信仰共同体。简而言之，共同体是基于本质意志的结合，是生机勃勃的有机结合；社会是基于选择意志的结合，是人工的机械结合。共同体和社会是理想类型，真正的社会的生活运动于这两种类型之间。

对自然资源和群体的依附是农业社会的基本特征。滕尼斯认为共同体的三个不同基础是血缘的基础、农业地区的基础和精神的基础。在农业地区，固定的土地犹如一条纽带，既拴住了人们的手脚，又把他们捆绑在一起；土地既承载了人，也制约、束缚了人，他们和农田、房屋持久地保持关系，就形成了共同体的生活。在占有和享受村庄公有资源方面，社区的成员是平等的，又是受约束的，受到凌驾于他们之上的全体权力的限制。除了土地，还有水源、草场、森林等资源，人们基于血缘、地缘关系在对各类资源共同占有、享用过程中，形成共同体的结合类型。

日本学者较早引入"共同体"概念研究中国乡村，围绕中国历史上是否存在"村落共同体"展开了长期争论。一种观点认为，中国乡村不是村落共同体，村落的凝聚力非常薄弱。一种观点认为，中国村庄是一个具有内在权力结构、宗教组织和信仰合一的共同体。还有一种调和的观点。日本学者所选择的研究区域有别，对中国不同地域村庄的认识有差异，如华北、华中村庄的地缘性特征明显，而江南血缘性特征突出。需要提及的是日本关于中国村庄共同体的研究有学术之外的政治目的，在他们看来，由村庄共同体组成的东亚社会，与西方个人主义式的社会根本不同，而可以视为所谓"大东亚共荣圈"的基础。

同样是利用日本满铁调查资料的美国学者，对华北村庄的特点也存在认识差异。黄宗智在《华北的小农经济与社会变迁》中指出，华北的村庄居民未经高度分化，缺乏显要人物，家族组织结构较长江下游和珠江流域地区薄弱，是闭塞的共同体。运用相同资料的杜赞奇则强调，华北的村落不具有共同体的特点。

市场圈。美国学者施坚雅的研究就是地理学和区域社会史研究相结合的成功典范。他在有关农村市场和社会结构、晚清中国城市的研究中，引入地理学的空间概念、层级概念，使历史研究更显空间性与立体性，对区域社会史研究产生了重大影响。

施坚雅着眼于农村集市贸易体系，研究市场体系对经济社会结构的影响，建立了独特的市场共同体理论。基层市场的集市和村庄的关系是施坚雅理论的一个基础。施坚雅采用克里斯塔勒和罗希的中心地理论，把市场分为三个等级体系，即基层集镇、中间市场、中心市场，提出六边形区域市场理论。

中心地指城市、城镇和其他具有中心服务职能的聚居的居民点。基层集镇指农村市场。家庭自产不自用的物品在此销售,家庭需用不自产的物品在此购买。向上流动进入市场体系中较高范围的起点,也是供农民消费的输入品向下流动的终点。中心市场通常在流通网络中处于战略性地位,有重要的批发职能。一方面,是为了接受输入商品并将其分散到它的下属区域去;另一方面,为了收集地方产品并将其输往其他中心市场或更高一级的都市中心。中间市场在商品和劳务向上下两方的垂直流动中都处于中间地位。

简而言之,从空间结构来看,一个基层集镇位于中央,周围有一个内环,由6个村庄组成;有一个外环,由12个村庄组成,18个左右的村庄是中国基层市场体系的理论模型。以此类推,基层集镇、中间市场、中心市场体现出六边形市场区域结构。

在施坚雅看来,中国的市场体系不仅具有重要的经济范围,而且有重要的社会范围。他否定了村落作为中国农村基本单位的意义,认为地方市场才具有传统农耕社会的完整特征,构成了一个社会体系。他认为,农民的实际社会区域的边界不是由他所在的村庄的狭窄范围决定,而是由他所在的基层市场的边界决定的。

基层市场体系的大小与人口密度反方向变化。在人口稀疏分布的地区,市场区域必须大一点儿,以便有足够的需求来维持这一市场,在人口密集的地区,它们则较小。

基层市场满足了农民家庭所有正常的贸易需求,既是农产品和手工业品向上流动进入市场体系中较高范围的起点,也是供农民消费的输入品向下流动的终点。供农民消费的输入市场是宗族、秘密会社、宗教组织、语言等的基层空间范围,市场本身就构成市场社区中社会结构的一个焦点。各种各样的自发组成的团体和其他正式组织——复合宗族、秘密会社分社、庙会的董事会、宗教祈祷会社都把基层市场社区作为组织单位。

施坚雅指出,在很多方面,中国较低的中间层次的社会结构与市场结构平行,采用了一种等级网络的形式。每一个等级层次的市场体系对于阶层间的关系都有一种特有的意义。基层市场社区被视为一方面是小商人和农民之间的交往;另一方面是小商人和地方上层之间的交往的核心,它的主要意义在于农民和"乡绅"的关系,也就是乡绅在集镇实施的"社会控制"。地方上层人物是农民与官宦上层之间的媒介，小商人是农民与高层次中心地的商人之间的中介，二者成为政治、经济、文化的"掮客"。中间集镇的社会范围实质上是农村社会中间阶层自身所需的一个世界。就中间市场体系是一个社会共同体的意义来说，它通常既不包括农民，也不包括官宦阶层，主要是来自周围的基层市场社区环的地方上层的代表。中心集镇是官吏与他们管辖范围内"乡绅"领袖人物及镇上有领导地位的商人们举行重要磋商的中心。

施坚雅认为市场结构必然会形成地方性的社会组织，并为使大量农民社区结合成单一的社会体系，即完整的社会，提供一种重要的模式。施坚雅认为，人民公社的范围远远超出了基层市场甚至中间市场或高级市场的范围，违反了已有的社会体系，最终导致了农村经济发展的停滞，解决困难的基本办法，就是要将集体化单位与自然系统明确联系起来。

施坚雅的市场区域理论在晚清中国城市研究领域有了进一步发展。他把中国农村村落、集镇、大型集镇之间的有序联系称为地方性市场等级格局，通过标准集镇、中级集镇、核心集镇、地方性城市、较大城市、区域性城市、区域性都会、核心都会8个层次的级序，市场系统也上延而成为整体的"区域系统"。据此，中国可分为长江下游、岭南、东南沿海、长江中游、长江上游、华北、西北、云贵8个宏观区域，每个区域都围绕它的中心都市。区域体系理论的中心观点是，不仅大区域经济具有核心—边缘结构，它的每一层次上的区域系统均呈现和大区的核心—边缘结构类似的内部差别。镇和市处于一个体系的中心，起着连接和整合在时空中进行的人类活动的作用。

施坚雅的区域结构理论把区域视为一个时空体系，不仅探讨了区域空间结构的差异性，而且分析了区域时间结构的差异性，即宏观区域的发展周期。区域基本的时间单位是那些内在于一个特定区域体系的、周期性的、富于动态的事件，这种方法与通常的分期方法不同，它强调中国历史中区域之间的差异性。如开封于"安史之乱"后发展，加剧于唐后期，跃进于10—11世纪，并在公元1100年之后逐步走下坡路。开封的兴起是以洛阳的衰落为代价的。华北的另一个城市北京也经历了两度兴衰史，北京发展的第一个高峰期出现于15世纪中叶，公元1580—1660年间，受灾害、流行疾病、社会动乱和外国入侵的影响，这个城市逐步失去其区域中心位置。它的第二个发展周期出现于清初，到了1850年，受来自海外经济、军事侵略因素的影响，这一高峰期告终。宏观区域发展周期为150—300年。

施坚雅的理论引起了广泛的讨论，他的市场六边形区域结构虽然是一种理论模型，但受到的批评最多。如王庆成先生通过对晚清时期华北的集市和集市圈研究指出，华北各州县集市数量参差不一，甚至差距很大，集市数与州县人口数、村庄数及土地面积的关系，亦无有规则的比率。集市与村庄的空间构成，并不是六边形结构。正如该书译者史建云所言，学者们对六边形结构等相关问题提出的批评，反映了理论抽象与实证研究的矛盾，或多或少都误解了施坚雅的理论。

施坚雅市场结构及区域理论，以人的互动为基础，以镇和市为连接点的本地和区域体系的层级，通过复杂的网络形成社会经济体系的区域结构，打破了行政区划作为理解空间的唯一框架。对于分析明清时期中国的社会进程、经济交流和文化变迁具有重要意义，其区域理论和分析方法对于区域社会史研究的示范作用不言而喻。其一，超越了孤立的村庄研究，将村庄放在市场体系的关系网络中。其二，社会史研究需要以区域为单位进行研究，并建立科学合理的空间结构。其三，区域结构不仅是一个空间结构，也是一个时间结构，要注意区域研究中空间、时间结构的差异性。其四，市场及区域理论有助于中国区域类型比较研究的发展，有助于从整体和区域差异来认识历史。

祭祀圈。"祭祀圈"最早由日本学者冈田谦提出，我国台湾学者林美容在继承前人研究的基础上，把"祭祀圈"与地方组织结合起来进行考察，推进了"祭祀圈"的研究。

"祭祀圈"是指一个地方社区的居民基于祭祀天地鬼神的共同信仰需求而形成的义务性祭祀组织。这个定义包含三个要点：一是要有一个地方社区及其居民；二是该地居民不只拜一个神，天地鬼神都要拜；三是这个祭祀组织是义务性的。构成祭祀圈有六个标准：共同出资建庙和修庙；有收丁钱或募捐；有头家炉主；有演公戏；有巡境；有其他共同的祭祀活动，如宴客等。在这六个标准中，至少要有一个存在才可能构成"祭祀圈"，若同时具备两个或多个，那么"祭祀圈"的特征就更明显。

祭祀圈与信仰圈不同。祭祀圈是地方社区居民义务性的共同祭祀组织，信仰圈是以一神及其分身之信仰为中心的区域性信徒志愿组织。信仰圈同祭祀圈的区别在于：祭祀圈是义务性的。居住在一个地方社区的人就有义务参加地方公庙的祭祀组织；而信仰圈是志愿性的，没有人强迫参加。

祭祀圈的形成与地方的环境、政治、文化有密切关系。如地方环境的恶劣，促使了人们相互之间的互助与协作。国家力量的强弱，影响着地方社会组织在当地政治扮演的角色。地方文化、民间信仰是祭祀圈的基础，如东南地区的天后宫、妈祖庙信仰等。

国家与社会。国家内部是由不同区域组成的，区域研究除了内部的系统研究，区域和外部的交流也是重要内容。区域社会并不是孤立和自给的，不是封闭的，它的许多方面和区域之外的世界相联系，其中和基层政权、中央政府的关系是一个重要面向。

中西国家与社会的比较分析。国家与社会理论的西方背景。西方的"市民社会"理论和我们所要讲述的国家与社会理论不同。在欧洲 society 的都市根源很明显，原来指的就是某些市民的会社、团体、联盟，后来转化为与 community 相对应的、政治地理空间上与民族国家相重合的国民社会。

西方市民社会有三个要素。按照西方市民社会理论的解释，"市民社会"具有相对于国家的自主性空间，市民社会观念大致包含三个要素：一是由一套经济的、宗教的、知识的、政治的自主性机构组成的有别于家庭、家族、地域或国家的一部分社会。二是这一部分社会在它自身与国家之间存在一系列特定关系以及一套独特的机构或制度，得以保障国家与市民社会的分离并维持二者之间的有效联系。三是一整套广泛传播的文明抑或市民的风范。

与市民社会相关的是公共领域。西方在考察国家与社会基本关系时涉及最多的是公共领域，也就是国家与社会的二元对立。其中以哈贝马斯关于公共领域的研究影响巨大。德国社会学家哈贝马斯更加明确地把"公共领域"的产生与资产阶级的发生和发展联系起来加以考察，认为资产阶级取代封建阶级与利用城市公共空间如咖啡馆、报纸、自治社团，扩大自己的舆论影响有关。同时，一部分资产阶级从封建贵族中脱胎出来，也主要依赖公共领域的支持才得以完成自身的转化。

中国的国家与社会和西方不同，人们对于中国近代是否出现了类似西方的市民社会有不同意见。正是在这一争论中，国家与社会理论在近代区域社会史转向中扮演了重要角色，有关"市民社会""公共领域"及其与国家关系的争论，为从"国家与社会"的角度来理解近代中国社会史提供了研究思路、理论框架的启发，深刻影响了社会史研究的学术发展走向。

弗里德曼是从宗族角度考察国家与社会的关系，提出国家与宗族权力并行的"边陲社会"。在国家与社会的交叉点上，国家政权与士绅阶级的理论亦有重大影响。韦伯有关中国宗教的研究对于士绅研究的推进发挥了重要作用。他指出士绅阶层对中国社会影响甚巨，中国社会和国家结构与士绅有密切关联。魏特夫的"东方专制主义"则强调在依赖水利的农业经济中，占统治地位的官吏集团在水利工程管理方面所起的作用。如萧公权、瞿同祖、张仲礼、费孝通等人的研究。其核心观点是，士绅是乡村的领导者，中国历代社会政治结构的变迁，主要出于国家、士绅二元之间的权力转移。19 世纪，国家正式机关权力衰落，权力重心则移向非正式的士绅政权。

第三节　区域社会研究的具体实践

中外学者对南北各地开展了一些区域性的研究，学界有时称之为某某模式，我们将之称为区域社会史的具体实践研究。这些研究，未必达到了区域史的"整体史"追求，还局限于某一专题性的研究，但通过研究，有的概括出了区域社会的特性，有的提炼出研究概念，并形成了解释体系。

权力的文化网络。杜赞奇对中国华北农村的研究主题是国家政权的扩张对乡村社会权力结构的影响。其主要问题是国家的权力和法令如何行之于乡村？它们与地方政府组织和领袖的关系如何？国家权力的扩张如何改造乡村旧有领导机构以推进新政策？"权力的文化网络"和"国家政权建设"在《文化、权力与国家》一书中是两个中心概念。他通过考察小到一家一户，大到数个村庄之间的组织与联系，来分析乡村权力关系。对这种权力关系，统称为"权力的文化网络"，这一文化网络包括不断相互交错影响的等级组织和非正式相互关联网。诸如市场、宗族、宗教和水利控制的等级组织以及诸如庇护人与被庇护者、亲戚朋友间的相互关联，构成了施展权力和权威的基础。地方政权、中央政府都严重依赖文化网络，从而在乡村建立自己的权威。文化网络由乡村社会中多种组织体系以及塑造权力运作的各种规范构成。

宗教是国家向地方渗透的另一个重要渠道。在1900年前后，乡村社会中的政治权威体现在由组织和象征符号构成的框架之中，这就是杜赞奇所指的权力的文化网络。尽管源自各种组织形式的象征及机构资源被编织进文化网络中的正统权威结构，但乡村社会中最直接而且最典型的权威则体现在宗教和宗族组织之中。乡村领袖把"象征资本"转化到宗族或宗教组织中，并进一步加入保护型经纪体制。这些组织和机构在一定程度上具有"合法"的地位，因为他们在下层体现着正统的国家政权。在宗教领域，国家政权一直想方设法将其文化霸权强加于大众之上，如关帝的崇拜。晚清国家政权基本上成功地将自己的权威和利益融合进文化网络之中，从而得到乡村精英的公认。

进入20世纪后，国家权力的扩大及深入极大地侵蚀了地方权威的基础。"现代化"过程中的国家政权完全忽视了文化网络中的各种资源，而企图在文化网络之外建立新的政治体系。在"现代化"意识形态偏见影响之下，国家政权力图斩断其同传统的、甚至是被认为是"落后的"文化网络的联系，其结果必然是，尽管乡村精英领导有与国家利益结为一体的雄心，但文化网络在国家范围内赋予乡村精英领导作用的能力却在丧失。乡村中的政权内卷化造成赢利型经纪的增生，传统村庄领袖不断被赢利型经纪所代替。

杜赞奇的研究告诉我们，中国的村落并不是孤立的存在，国家通过行政和文化的渠道向乡村渗透，极大地改变了村落的宗族和宗教，对村落的社会结构产生了重大影响。因此研究村落必须关注国家政权的影响，研究国家与地方相互关系的变化。

杜赞奇的"文化网络"与弗里德曼的宗族理论、施坚雅的市场理论的相同之处在于，他们都试图打破已有的研究范式，重新运用新的核心概念，建立一个新的、把其他研究者的理论融入自身研究框架的解释。他们的不同之处在于，施坚雅的市场体系理论是从经济角度把国家政权、宗族、宗教、士绅等纳入其理论，杜赞奇则从文化的角度将政权、宗族、宗教、乡村精英等纳入框架。正如前文所言，施坚雅的市场理论还有一个鲜明的特点，就是他否定了村落作为中国农村基本单位的意义。弗里德曼也试图通过超越村庄、在村庄之外寻找社会组织的原则，来分析国家与地方社会的关系。费孝通认为，村庄对本村每一个农民的重大关系，几乎是一目了然，"中国乡土社区的单位是村落，从三家村起可以到几千户的大村"①。黄宗智、杜赞奇的研究均体现了回归村庄研究和村落研究的重要性。

过密化（内卷化）理论。"过密化"（Involution）概念是美国学者黄宗智教授在研究华北、长江三角洲地域经济社会史时所提出。在《华北的小农经济与社会变迁》1986 年的中文版中曾译作"内卷"和"内卷化"。在《长江三角洲小农家庭与乡村发展》（1992 年中文版）一书中，黄宗智教授又译作"过密化"。正如黄宗智所言，他不是提出"过密化"概念的第一人。在格尔茨（Clifford Geertz）1936 年的著作《农业过密化：印度尼西亚的生态变化过程》（*Agricultural Involution: The Process of Ecological Change in Indonesia*）中，曾使用了"过密化"概念，格尔茨在对印尼的水稻经济研究时发现，农民在人口压力下不断增加水稻种植过程中的劳动投入，从而获得较高的产量。然而，劳动的超密集投入并未带来产出的成比例增长，也就是过密化带来的边际报酬递减。黄宗智解释，他使用"过密化"概念在某些方面不同于格尔茨。格尔茨讲了过密化带来的边际报酬递减，但没有黄宗智分析的"过密型增长"及"过密型商品化"中心概念。格尔茨仅把过密化局限于水稻经济，黄宗智则不然。再者，格尔茨认为水稻产量会随着进一步劳动投入而无限增长，而在长江三角洲的过密化主要采取转向更为劳动密集的经济作物的形式，并不是水稻的进一步密集化。

根据黄宗智的定义，过密化指过密型增长，或"没有发展的增长"，即总产出在以单位工作日边际报酬递减为代价的条件下扩展。与过密化区分的还有"密集化""发展"，前者指产出或产值以与劳动投入相同的速率开展，后者指产出扩展快于劳动投入，带来单位工作日边际报酬的

---

① 费孝通：《乡土中国》，生活·读书·新知三联书店 1985 年版，第 4 页。

增加。换言之，劳动生产率在密集化状况下保持不变，在过密化状况下边际递减，在发展状况下扩展。

在西方经典理论中，亚当·斯密、马克思认为，商品化会导致小农经济的质的变化，劳动分工和专业化会导致资本改进和规模经济。受分工和市场规模深化与扩大的推动，其后果通常是产出总量和人均总量的同时增长，这就是"斯密型增长"。由此可知，黄宗智教授的"过密化"即"没有发展的增长"是在"斯密型增长"之外提出了另一种经济增长方式。两种生产增长途径的根本不同点在于，过密型增长所伴随的是单位工作日边际报酬的递减。因此，过密型增长可以称为"没有发展的增长"。在集体化条件下，过密化得到延续和深化。20世纪80年代后这一地区出现质的变化的原因则在于通过乡村工业和副业的发展而实现了农业的"反过密化"。

过密型商品化是过密化的重要内容。在人口压力下，人们日益转向劳动更为密集的经济作物，尤其是棉花和桑蚕，它们带来了较高的单位土地面积的总产值，与之相随的是基于这些经济作物之上的商品性"副业"——家庭手工业的增长。手工业和家庭农业的紧密结合，使得过密化了的小租佃农场能通过低成本的、业余的和辅助的家庭劳动力战胜以雇佣劳动为基础的经营式农场。基于同样理由，即使在国际资本主义的冲击下，这种小农经济还能在商业性的农作物生产中坚持占据主导地位。

过密化对于认识传统中国经济和政治结构具有重要意义。

从生态学的角度来看，高密度人口对中国历史影响深远。以多子继承制的小农经济为基础的中央集权的确立，使早婚和普遍结婚的习俗长期延续，由此促成了较高的生育率，中国人口的增长是由改朝换代期间的战祸、饥荒而停顿甚至逆转。

高密度人口相连的是小农经济、土地自由买卖、多子继承制。这个制度与中央集权、小农经济结合产生皇权体制，又通过科举制形成一个"士绅社会"。黄宗智认为，在他的研究中，"皇权中国"更适于华北，在那里租佃制较不发展，国家机器显得比地主或士绅更重要。"士绅社会"或"地主制"更适于描述长江三角洲，因为这个地区的社会上层在拥有和出租土地方面较突出。两个地区虽然存在差别，但士绅社会仍是理解它们的相同点，以过密的小农经济为基础的官僚地主制是华北和长江三角洲的共同之处。高密度的小农经济具有过密化增长——不仅通过农业生产的密集化，而且通过商品化获得增长——的能力。一方面能够在过密化的小农场吸纳较多劳动力而不至于他们成为雇佣劳动者，从而避免了以雇佣劳动为基础的经营式农场出现。另一方面，过密化的小农经济能够转向需要更多劳动力的经济作物，从而抵挡了国际资本主义的冲击。

过密化对于理解中国城乡差异有着重要的意义。过密化小农经济使每个家庭在维持生计后所能提供的剩余非常少，但高密度的小农经济仍能提供较大的绝对剩余从而支持较多的非农业人口。此外，明清时期小农经济过密化进程中的农民之间的交换，尤其是粮食和棉制品的交换，促成了商业性的市镇和城市的兴起。大城市的产生伴随着农村的人均低收入，都市的"发展"伴随着农村的过密化。城乡差距在近代以后由于帝国主义入侵、自上而下的工业化而进一步拉大。

黄宗智的过密化引起了广泛讨论，仅国外而言，彭慕兰提出的分岔论或许最具挑战性。彭慕兰的研究认为，18 世纪以前的中国（江南）农业和欧洲（英格兰）基本相似，江南甚至不少地方领先，只是约在 1800 年后才出现根本性分岔，主要原因则是英国能从海外殖民地得到大量原材料及英国国内有容易开采、接近的煤矿。最重要的是他认为 18 世纪江南不存在黄宗智所说的内卷现象，从而根本上否定黄宗智内卷化理论的成立。黄、彭二人相继又开展了新的争论，反映了西方学者在中国研究过程中理论建构、史料考证存在的问题。

关中模式。20 世纪 90 年代，秦晖先生利用关中地区土改前后的档案，开展了 20 世纪 40 年代后期关中乡村社会研究，提出了封建社会的"关中模式"。他认为，土改前关中地区土地分配平均，土改前的关中是以自耕农为主的世界，地权极为分散。地主不是没有，但的确很少。关中不是没有租佃关系，但它是全国土地租佃率最低的地区之一，租佃关系规模无足轻重。关中少量的租佃关系面貌十分复杂，租佃双方各阶级皆有。以雇工经营为主的经营地主较多，雇工现象也是各阶层皆有。在关中，无权势的人当不了地主，有权势的人又不一定想当、不一定需要当地主。关中"封建关系模式"的主要特征是：有产者与无产者的对立模糊，而有权者与无权者的对立突出。主佃冲突几乎不存在，主雇冲突也不激烈，而官（豪）与平民的冲突则异常紧张。建基于生产资料所有制（尤其是土地所有制）的阶级分化模糊，而建基于人身依附关系（统治—服从关系）的等级分化极为鲜明，"按资分配"的两极分化不发达，而"按权分配""按身份分配"的两极分化异常尖锐。简而言之，就是"关中无地主""关中无租佃""关中有封建"。

此后，他又通过对关中东部地籍档册（鱼鳞册、清丈册、地粮册等）的研究，得出地块规整、地权分散、买卖率低的观点。这样，相对于"土地私有，买卖频繁，地权集中，主佃对立"传统的中国封建社会认识，他在经验研究基础上，从逻辑意义上建构了清初至民国关中封建社会的新解。

根据秦晖教授的阐释，关中模式的研究，不仅绕开了过去学术界、国共两党关注的长江流域和华南农村，而且绕开了日本在华北的满铁调查，从研究区域的选取来看具有非常重要的意义。

新近的实证研究表明，清代至民国的"关中模式"，其研究资料和结论之间缺乏对应的逻辑关系。作为核心资料，关中东部的地册、地籍档案多为黄河小北干流（龙门至潼关）沿岸陕西一侧村庄的滩地册，土地为非常态土地，具有"三十年河东，三十年河西"的生态背景，与民国时期"关中模式"存在资料时空匹配性问题。滩地地权分为村庄公有滩地和家户私有滩地两种类型，村庄公有、家户分耕"份地"现象比较普遍，家户私有滩地分配不均。地册存留的土地交易信息不完整，不宜作为计算土地买卖的资料，只可作为参考。就地册所载滩地买卖率（交易田块占总田块数量的比例）而言，当地土地买卖率较高。田块形状、位置和租佃关系发达与否没有对应关系，这是应对环境的技术策略。区域经济社会的特征源于自然环境力量的强大，明显不同于"关中模式"所强调的有权者对无权者的"超经济强制"。

淮北研究。马俊亚教授认为，淮北社会生态变迁是"被牺牲的局部"。简而言之，淮北地区被最高决策者作为"局部利益"，为了顾全大局，而牺牲了数百年，使得这个地区经历了发达而又辉煌的远古和中古时期，又经历了衰败而又贫穷的近古和近代时期。

黄河、淮河等大河水道的变迁是淮北社会生态衰变的直接原因，而河道变迁的根本原因在于政治中心的转移。与首都的距离通常决定着一个地区的政治地位和生态命运。唐以前，淮北是生态良好的鱼米之乡。

宋、金时期，淮北的水利系统受到了破坏，因为政治中心南移而成为边缘地区，经济开始衰落。明代，为了捍卫祖陵和运道，人为地把黄河中下游地区的灾患转移到淮北地区，生态环境遭到了极大破坏。尽管当地有着丰富的水资源和广袤的平原，却无法提供水稻所需的基本农业条件，致使水稻种植区南移到淮河以南地区，淮北在唐以前的经济核心地位，到明清时期已完全被江南所取代。

在淮北的传统社会，权力积累的不平等导致经济积累方面的不平等，并由此造成社会的不公。由于社会资源过多地集中到强势群体手中，弱势群体无法分享经济发展的成就，淮北的贫富分化极为严重。大多数亚区的社会结构中只有上层与下层，缺乏经济独立、人格自由的中产阶层。马俊亚教授称之为哑铃形的社会结构。马克思所说的"行政权力统治社会"，对理解淮北社会具有重要意义。受行政权力、暴力的影响，最下层的民众对强势群体存在严重的人身依附、权势依附。在淮北地区，土改的意义，不仅仅在经济范畴，它还摧毁了根深蒂固的领主制，使农民获得了一定程度的解放。这是淮北社会最大的进步。

华南研究。华南区域社会史研究是和"历史人类学"联系在一起的。从学术发展来看，其实有着更为深刻的背景。20世纪初期，早在提倡社会史研究之前，厦门大学、中山大学等学校在社会经济史研究方面已经有了比较深厚的基础。另外，厦门大学、中山大学都曾设有人类学专业，而且人类学专业和历史学、民族学、民俗学等学科都在历史系。20世纪80年代，两所学校重建人类学系，均从历史系分出。20世纪80年代以后，海外人类学家开始到福建、广东开展研究，形成中外学者跨学科合作研究的局面。

经过中外学者的长期合作研究，华南区域社会史研究在中国社会史研究中扮演着活跃的角色。正如研究者指出的那样，华南区域社会史研究并没有去追求建构某种理论，从研究实践中体现的问题意识和研究取向可能更为重要。长期以来，华南学者对沙田、宗族、户籍、族群、神明崇拜等问题进行研究，研究者关注区域由"化外"进入"化内"的历史背景或者历史过程，在学科对话中注意这一历史过程的结构，用历史方法阐释的结构过程，就是用历史来解释结构，一个区域的结构形成过程，可以说就是各个朝代和这个区域的关系。正如刘志伟的研究，珠江三角洲存在所谓"沙田""民田"。"沙田"指在沿海地带由江河带来的泥沙冲击而成的土地,"民田"指按民田科则征纳田赋的土地。其实,大部分民田也是淤积平原,因此,沙田区和民田区的区别,并不完全是由于自然形态的差异,这种界限分明的地域空间格局,体现了生态、政治、经济和社会文化诸因素错综复杂的关系。那些明代初年在老三角洲定居下来,并拥有新三角洲开发霸权的地方势力,利用种种国家制度和文化象征,使自己在地方的权力和王朝正统性联系起来,在控制地方经济资源、运用政治权力等方面,都拥有一种特殊的垄断性地位。其他的势力,即使经济实力上升了,也必须用同一套文化手段,改变自己的社会身份和文化认同,在同一秩序下掌控王朝正统性象征,获得和稳固自己的政治经济权利。因此,"民田—沙田"格局体现的是一种文化权力的结构。

华南区域社会史研究注重民间文献的搜集与解读。陈春声、刘志伟曾指出,开展历史学为本位的传统中国乡村社会研究,要开展田野调查,田野调查是为了读懂文献。郑振满认为历史人类学就是民间文献加田野调查,田野调查不能只作为收集资料的手段,更重要的是理解文献的方法。不过,要做到民间文献和田野调查的有机结合,确非易事。

2006年三联书店推出了中山大学组织的"历史·田野丛书",体现了三个方面的特点。在研究空间上,立足特定区域,但不局限于行政区划的、网络状的"区域",而是选择一些边界交错地带;在研究资料方面,重视地方文献,不仅重视包括族谱、契约、碑刻、宗教科仪书、账本、书信和传说等大量的地方文献、民间文书的收集、整理和利用,而且初步形成较为系统的解读乡村社会中各种资料的有效方法,或可称为"民间历史文献学"的独具特色的学问和方法。在学术关怀方面,强调小地方大历史,力图通过区域的、个案的、具体事件的研究表达出对历史整体的理解,尝试对中国的社会历史进行新的解释。

水利社会史。近年来,历史学、人类学、社会学、民俗学等学科越来越注意到水在研究中国社会中的独特视角,水利社会史成为一个热点研究领域。

传统的水利史研究,比较关注水利工程的兴衰,虽然涉及政治经济与水利之互相制约,互相影响,为社会发展的一部分,但这方面还是明显不足。其后,一些学者开展环境与水利工程的研究,从历史地理学角度出发，对不同地区部分水利开发的时空类型、发展过程、水利工程技术、管理体系演变及其与环境变迁的关系和规律进行研究。

冀朝鼎、魏特夫等人，较早从政治制度与水利工程、水利技术角度开展研究。其中冀朝鼎从水利工程与"基本经济区"，魏特夫从水利工程与"东方专制主义"相互关系进行探讨并提出"治水社会"的概念，二者研究不尽相同，但强调国家与水利的关系，对社会层面关注较少。

水利共同体研究一度是水利社会史研究最为活跃的部分，日本学者在这方面起步较早，森田明、好并隆司等人的水利共同体研究具有代表性。日本学者有关水利共同体的研究具有十分重要的借鉴作用，但其研究旨趣在于通过水利来研究"共同体"，而非社会，而且它强调水利共同体内部的研究，相对忽视外部力量。

近年来，围绕"水利共同体"产生了若干争论，如钞晓鸿通过关中水利的研究表明，地权集中并非水利共同体解体的原因，水利共同体解体的时间未必都统一在明末清初。此外，钱杭虽然研究的是南方的库域型水利社会，但他对"水利共同体"与"水利社会"的界定具有重要的理论价值，他强调"共同体"理论只是一种分析工具，在水利社会研究中，应当更关注那些共同体的异质性特点，注意区分不同层次的水利受益群体。

研究者对环境与水权研究投入较多关注。萧正洪、韩茂莉、张小军等对近代山、陕地区的地理环境与水权保障系统的研究表明，水权保障系统形成的以渠系、村落为基点的地缘水权圈及以家族为中心的血缘水权圈，水权具有"复合产权"性质。赵世瑜通过研究汾河流域广为流传的"油锅捞钱，三七分水"故事，认为分水之争反映了水资源所有权公有与使用权私有之间的矛盾引发产权界定的困境，这是明清以来水利纠纷的根本原因。

民生用水与节水研究相对于水利灌溉研究较为薄弱，近年来出现了一些成果。如董晓萍等人对于山西"四社五村"的研究，胡英泽对山、陕日常生活用水困难及北方乡村水井制度的研究、水质与民生研究等。后来，董晓萍又研究空间转化，由农村进入城市，开展北京城市生活用水研究。台湾学者邱仲麟对北京城市用水也有深入研究。

水利与文化研究的视角新颖。研究者虽然注意到水神信仰、祭祀等在水利社会中的重要作用，但仍局限于水利实践层面的研究。王铭铭从人类学的角度指出，"水作为一种介于物与神之间的范畴，或许正是联结物的研究与此前'神'的研究的关键环节"。① 张亚辉在晋水研究中，强调水首先要作为一种象征，然后才可能成为一种资源，他在与其他学者的学术对话中，从文化、象征、道德层面得出了独特见解。新近，水利思想研究也成为一个新颖的视角并出现了一些成果，如谢湜等人对水利思想与南方水利社会变迁开展的研究。

水利社会史研究是山西大学中国社会史研究中心一个重要的学术方向。行龙教授早年提倡开展人口、资源、环境与社会变迁研究，提倡"水利社会史"研究。行龙、张俊峰的研究认为，明清以来，山西生态环境脆化，人口、资源、环境矛盾突出，导致山西省水案频发。如前所述，日常生活用水也是水利社会史研究的重要内容，这些研究试图打破"就水言水"的窠臼，"水利社会史"不仅成为从社会史到区域社会史学术转向的实现途径，同时也是从"治水社会"到"水利社会"理论探索的转变。

需要强调的是，近年来水利社会史研究在资料收集、整理方面也取得了较大进展。如法国远东学院与我国学者合作，先后由中华书局出版了山、陕水利碑刻、渠册等文献资料《不灌而治——山西四社五村水利文献与民俗》《洪洞、介休水利碑刻辑录》等。清末民初山西乡绅刘大鹏的《晋祠志》等也整理出版。另外，张正明等整理的《明清山西碑刻资料选》，《三晋石刻大全》编纂委员会编纂的《三晋石刻大全》各地区分卷也相继出版。这些水利文献的出版不仅改变了长期以来学界认为北方地区水利文献缺乏的观念，而且对于开展研究奠定了扎实的基础。

历史学、人类学、民俗学、历史地理学等学科对水利研究的关注点是不同的。但有一点可以肯定的是，作为拥有漫长水利史的中国，水利是理解社会的一个切入点。正如人类学家王铭铭所言，中国社会研究的许多范式，都是围绕着土地概念建立起来的，就像费孝通先生所说的"被土地束缚的中国"。事实上，相对于固定的土地，流动的水照样也能为社会科学家提供众多重要的课题。②

---

① 张亚辉：《人类学中的水研究——读几本书》，《西北民族研究》2006年第3期。
② 王铭铭：《心与物游》，广西师范大学出版社2006年版，第162页。

水利社会史研究，更多关注以水为媒介的社会是如何可能的。受人类学、社会学影响，在区域社会史研究中，宗族、通婚圈、信仰圈、市场圈等理论较普遍地得以运用，人的流动、商品的流通等成为认识社会的角度，水的流动也就是水利社会的研究同样存在这样的可能和潜质，但水利社会史的研究能否最后形成和上述圈层理论具有的统摄性解释框架，仍需努力。

本章分别从宏观、中观和具体实践三个层面对区域社会研究的理论进行了大体梳理。结合前面各章内容，区域社会史研究的理论，要注意宏观层面的理论，不能只见区域，不见国家。要在中观、微观的研究中，对现有理论进行深化和反思，通过区域社会史经验研究，逐渐形成一些本土化的理论和解释框架。

参考文献

1. 《马克思恩格斯全集》第 1 版，人民出版社。
2. 冀朝鼎：《中国历史上的基本经济区与水利事业的发展》，朱诗鳌译，中国社会科学出版社 1981 年版。
3. 史念海：《河山集　二集》，生活·读书·新知三联书店 1981 年版。
4. 史念海：《河山集　三集》，人民出版社 1988 年版。
5. 乔志强主编：《中国近代社会史》，人民出版社 1992 年版。
6. 乔志强主编：《近代华北农村社会变迁》，人民出版社 1998 年版。
7. 行龙：《走向田野与社会》，生活·读书·新知三联书店 2007 年版。
8. 郑振满：《明清福建家族组织与社会变迁》，湖南教育出版社 1992 年版。
9. 陈秀山、张可云：《区域经济理论》，商务印书馆 2003 年版。
10. 胡英泽：《流动的土地：明清以来黄河小北干流区域社会研究》，北京大学出版社 2012 年版。
11. 秦晖、金雁：《田园诗与狂想曲：关中模式与前近代社会的再认识》，语文出版社 2010 年版。

12. 马俊亚：《被牺牲的局部——淮北社会生态变迁研究（1680—1949）》，北京大学出版社2011年版。

13. ［法］费尔南·布罗代尔：《法兰西的特性——空间和历史》，顾良、张泽乾译，商务印书馆1994年版。

14. ［美］黄宗智：《华北的小农经济与社会变迁》，中华书局1986年版。

15. ［美］黄宗智：《长江三角洲小农家庭与乡村发展》，中华书局1992年版。

16. ［美］杜赞奇：《文化、权力与国家——1900—1942年的华北农村》，王福明译，江苏人民出版社1996年版。

第 五 章

区域社会史研究的视角与方法

凡是一门独立的学问，都会发展出一套系统的理论与方法，史学也不例外。史学方法就是把所掌握的材料变为知识的工具和途径。所以，谈方法问题，主要想解决的就是如何使实际的研究工作变得可行，具有可操作性。在本章中，我们讨论区域社会史研究的主要方法，就是要提出一些研究方法或理念，便于掌握史料，发现历史，进而去建构历史。

第一节 自下而上、以小见大

一 自下而上：基本研究视角

20世纪80年代初，中国社会史研究复兴的一个明显特征即是"自下而上"的研究视角。我们知道，传统史学以战争、军事、外交、政治为叙述对象，主要书写的是"帝王将相""典章制度"的历史，很少关注大历史进程中那些芸芸众生的普通民众的命运。史学大师梁启超早已指出中国之旧史学存在"四弊""二病""三端"的问题，"四弊"是"知有朝廷而不知有国家""知有个人而不知有群体""知有陈迹而不知有今务""知有事实而不知有理想"；"二端"是"能铺陈而不能别裁""能因袭而不能创作"；"三端"是"一曰难读"，"二曰难别择"，"三曰无感触"。① 可以说，梁启超对传统史学的批评开启了中国新史学之先河，从历史主体到书写方式都发生了革命性的转变。传统史学的叙事方法是自

---

① 梁启超：《清代学术概论》，夏晓虹点校，中国人民大学出版社2004年版，第231—237页。

上而下的，凸显的是英雄人物和典章制度，那么这就决定了旧史学必将以政治史为核心。而新史学关注的则是普通民众的日常生活，注重政治之外的经济、社会、文化、宗教、心态等问题，由此运用的是自下而上的叙事路径。概而言之，新史学与旧史学之间的区别主要表现在以下几个方面：旧史学—新史学、精英—底层、事件—结构、叙事—理论、政治—社会、制度—文化。很显然，从新旧史学研究内容的区别来看，自下而上的视角是一种必然的史学研究转向，那么，社会史作为新史学的产物，也就具有新史学发展的一切特征。其实，在法国年鉴学派看来，社会史即是新史学，新史学即是社会史。因此，社会史也自然具有新史学的一切面相。自社会史复兴至今，自下而上的视角作为其主要的研究方法已成为学界的共识，但凡从事社会史研究的，都试图从社会的层面，自下而上地去书写历史，从而与传统史学划清界限。不过，自下而上与自上而下只是相对的而非绝对的，为了更好地理解和掌握自下而上的研究方法，在此，我们有必要对"上"与"下"的相互关系及其指涉内容作一些具体解释，以说明自下而上的研究方法对社会史研究的必要性和重要性。

一般而言，传统史学自上而下视角中的"上"字，主要代表的是帝王将相之类的英雄人物、典章制度、朝代更替、国家治理等大事件，其"下"字则显示了"上"字所能延伸到的界限，也即发生一定作用的范围。可见，自上而下中的"下"字涵受着"上"字的规定和制约，代表了"上"字作用和影响下的历史图景，并不一定代表的是普通民众的日常生活，也并非就是与国家相对应的社会、基层社会、底层社会等。就这一点来看，传统史学就是如实直书，展现的是王朝更替兴废，书写的是英雄人物、战争、军事、外交等宏大事件，从中我们较少能发现那些普通群众的生活景象，也不易了解到大历史进程中那些芸芸众生的命运沉浮，以及他们在整个历史长河演进中所扮演的角色与地位问题。如果从中西方史学史的进路来看，新史学诞生的一个重要目标就是要突破旧史学这种单一而绝对化的书写方式，"把历史的内容还给历史"。所以，新史学在研究内容、理论方法、历史书写等方面必须与旧史学划清界限，方可确立自己的学科地位。自下而上的研究视角即是新史学的重要方法之一。

自下而上中的"下"字代表的意义更多是与国家、中央、精英人物相对应的社会、地方、普通民众，并且，"下"字是包容着一切来自"上"的作用和影响的，它不是孤立的、静止的。但是，自下而上中的"上"字与自上而下中的"上"字并不完全等同，两者出发点的不同决定了"上"字具有的不同内容。也就是说，我们主张自下而上地看历史，一方面是从创造历史的人民群众出发；另一方面又顾及了国家和英雄人物的历史作用，也即是大历史进程的具体影响和制约。例如，从明清以来晋水流域社会中发生的水利纠纷来看，如果自下而上地去考察分析，我们会发现"三七分水""跳油锅、捞铜钱"等传说故事主要凸显的是地方社会中普通人化解矛盾冲突的历史图景，它们是地方性的。同时，我们从中还发现国家因素的存在和作用，比如地方民众会请地方官府出面做证或裁决，以保证事情解决的公允，其典型标志即是勒石刻碑示众，或下发公文为凭，等等。而且，在处理水利纠纷一事的过程中，国家与社会、精英与民众彼此相遇并发生作用。① 显而易见，倘若以自上而下的传统史学方法，则往往将原本复杂的历史进程简约化，很难看到事件展演过程中乡村民众与地方精英之间的多重关联。另外，行龙教授关于集体化时代劳模李顺达的人生史研究也凸显了自下而上视角中"上"与"下"两字的丰富内涵。李顺达原本只是一个由河南林县逃荒要饭流浪到平顺西沟的穷人家的孩子，生活极其艰苦，居无定所，而且这样的苦难生活只有他自己体会得到。但是随着抗日战争的爆发，中共革命力量挺进太行山区，建立革命根据地，广泛动员山区民众，开展敌后抗日活动，这一切为李顺达改变自己的艰苦生活带来了革命性的契机。从此以后，李顺达的个人命运开始发生转变，渐渐地融入到了太行山革命根据地、晋冀鲁豫边区，乃至整个民族国家演变的历史进程之中，一直延续至今。②

尽管自下而上与自上而下不决然对立，但是，就区域社会史而言，前者要比后者显得更加丰富、多样。可以说，将自下而上的视角作为社

---

① 详见行龙《以水为中心的晋水流域》，山西人民出版社 2007 年版。
② 行龙：《在村庄与国家之间——劳动模范李顺达的个人生活史》，《山西大学学报》2007年第 3 期。

会史研究的主要方法之一，表明了两者之间的高度一致和关联。社会史主要研究社会本身的历史，这里的社会一词是狭义的，是与政治、经济、文化、艺术、教育、科技等相并行的，同时又相互发生作用和影响。所以，社会史研究主张自下而上地看历史，就是要从社会和普通民众的立场出发去占有史料、发现问题、书写历史，而且，此种历史不仅呈现的是社会本身的历史，也是不断受到国家、中央和统治者影响的历史。显然，我们强调自下而上的方法是对传统史学立足自上而下的方法的"扬弃"，因为任何时代的历史，都不可能没有国家和中央政府的在场，不可能没有帝王将相之类的英雄人物的作用和影响。因为受国家意识形态和政治权力支配的史官更多的也只是记录政治风云、军事纷争、朝代兴衰等大历史事件，那些身处大历史背后的芸芸众生的人民群众始终是"沉默的大多数"，他们的话语、物质和精神生活，以及日常人际交往和劳动等很少在正规的史书典籍中出现。所以，梁启超认为二十四史并非中国真正的历史，只是二十四姓的家谱而已。于是，自下而上的研究方法就是要试图不断地发现社会的历史，人民大众的历史，"沉默的大多数"的历史，即使他们没有在国家的典章制度中留下片言只语，但是他们曾经也活跃在历史的长河之中，一辈一辈地生活和延续着，从古走到了今。如果说传统旧史学对此漠然视之的话，那么新史学所追寻的正是这些大多数人的历史，从而使得我们能够以新的角度重新去审视过去的历史，审视国家、中央、精英人物与社会、地方、普通民众是如何以各种各样的途径相互关联在一起而又共存于整个历史进程中的。

总而言之，自下而上的研究方法是我们开展社会史研究的一个基本研究视角，三十年来中国社会史学界取得的诸多有影响的研究成果也充分体现了这一治史理念所带给中国历史研究的新境界。实际上，一种研究视角往往是伴随着研究对象和研究内容的变化而变化的，这一点我们从一些经典的相关论著中也可清晰地看到。例如，社会史学家乔志强先生曾主编的《中国近代社会史》一书中所建构的社会构成、社会生活与社会功能三大社会史内容体系就凸显了自下而上的研究理念。具体言之，社会构成方面，涉及人口、家庭、宗族、社区、阶级、阶层以及民族等内容；社会生活包括衣食住行、礼俗节日、娱乐信仰等物质生活、精神生活和人际关系三大部分；社会功能则从教养功能、控制功能及变革功能等方面入手。① 显然，该书中所设计的研究体系均与传统史学有本质性的差别，是一种自下而上的对中国近代社会变革进程作出的细致勾画，因而成为社会史研究领域中重要的著作之一。陈旭麓先生著的《近代中国社会的新陈代谢》一书在社会史学界也具有相当的影响力。该著作主张从社会结构、社会生活和社会意识三方面去研究近代中国社会的内外演变过程，强调要能够看到在中国近代化的历史长河中那些社会层面上所发生的变化。如就社会结构而言，作者不仅考察了经济结构和政治结构的革命性变革，而且还考察了农村社会组织、城镇中的行会组织、会党组织以及不平等条约制度化引起的社会变化；在社会生活方面，不仅研究了物质生活中衣食住行的变化，而且还研究了与之密切相关的人口问题，以及政治革命和外来影响如何引起社会习俗的改变等；在社会意识方面，不仅论述了政治思想、哲学、文学等方面的变革，而且还分析了欧美风雨影响下的种种社会心态，并表现为语言结构上的变化等。②

总而言之，这些研究内容体系的建构和指向都很好地凸显了中国历史学家的社会史追求，也充分地说明了从自下而上的视角去进行史实的发掘与历史的书写对于推动整个中国历史研究具有的重要意义。

二 以小见大：整体史观的追求

除自下而上的研究方法外，区域社会史研究的另一重要研究方法即是"以小见大"，或者说通过微观区域的个案研究或专题研究，去展现整个大的历史演变，也即是一种自下而上与自上而下的有机结合。我们知道，自20世纪90年代起，区域社会史转向大大促进了中国社会史研究的进一步深入和发展。对区域社会史的研究与认识问题，行龙教授曾指出："以一定的地域范围来研究社会及其发展的历史，无论从学术角度还是从实践效用来说都是十分必要的。但地域社会史往往被视为仅是一种个别的、微观的研究，甚或看作为整体的、宏观的研究之附庸，这种认识其实是史学方法论上的一种误解。我们知道，个别和一般是反映事物多样性和统一性及其互相关系的范畴，'一般只能在个别中存在，只有通过个

---

① 乔志强主编：《中国近代社会史》，人民出版社1992年版，第6—14页。
② 陈旭麓：《近代中国社会的新陈代谢·序》，上海社会科学院出版社2006年版，第3页。

别而存在'。……从地域角度讲,整体社会无疑是多地域社会相互联系的结合体。地域社会史的研究,不仅有助于整体社会史的深入研究,而且可以验证某些论点,正如巴勒克拉夫所说,微观分析方法使我们有可能检验辛勤劳作的历史学家提出的那些人所共知的论点,而且证明这些观点即使不是错误的,至少也是不充分的。"① 也有学者认为:"中国幅员辽阔,地区性差异大,因而把中国的历史变迁置于空间维度下进行考察是最切实可行的和可将研究引向深入的方法;同时整体社会史的研究最可能的是在特定区域内进行尝试,也就是说,区域社会史把特定地域视为一个整体,全方位地把握它的总体发展,这既是一种整体社会史在特定区域内的研究尝试,又可以在实践中推动整体社会史研究的深入发展。"② 显然,我们将以小见大作为区域社会史研究追求整体史关怀的一个方法,切实地反映了其中蕴含的学术指向。事实上,我们也可以说区域社会史研究就是中国社会史不断向前发展的必然产物。尽管区域范围的界定可大可小,但是从具体层面来看,我们还是主张从微观乃至中观方面着手研究,这样既可以避免不必要的泛泛而论,而且也符合历史事件由小到大的发展演变过程。

  如果说自下而上侧重的是社会史研究视角的话,那么,以小见大则凸显的是社会史研究的具体内容,两者同为社会史的主要方法。而且,从词义分析来说,以小见大中的"小"字与自下而上中的"下"字相对应,"小"字是对社会史中的"社会"内容的细化和分解,它既可指一般意义上的地方社会、基层社会、农民社会,也可具体到一个人、一个家庭、一个家族、一个村庄、一个乡镇、一个集市,还可以是婚姻、信仰、心理、技术、水利、灾害、械斗、秧歌、道德、伦理,等等,这些都可包含在"小"字当中。"小"字的意义也正好呈现出了"下"字的丰富内涵。概括起来讲的话,以小见大关注的是看什么的问题,而自下而上则强调的是怎么看的问题,两者均凸显了中国社会史发展的内在要求。

---

 ① 行龙主编:《近代山西社会研究——走向田野与社会》,中国社会科学出版社2002年版,第11—12页。
 ② 赵世瑜:《小历史与大历史:区域社会史的理念、方法与实践》,生活·读书·新知三联书店2006年版,第27页。

另外，就以小见大本身来看，也需要对其丰富内涵作一些解释，从而增进对它作为区域社会史研究重要方法的理解和把握。具体而言，"小"字代表的是区域、局部、具体，属于微观层面；而"大"字则代表的是整体、抽象、一般，属于宏观层面。我们强调区域社会史研究要能够以小见大，就是要通过区域和个案研究，具体事件的研究，去勾画"小地方与大历史"之间的相互生成图景。换句话说，区域的研究并不是孤立于整体影响之外的，而是受到了来自区域自身以外的那些宏观性的一般力量作用之下的综合性研究，是贯通了自下而上与自上而下的因素在内的整体研究。也即是说，这里对"小"和"大"意涵的区分并非是绝对的二元对立，而是一种对立中的统一，区域、个案的具体研究不可能脱离开整体、一般因素的影响来进行，同时，总体史的生成也不可能缺失具体的区域历史的实践内容，否则便会陷入到以往那种只求宏大叙事没有普通民众在场的传统架构中去。另一方面，"小"与"大"两字表达的不只是国家与社会运作中的具体内容，更为重要的是，以小见大的研究方法试图去探究大历史背后的结构性动因，注重将特定区域内的社会历史"嵌入"到整个大的历史发展脉络中来加以认识和理解，这样，在建构区域社会史的同时也展现出了大历史是如何演变的宏观进程。

近20年来区域社会史研究状况的一个明显特征是以小见大的方法受到众多历史学者的重视，产生了一批具有代表性和重要影响的研究著作。比如杜赞奇的《文化、权力与国家：1900—1942年的华北农村》，黄宗智的《华北的小农经济与社会变迁》和《长江三角洲的小农家庭与乡村发展》，王笛的《跨出封闭的世界——长江上游区域社会研究（1644—1911）》，乔志强、行龙的《近代华北农村社会变迁》，王振忠的《明清徽商与淮扬社会变迁》及行龙的《近代山西社会研究——走向田野与社会》《以水为中心的晋水流域》《走向田野与社会》《山西何以失去曾经的重要地位》等著作，其研究立足点均是区域性的，但是他们的问题意识却是要从特定地域社会的历史脉络中去寻找大历史演进的具体进程，从具体到一般，从区域到整体，均有着强烈的总体史关怀，而不是画地为牢，自言自语。这些研究著作均具有鲜明的问题意识，充分地将具体区域内的历史演变与大的历史进程相互衔接为一个上下有别但又融为一体的历史文本。如杜赞奇书中提出的"权力的文化网络"和"国家政权建设"两个重要的分析概念,即是通过对华北乡村中的民间信仰、水利祭祀、政府税收、士绅阶层等方面的考察分析而用来探讨20世纪前半期国家与社会之间的复杂变革的。黄宗智在《华北的小农经济与社会变迁》和《长江三角洲的小农家庭与乡村发展》两书中,也是从具体区域出发,试图对自近代以来中国乡村社会演变的复杂因素和演变形式作出一般性的解释。其研究结论是:(1)近代中国的乡村社会经济属于"没有发展的增长"的类型;(2)中国农村的商品化进程是"过密型商品化",即以单位劳动日边际报酬递减为代价换取总产量的增长的商品化;(3)伴随着国际资本主义而来的加速商品化没有带来质的变化,而只是小农经济的进一步"过密化";(4)"过密化"甚至在集体化与农业部分现代化之下持续发生,一直到20世纪80年代改革之前;(5)在20世纪80年代的改革中,具有长期意义的农村变化是随着农村经济多样化而来的农业生产的反"过密化",而不是广泛设想的市场化农业生产。可见,这些代表性研究著作的出发点都是特定区域内的历史现象,但是作者都能够有机地将地方经验事实与宏观概念分析相结合,切实体现了以小见大的整体史关怀,而不是局限于各自的区域内进行论说。

可以说,我们将以小见大作为区域社会史研究的一种方法是从近年来整个中国社会史发展的潮流中概括和提炼出来的。事实上,要真切地做到以小见大,就必须从区域的角度出发去关注历史,两者是辩证统一的。显然,以小见大的最终目标仍凸显在"大"字上,也即一种大历史,一种总体史,一种全面的历史,这也是进行区域社会史研究的一个宏观追求和志向。也就是说,我们选题即使很微观、很具体,但是它的学术意义和研究价值则超出了特定区域选题本身。正如陈春声先生强调的,"在具体的研究中,既要把个案的、区域的研究置于对整体历史的关怀之中,努力注意从中国历史的实际和中国人的意识出发理解传统中国社会历史现象,从不同地区移民、拓殖、身份与族群关系等方面重新审视传统中国社会的国家认同,又从无时不在、无处不在的国家制度和国家观念出发理解具体地域中'地方性知识'与'区域文化'被创造与传播的机制。"① 美国著名文化人类学家格尔茨(Clifford Geertz)也曾指出,人

---

① 陈春声:《走向历史现场》,《读书》2006年第9期。

类学家进入村庄做研究但又不研究村庄,其意思就是在提醒文化人类学研究者不能仅仅局限在个案经验之上,也必须能从个案中走出来,将个案研究的关注提升到具有一般学术意义上来。因此,我们将以小见大作为区域社会史研究的一种主要方法,看似简单,实质意味深长。也就是要强调,区域性的历史研究出发点往往是微小的,但是所研究的区域内容则是复杂的,是集宏观与微观于一体的,它们既有区域性特征,又会受到来自区域之外更为宏观层面的作用和影响,因而显得小中有大、大中有小,最终指向的是一种整体史观。

当然,如何在实际具体的学习研究实践中把握这一方法,我们认为可以从纵横两个方面来理解。首先,从纵向上看,以小见大可以从地方历史中呈现出超地方历史的变迁进程。通俗一点讲,也就是从具体的地方历史经验中建构出基于地方之上的大历史图景,而且,从长时段的视角切入,以具体区域的微观路径开展对中国历史的研究,大有作为。其次,从横向上而言,以小见大更多地呈现给我们的是好像布满于某一横切面(如某一历史时期)上的众多的点(某一时期中的具体事件),通过对这些点的细致全面的剖析、研究,可以为更大范围的历史比较研究奠定坚实的区域基础。事实上,这更深层次的比较研究也是不折不扣的"大"历史。为此,我们有必要对区域社会史研究中的比较方法和整体史观再略加论述,以进一步加深对"以小见大"方法的领会。

古罗马著名学者塔西佗曾说:"要想认识自己,就要把自己同别人进行比较。"比较是认识事物的基础,是人类认识、区别和确定事物异同关系的最常用的思维方法。比较研究法现已被广泛运用于科学研究的各个领域。自中国社会史复兴以来,尤其是区域社会史的兴起,我们可以将以往的研究成果大概分为有两种学术取向值得关注:一是在区域社会史研究中尽量细致入微地力图勾画区域社会的整体面貌及其由传统向现代的演化转变,目的是通过区域史研究的角度透视中国历史演变的总体趋势,形成"整体史"的研究视野。另一个取向是运用诸如"宗族网络""神庙祭祀戏台""市场体系""医疗空间"等分析概念,通过"自下而上"的视角探索上层政治是如何渗透进地方社会的,总体思路还是要探讨"国家与社会"的互动关系,通过"小地方"的研究深化对"大历史"的认识。但是,要真正地通过区域史研究达到对"整体史"的建构,进行历史比较研究是重要的一环,因为我们不能只是停留在各自所选择的区域范围进行研究,最终还是要突破区域的界限,以相同或不同的问题将区域关联起来,在区域内部和区域之间有效地进行历史比较分析,以期形成具有普遍解释力的历史结论。

一般而言,我们可以将历史的比较研究分为两大类。一类是共时性(synchronic)研究,即对某一时间内的历史现象进行横向的或水平式的比较,所比较的研究对象是共存于一个时间范围;而另一类则是历时性(diachronic)研究,是对不同时间段内的历史现象进行纵向的或垂直式的比较,所比较的研究对象处于不同的时间序列之中,有一个明显的发展阶段过程。因此,我们强调区域社会史的比较研究方法,就是要将区域史研究纳入到共时性和历时性的比较框架中,通过对比,在指出它们各自独特性的同时指出其共同性。因此,将比较的分析架构引入到区域社会史研究当中去,能够有助于人们提出很有价值的,有时甚至是意义全新的问题意识。更重要的是,比较的视野往往可以为公认的历史解释提供反证,进而引出新的历史概括;在实践中,这些特点贯穿于整个思维过程之中,使得这样一种研究既区别于也优越于有趣实例的堆砌。以中国社会史研究为例,所谓的"华北模式""关中模式""江南模式""岭南模式"等历史概念即表明区域史研究类型多样,但是如何将这些不同类型研究进行比较分析,从它们之间的共同性和独特性中可以找到哪些具有规律性的东西来,这既是社会史学者研究工作的重点,也是其难点所在。我们在此强调这一点,意在提醒学生对这一重要方法的重视和理解,进而有意识地将其贯穿于自己的学习实际中。

在区域社会史研究的理论部分,我们已经介绍了年鉴学派的整体史理论,这里对实现整体史的方法再加介绍。整体史观可以从两个方面去理解,一是要采取综合的分析方法;二是要建构总体史。我们强调综合分析,这也是受到了法国年鉴学派"问题史学"方法论的影响。前文指出,传统史学一旦离开了政治史、军事史、伟大人物史等事件系列的历史领域而进入社会史、经济史、心态史等新领域时,原有的叙事性方法就难以胜任了。新领域、新对象需要新的方法,而年鉴学派倡导的"问题史学"就是重分析性,轻叙事性,或者说更主要的是一种分析性的叙事,而不是"如实直书"的叙述。马克·布洛赫认为史学是一门研究在时间过程中具体的人类社会或其中某一现象的科学。由于任何时代的社会都是一个整体，任何社会现象，不论是某一事件的发生，还是某一制度的兴起或中衰都是既有历史渊源，又有当时各种环境因素的作用。全部人类历史便是这样由时间因素和空间因素相互作用而成的一个整体。从时间上说，这是一个不断运动，不断前进，绝不返顾的整体。他因此认为从古到今的历史本来不能割断，只是因为一个人的生命过于短促而历史的范围过广，所以才需要断代研究，但不论是哪一段历史的研究都不能画地为牢，闭关自守，而必须看到别的时代，上下古今互通声气，因为唯一真实的历史是通史，而通史是只有通过断代史或部门史之间的相互合作才能写好的。

从空间关系来说，任何一个特定时间的社会现象都是同当时周围环境相联系的。历史学家不要脱离具体时代来理解一种社会现象，不要把人类社会抽象化，而是应在"思想上充分领略当时的时代气氛"。一个时代的社会总体情况或时代环境自然是复杂的，是多种因素相互作用的结果，其中经济和社会因素无疑十分重要。同时，还有地理、心理和生产技术等也是在不同时期起着程度不等的作用的因素。所以，在布洛克看来，多因素分析和综合分析是与整体史观内在关联的。

实际上，整体史观是年鉴学派史学路径的一个重要特征，因为"真正的唯一的历史，乃是全部的历史"，这一历史包括人类社会的全部层次：从政治、军事、外交到经济、社会、文化、心态、人口，等等。也可以说，真正的历史是总体史，真正的总体史是世界史，而世界史研究离不开比较，因此，我们强调比较研究，整体史观，是内在一致的研究方法。

第二节　多学科交叉的视野

一　历史学和社会学

我们知道，社会史是研究社会本身的"整体的历史"，这一学科特征决定了社会史与相邻的社会学、人类学、心理学、民俗学等均有一种交叉和重叠的关系，而且，这种关系不仅表现在研究的内容上，同时也体现在研究的理论和方法上。因此，充分利用相邻学科的理论和方法，不仅是西方社会史学家孜孜以求（且已取得重大成就）的学术态度，而且是深化中国社会史研究应当重视的问题。可以说，今后中国社会史研究应该更多地注意吸收社会学、人类学的理论与方法，尤其是近年来历史社会学、历史人类学的蓬勃发展更加凸显了多学科渗透具有的强劲势头。在这里，我们重点就社会史研究如何借鉴社会学、人类学的理论方法问题进行一些叙述。

自20世纪以来，中西方学术界一个很明显的发展取向就是跨学科研究思潮的兴起，也被称为多学科渗透。在此，我们以享誉世界学术圣坛的法国年鉴学派为例来说明多学科图景的重要性。1929年，马克·布洛赫（Marc Bloch）与吕西安·费弗尔（Lucien Febvre）创办《经济社会史年鉴》，这不仅标志着年鉴学派的诞生，而且标明了一种多学科合作的研究倾向，其典型表现即体现在该杂志编委会人员的组成中。"杂志的责任编辑有10人，主编为布洛克与费弗尔，编委8人中史学界有4人，地理学家1人，社会学家1人，经济学家1人，政治学家1人。"[①] 当然，法国年鉴学派倡导的多学科研究方法也是其新史学追求的内在要求，既然要对传统史学只注重政治、军事、外交和伟大人物的研究路径进行颠覆和改造，那就必须为自己的"历史前途"另辟新径，于是在第一代年鉴学派领导者那里开始将经济史、社会史、文化史等作为他们创新研究和发展的领域。其实，一旦将旧史学热衷的政治课题放大到社会、经济、文化、信仰等范围内，书写历史的技艺也将随之多样化，这也是以往只是追求"如实直书"的单一叙事为主的传统史学所无法相比的。

不过，在此需要交代的是，社会史研究的跨学科取向兴起还有一个不容忽视的学科发展史的背景，即社会科学对历史学的影响在相当的程度上起到了决定性作用。可以说，在中外史学家眼中，历史学和社会科学有着很多共同的目标，至少，它们都扎根于同一块土壤之上，在学术旨趣上都声称要以社会生活的全部内容作为自己的研究对象，要研究任何特定时间上的社会总体状况，它们的目标都是为了全面地理解人类的行为和人际关系，进而致力于改造自然和社会。

[①] 何兆武、陈启能主编：《当代西方史学理论》，上海社会科学院出版社2003年版，第392页。

具体而言，社会科学之所以对历史学能够产生影响，首先是因为它自身的发展在 20 世纪前半期取所取得的卓著成就，主要表现在其方法和概念上。这不能不引起历史学等相邻学科研究者的注意。其次，第二次世界大战结束后，世界形势的巨大变化造成的一些影响，如普通群众的行为、移民现象、城市化问题、精英人物的作用，甚至是暴力犯罪、社会治安等。这些新问题的出现，用历史学常规的研究方法显然已很难适应当时的现实要求。结果，"产生了历史学在方法论上的差距——即史学理论和实践之间的重大差距，历史学家之所以要转向学习社会科学家所创造的研究技术，主要原因之一，就是他们相信社会科学家已经提供了能够弥合这种方法论上差距的手段。"① 当然，这不是说历史学家就可以简单地照搬照抄社会科学的专业术语和范畴就可以很好地更新自己的研究方法体系。事实上，不同的历史学家往往是从不同的角度去接近社会科学，他们都是抱着不同的目的，并受到了自身文化传统的"在地化"影响和制约。例如，前苏联的历史学家多是在马克思主义的范围内进行研究；法国历史学家比较偏爱社会学家涂尔干、西米昂、列维·斯特劳斯；而在德国，马克斯·韦伯的影响仍然非常强大；美国在默顿、帕森斯等社会科学家的影响下，研究重点几乎从一开始就没有放在大型理论化上，而是强调将某些概念和方法应用于范围有限的一些历史问题和具体的历史状态上。

新问题必然会引起新史料的使用并且出现适当的新方法。总的来说，历史学家在社会科学中发现了一系列概念和各种类型的新研究方法。他们愿意接受这些概念和方法，主要因为他们对自己的传统研究方法已经深感不安。至于这些概念是来自社会学、人类学，还是心理学、经济学，便无关紧要，重要的是探索这些概念使得历史学家在自己的研究工作上增加新内涵的可能性有多大。诸如"结构""结构主义""种族""宗教""社会化""社会秩序""文化""情感""心态""观念"等社会学人类学概念的影响已渗透到了历史学研究之中。可以说，在所有的社会科学中，社会学和人类学在观点上与历史学最为接近。因此我们要具体说明

---

① ［英］杰弗里·巴勒克拉夫：《当代史学主要趋势》，杨豫译，上海译文出版社 1987 年版，第 72 页。

社会科学影响历史学家的态度和假设通过哪些途径发生影响，那么，首要的途径，也是最普遍的结果，无疑是研究重心的重大转变，即从特殊转向一般，从个别事件转向一致性，从叙事转向分析。

就历史学和社会学的关系而言，有两位国外学者的表述可以看作是学界已达成的共识。一位是波兰著名历史学家波托尔斯基，他曾明确指出："从理论上说，史学与社会学的研究对象是相同的：都是社会，但是这两门学科的历史发展导致了两者的差异。社会学侧重于现实世界，而史学则侧重于以往的历史过程。在现代史学中，企图在理论结构和解释上把史学和社会学分离开来，是不可能的。"① 另一位是前苏联社会学家米罗诺夫，他从社会的角度阐述了同样的道理："没有一定的理论概括，不掌握社会学的一些观念和概念，历史学不可能由关于事件的科学完全转变为社会经济过程及其相互关系的科学。""可以明显看出历史学家向往着历史观的立体性、多层次性和综合性。社会学为解决这一问题提供了一系列概念，使历史学家能够提出新课题，重审传统课题，使研究客体成为多维的、'深邃的'。"② 尽管两位学者谈的历史学与社会学之间的相互关系，但是对我们做社会史研究的人而言，最大的启发则在于学科渗透的方法对历史研究的重要性和必要性。事实上，西方社会史的兴起不仅与社会科学紧密关联，而且它所取得的学术成就也与吸收社会学的理论方法密不可分，其中年鉴学派正是历史学与社会科学相互交融的典范。可以说，在中国社会史研究尤其是区域社会史研究中，我们还没有充分地吸收社会学的理论方法。当然，这种吸收借鉴并不能仅限于对社会学概念的生搬硬套，而是以社会史的学科特征和内容体系为出发点，进行学科间重新整合与提炼，这样，必将促进中国社会史研究的深入发展。

在我们看来，社会学对历史学的重要实际贡献之一就是为历史学提供了纠正准确性不足的工具和技术，使历史学家可以用准确的、结构严谨的假设去取代一厢情愿的推测。历史学家从社会学家那里学来的东西，

---

① 范达人：《当代比较史学》，北京大学出版社1990年版，第123页。
② [苏] 米罗诺夫：《历史学家和社会学》，王清和译，华夏出版社1988年版，第3—4页。

简言之，就是开始认识到对一个个事件作综合描述并不能代替从理论上将这些事件结合起来——更糟的还是全凭印象把这些事件堆积在一起，就像 G. M. 特里维廉在《英国社会史》中满足于串连事件的方法一样；就是认识到，形成整体的各部分（例如公共舆论）靠传统的历史研究方法根本无法认识，因此必须使用社会学的分析方法。在此，我们可以通过一些具体例子来说明分析方法的重要性。例如，历史学家遇到了"贵族""资产阶级"这样一些范畴时，他们倾向于得出这样的结论，即这些范畴太笼统，缺乏确定性，因此毫无用处，应当完全抛弃。相反，社会学家通过有名的"群体分析"方法，力图使这些范畴精确起来并且具有可用性，即通过分析社会集团形成的基础、聚合的过程，行动的外在条件以及社会集团之间关系的结合和模式。他们试图发现活跃在经济领域和社会领域中各个社会集团的个别成员共同的态度和价值观念，社会利益和经济利益是什么，并且使用这些"共同性的东西"来建立社会集团聚合的基础以及这个社会集团的结构。社会学家认为，公开表达的信念（如国家文告、演说和宣传中表达的信念）并不能够解释集体的行为。相反，这类信念受到了社会结构的有力影响和限制。因此，他们集中精力去分析社会集团的成分，或者，更普遍的做法是集中力量分析某个社会集团的全体成员为一系列信念进而斗争的条件如何。有些历史学家就是力图使用这种方法去分析历史时期出现过的捻军、红枪会、天地会等一些重要的民间社会集团，比如裴宜理、蔡少卿等。他们首先设问：参加这些社会集团的是哪些人？这些人同其他人有什么区别？这些人是怎样组织起来的？与其他类似的社会集团有什么关系？只有完成了这些细节问题的分析之后，他们才着手转而去解决这些社会集团成员的动机问题。在分析这些集团的同时，创造出了一些其他的专门技术和概念，如裴宜理在其书中提出了"掠夺性策略"和"防御性策略"的概念分析。前者是以本地区其他人为代价，非法攫取资源，从偷窃、走私、绑架到有组织的械斗，后者则指面对强盗式的抢劫而保护个人财产的努力。这种策略包括庄稼看护、家丁、民兵和堡垒式圩寨的构筑，等等。①

---

① 详见［美］裴宜理《华北的叛乱者与革命者 1845—1945》，池子华、刘平译，商务印书馆 2007 年版。

另外，社会学对社会结构的重视也给了历史学以相当多的启发。一个社会的社会结构是不可能直接观察到的，它只是从分析观察到的社会行为中产生的一个抽象表达。不过，在社会学家看来，按照一定的逻辑将这些抽象联系起来，使之呈现出一定的模式，这样，我们便可以通过这些模式看到一定社会的本质所在，并且把社会看作是一个单一的整体。因此，关注于结构模式而不是着意于建立一系列因果关系的事件之间的联系，结果必然导致研究重点的转移。一般而言，人类学最关心的是家庭关系和社会关系，是决定社会行为的家庭宗族关系、亲缘关系、法律和其他因素（如社会习俗中的禁忌）；而社会学家所关心的主要也是当代社会中的常规结构，例如各个不同社会集团间的欲望和流动，个人对社会地位和安全的追求，选举中的偏向和习惯，工业企业和就业的变动形式，少数人构成的社会利益集团的特征和作用等。但是，我们需要清楚的是，这样的一些制度和关系与类似的制度和关系，在历史学家描述的社会中显然也同样起着重要的作用。可是因为传统的历史研究方法没有为解决这些问题提供出令人满意的研究技术和方法。所以，社会学和人类学的对历史学的重要作用不仅在于引导历史学家去重视这些问题，而且指出了他们应当如何去处理和评价这些问题。这应该是社会学为历史学发展提供的最值得令人深思的地方所在。

为了便于理解社会学对历史学的促进作用，我们再以德国社会学家马克斯·韦伯关于"理想类型"的概念体系为例进行一些阐述。在韦伯自己眼里，他把类型学概念的形成看成是社会学对历史学的最重要贡献。这种类型——或模型——的本质特征在于，它们虽然产生于经验性的（往往也是历史性的）资料，却力图超越这些资料并建立起抽象概念和相互关系。可以说，这些模型能够普遍应用（在这种情况下，往往又成为"理想类型"），但是在实际上，它们往往只适用于特定时代的特定社会。韦伯的城市概念和官僚概念就是属于这一类型。这些概念被称为现代资本主义的历史形态的要素，虽然韦伯指出，欧洲或西方城市的特殊性质究竟是什么，只有在考察了其他城市如古代中国的城市没有哪些特征后才能够确定。因此，这是建立适用于一切地方和一切时间的城市"理想类型"过程中的一个阶段。这两个实例的基本目标都是从复杂的历史事件中抽象出至少相对稳定的结构所具有的根本特征。这种理论模型的价值就在于它有能力把那些杂乱无章的资料组织起来，并使它有意义；它们帮助历史学家突破特殊性的限制。而且，模型的重要性并不在于为历史学家提供解决问题的办法，而在于指出历史学家可以成功地用以说明和解释历史证据的关系和模式。那些依赖一般"常识"的经验主义者在研究过程中从未想到过的那些要素和线索往往只有通过符合逻辑的理论化才得以产生。

我们在此强调历史学要借鉴社会学的理论和方法，既是指出两者之间的共通之处，就像普里查德所言："历史学和社会学不是研究目的或者方法的不同，因为从根本上讲，二者都试图做同样的事，即把一系列思想用历史学和社会学术语表达出来，使这些思想能够被理解，而且用相似的方式达到这一目的。事实上，社会人类学家以第一手资料研究民族，历史学家在文献中研究，这只是技巧问题，不是方法论上的不同。"[①] 同时，也意在指明历史学在从传统史学转向新史学之后，更有必要与社会学人类学携起手来，真正做到"历史必须在要么成为社会人类学要么什么也不是之间作出选择"[②]。尽管普里查德说的话似乎走向了极端，但是其意图则在强调历史学和社会学实质上是为一体的研究理念，特别是突出了历史研究重在有理论性的分析综合，而不是以伟大人物和一系列重大事件为对象的描述性综合。也即要颠覆以往史学研究上的叙事大于分析、描述大于综合、感性大于理性的传统路数。普里查德以英国国王约翰与英国贵族之间的斗争来说明《大宪章》产生的根源为例，用以说明描述性的综合不能取代理论性的综合。他说，只有弄清楚英国贵族和约翰王先辈关于英国王位上的关系，只有认识了其他封建国家中国王和贵族的关系之后，才能揭示这场斗争的意义。也就是说，"只有这场斗争被看作某种类型社会中典型的或共同的现象时"，这场斗争才有意义。"约翰王与贵族罗伯特·费茨沃尔特的作用如果被看作一系列典型社会关系的代表，他们作为个人的特殊性所具有的意义便大大降低了。当然，如果另一个人取代了当时约翰王的位置，整个事情在某些方面可能有所不

[①] ［英］爱德华·埃文思－普里查德：《论社会人类学》，冷凤彩译，世界图书出版公司2010年版，第139页。

[②] 同上书，第144页。

同。不过，在另一些更基本的方面还是一样的。这种被剥夺了特殊性的历史事实也就不再是瞬时性的历史事实了，不再是转瞬即逝的偶然事件，正像社会学家所论证的，这种历史事实作为社会学命题不受时间流逝的影响，而且得到了概念上的稳定性。"①

总而言之，我们强调社会史研究要借鉴社会学的理论方法，集中想表达的意思就是要培养一种社会学的想象力，要学会从社会学的角度去思考问题，用更加开阔的视野去书写历史。我们知道，叙事其实是历史研究的看家本领，只是传统史学落到了呆板的狭隘的"如实直书"的境地，而新史学则追求的是一种分析性的叙事，努力探究事件所具有的意义。尤其是对于社会史研究者而言，一定要能够讲出故事来，这也是一项十分重要的能力。可以说，大多数人都是依据自己生活中所熟悉的特征来解释这个世界的。那么，要在区域社会史研究中锻炼和培养一种社会学的想象力，就是要求以更为宽阔的视角来说明我们为什么会是这个样子以及我们为什么会这样行为。并且，它教育我们去了解我们认为是理所当然的、确证无疑的、友善和真实的但实际上可能并非如此的东西。事实上，生活中被称为"天意"的东西其实主要是历史和社会力量的产物，个体复杂而微妙的生活方式能够反映我们的社会经历。

二　历史学和人类学

在具体讲述人类学对历史学的影响之前，我们有必要先就人类学是什么的问题作一简单介绍。作为一门社会科学的基础学科，人类学形成于19世纪，而在19世纪之前，所谓的"人类学"提法相当于我们今天所说的体质人类学，尤其是指对人体解剖学和生理学的研究。进入19世纪后，欧洲许多学者开始对考古学化石遗骨的发现产生浓厚兴趣，这些遗骨常常伴有人工制品，而这些制品在现在的原始民族中仍大量使用，于是学者们开始注意现在的原始种族的体质类型和原始社会的文化的报道。这些情况最初是由探险家、传教士、海员等带到欧洲的，尔后人类学家也亲自到异文化中去搜集这方面的材料。因此，人类学中止了以前

---

① 转引自［英］杰弗里·巴勒克拉夫《当代史学主要趋势》，杨豫译，上海译文出版社1987年版，第98—99页。

仅仅关注人类解剖学和生理学的传统，而进一步从体质、文化、考古和语言诸方面对人类进行广泛综合的研究。当然，由于各国学术传统的差异，尤其是人类学经过一个多世纪的发展，到 20 世纪学者们对人类学的名称及各分支学科有不同的理解。现在，一般的共识是将人类学划分为四个主要的分支学科：体质（生物）人类学、考古人类学、语言人类学和社会（文化）人类学，而后三支又被归为文化人类学的范畴。具体言之，体质人类学是从人类的身体素质演化的研究中发展起来的，集中于研究人类化石证据和种族差异，之后又随生物学的转变而与基因的研究相融合。考古人类学主要探究史前考古，对非西方文化的历史有浓厚的兴趣，主要关注物质文化反映的社会形态和文化心态，也曾专注于人类创造和生活方式的阶段性变迁。语言人类学可分为历史语言学和结构语言学，从事这方面研究的人类学家，或从语言和方言的地理分布和历史入手，或从语言与思维的关系入手，探究语言与"语言共同体"、语言与宇宙观之间的关系。社会（文化）人类学则旨在研究现存的人类群体的生活方式、政治行为、生产与交换的实践和制度，以及对超自然力的运用方式，如亲属制度、政治人类学、经济人类学和宗教人类学，均为这一分支学科之内。因此，综合起来看，我们可以给出人类学一个简单的定义，即是对人类社会过去和现在所有的生物复杂性与文化复杂性进行研究的学科。

　　从上述有关人类学的界定中，可以发现，人类学研究重点集中于对"他者"（others）社会中的文化、性别、权力和不平等，婚姻、家庭和亲属关系，知识、信仰和宗教等方面进行系统的整体研究。这些研究领域无论是从对象上还是在理论方法上，都对历史学产生了相当的影响，如历史人类学这一交叉学科的兴起就凸显了历史学和人类学之间的相互关系。接下来我们通过介绍人类学研究中经常运用的整体观、比较法两个重要的方法，并结合它是如何研究文化问题的，来具体呈现它对历史学的借鉴作用和影响。此外，田野工作（field work）也是人类学最基本的研究方法，向来被视为人类学者的看家本领，这一内容我们将在下一节中加以讨论。

　　人类学研究中的基本理论方法原理丰富而交错，但其整体观和比较法则是贯穿各分支领域的最主要方法。我们先来看一下整体观。整体观是一种强调整体而非仅仅是各个部分的视角。一般来说，这一研究视角推进了对宏大场面的理解，如果仅仅只是关注细节，很容易失去对整体的把握。因此，在人类学中，整体观鼓励我们将人类看成一种生物和文化的双重存在，看作既生活在历史中又生活在当下。要阐明存在于人类社会中的一切关系往来，运用整体观尤其重要。当然，整体观是人类学内在就有的，作为这一领域的一个重要的概念体系，它始终提醒我们，人类学的关怀最终都是在人类的所有复杂性中去理解人类的整体存在状况。如果我们将整体观看作是人类学的哲学根基的话，那么，比较法则是一种使整体观视角成为可能的具有广阔基础的方法。简单说，比较法就是人类所有的生物和文化复杂特点中，寻找出它们之间及其内部的相似点和差异性。事实上，我们人类的生活中，一直都凸显了比较法的存在。如我们有规律地比较自己和他者、其他宗教，或者其他生活方式，最终，我们得以了解到自己和他人有着怎样的相似点和不同之处。比较法作为文化人类学研究中的一种基本方法，当前主要有三种路径得到了人类学家的广泛应用：第一，集中的区域比较法，即在一个既定区域内，研究者把感兴趣的特殊社会现象的形式加以比较，这样就可找出某些基本类型来，并把所研究的形式划分到这些基本类型中去。这种方法必须以较深入的区域研究为前提。第二，控制比较法，研究者分析不同文化的社会结构，以了解文化现象及文化过程。第三，跨文化比较研究，对检验不同文化中的资料进行统计分析，是建立在抽样基础上的跨地区跨文化的归纳，其特点是从世界各地不同的民族收集的资料中抽样，对抽样资料作统计分析，用来说明一种风俗、一种宗教信仰或一种社会关系等的规律。①

　　下面我们具体以人类学的文化研究为例进行一些论述，以凸显其研究方法的分析架构，进而为历史学研究提供启示。文化无论在过去还是现在，都是人类社会生活中必不可少的一项内容，似乎也为人们所熟知，如知识、信仰、艺术、道德、法律、习俗、能力、习惯，还有国家文化、地方文化、精英文化、大众文化、市民文化、农民文化，以及东方文化、

---

① [美]卢克·拉斯特：《人类学的邀请》，王媛、徐默译，北京大学出版社2008年版，第72页。

西方文化，等等，但是如果用相对专业性的眼光来看待我们周围的各类文化现象，那么，文化并非仅仅靠"常识"性的生活经验即可加以解释得了的。在人类学的意义上，文化是一个共享并相互协调的意义系统，这一系统是由人们通过阐释经验和产生行为而习得并付诸实践的知识所知晓且熟悉的。不管人类社会中有多少种类的文化因子存在，文化作为一个共享和相互协调的意义系统，存在于我们生活中的各个方面。而人类学家则利用他们的整体观和比较法的概念工具展现了"文化"在人类生活中的力量和影响。首先是整体观的分析路径。前文指出，整体观是一种强调整体大过部分的视角。就文化而言，人类学整体观要求理解文化的各个部分怎样共同作用，从而创造出一个更大的意义系统。美国人类学家詹姆斯·皮考克曾在其《人类学的视角》一书中指出，整体性思考就是把部分看成整体，就是试图把握人们在其中行动和经验的更大的背景和框架。文化就是这样一个框架。人类学不仅仅是整体分析人类在社会和自然中的位置，而是也包括（尤其是）为了使他们的生活有意义而建构文化框架的方式。

以三晋文化研究为例。为了理解这个复杂的系统，我们不得不全面考察这一区域的历史、发展、经济、政治，还有它的个别的传统、价值观或习俗，以及这些要素如何相互作用形成一个系统，这个系统当然也能包含三晋人民自己。如果我们想要了解三晋文化的一个小部分，比如说晋商，我们则需要了解整个三晋社会中晋商的组成情况——如晋北、晋中、晋东南、晋南等地域情况，经营生意的种类、路线、商铺、票号等贸易情况，以及商人与地方文化、习俗、信仰、建筑、政府、士绅、民众等方面的相互关系，这些都应该是研究晋商所关注的对象。同时，我们还要考虑到晋商中的各种力量和因素是如何协调在一起而相互进行传播的，或营造出一种具有普遍表征的经商之道和文化认同。我们必须把每个部分，以及它同整个系统内其他部分的互动情况考虑在内。概而言之，寻找各部分之间的联系就是整体观。但是，人类学家在研究文化时，在遵循整体观原则的同时，也始终关注部分，而关注部分最终指向还是为了整体观的需要。例如，他们常常通过研究特定的某个教堂，来为宗教在人类生活中所起作用的研究作出参考，或者研究某种音乐，以此了解音乐在特定社会中的角色和影响，或者研究乡村中的一小群妇女，来理解人类生活中更大的性别问题。每一类这样的研究都在关注细节的同时追求整体关怀，而后者更有助于我们对文化有更深层次的了解和掌握。

比较法也是人类学文化研究中必不可少的一环，它意味着在所有生物和文化的复杂层面中，通过寻找人类生活内部和之间的相似点和不同点，以达到认识自己和他者的目的。因此，人类学家在研究某个单一文化，例如中国社会的家庭生活，或美国南部地区的新教教堂的时候，其目的都要提出对更大的文化问题的看法。这些问题可能包含种族和种族划分；宗教；政治和经济；亲属关系，婚姻和家庭；生态；性别；或暴力、冲突以及和平的本质，等等。通过对这些问题的研究，又可能帮助解答以下问题：为什么人与人是不同的？我们通过研究范围广泛的文化，能够从他者和我们自身学到什么？为何我们在所有社会都找到了一致性，比如宗教或音乐或者乱伦禁忌？为什么到处都有婚姻？人们为何一再地建立社会等级，就像在穷人和富人之间那样？通过人类学比较法分析框架来探讨这些问题，就是要试图将关于文化的所有内容都考虑在内。

通过上述对人类学典型研究方法及其事例分析可以看出，无论是其研究对象还是分析路径都有助于历史学家开阔自己的视域，凝练鲜明的问题意识，甚至是以新视角重新去审视旧话题。可以说，人类学的整体观和比较法与历史学家的（如法国年鉴学派）的整体史观和比较研究有诸多相通之处，这也为历史学和人类学能够走到一起提供了可能。而法国年鉴学派的创始人之一马克·布洛赫1924年发表的《国王的神迹》一书堪称历史学和人类学成功结合的第一本典范之作，第三代代表人物勒华·拉杜里根据中世纪教会档案写出的《蒙塔尤》也被视为历史人类学中的经典。近年来国内历史人类学的方兴未艾也呈现出了历史学与人类学之间存在着千丝万缕的联系，尤其借鉴人类学的视角方法进行历史研究，已在中国历史研究中展现出强劲的发展势头。目前，尽管国内外学界对这一学科还有着诸多争论，但是综合地将人类学的新视野引入历史学领域却已成为人们默许的共识。人类学家王铭铭认为，历史人类学研究含有多种不同的风格与类型。第一种类型是重视历史研究的人类学，尤其是历史叙事与民族志方法相结合，其优点是可以使我们更清晰地理解小群体的历史的重要性，特别是小群体的制度如何形成与变化，与外面的接触发生后会产生什么转变。第二种类型是"结构史"，以美国历史人类学家萨林斯为代表,主张变迁中文化的持续作用,反对运用决定论的观点。第三种类型即是为大家熟知的法国年鉴学派史学中"人类学的历史化"和"历史学的人类学化"的研究取向。第四种是将人类学等同于世界近代史的做法,认为整个世界的近代史都是人类学的研究对象,而且认定,只有人类学能够弄明白世界近代史的情况,并主张要重新理解世界的历史,就要考虑到西方和非西方的观念在近代史建构中的作用。第五种类型是"符号史学"的潮流,它不主张研究一个群体或区域的整体历史,而提倡以这个群体或区域的某一种小小符号为主线,贯之于观念的历史或政治经济史来研究,使小小的符号映照出历史过程。最后一种类型是"口述史"的历史人类学,此种风格强调要在真实与谣言之间找到一种平衡,获得一种思路。[1]

可以说,上述历史人类学研究的几种风格类型对于我们理解区域社会史研究借鉴人类学的理论方法具有重要的启发。我们认为,一个极其重要的启发就是对过去进行解释,不只是要搞清楚事件的来龙去脉,解决事件的真相问题,更为重要的是还应该探究当地的人们是如何来解释自己的过去和生活的,他们对事件的态度和观念怎样,他们又是如何解释世界的,等等。其实,这也是一个具有深层学术关怀的理念。不可否认的是,进行区域社会史研究最易犯的一个毛病就是"画地为牢",更多地只是局限于经验性的历史还原,或"仍主要限于地方性资料的发现与整理,以及在此基础上对某些过去较少为人注意的'地方性知识'的描述"[2]。那么,如何才能避免这种狭隘的研究视角,真正走向历史的深处,就必须放宽历史研究的视野,必须在地方经验之上建构具有普适意义的概念体系。所以,我们提倡借鉴人类学研究的理论方法也意在为区域社会史不断走向深入寻找路径。人类学给我们的另一启发即是区域社会史研究必须注重对文化问题的研究。文化,是一个极具包容性和延续性的范式与体系,它一开始就是人类学家记录非西方社会的奇风异俗为殖民帝国统治服务的主题。不过,随着现代人类学对文化模式及变迁机制的不断解读,器具、服饰、文身、仪式、语言、观念、生产等都折射出了

---

[1] 王铭铭:《我所了解的历史人类学》,《西北民族研究》2007年第2期。
[2] 陈春声:《走向历史现场》,《读书》2006年第9期。

一定地域社会的历史图景。可以说，人类学家对文化的解释，正如韦伯所言，人都是悬在其意义之网上的动物，就是要追寻意义，从而去揭示人们对世界的理解是什么样子的。实际上，历史是内在于文化的，因此我们的社会史研究不能忽视文化的存在，从文化的解释来探究历史的脉络，不失为一种有效的研究路径。

其实，借鉴人类学的理念开展历史文化研究而形成的新文化史在国外学术界更为盛行，如罗伯特·达恩顿的《屠猫记：法国文化史钩沉》《启蒙运动的生意》，金茨伯格的《奶酪与蛆虫》《夜间的战斗》等著作就是典型的以人类学的视野进行历史研究的代表作。新文化史吸引人的地方主要在于其运用与历史学相邻的社会学、人类学、心理学等社会科学的研究路径，来对一些历史问题进行别开生面的研究，有的甚至是对老问题的重新解读，结果也颇有新意。美国历史学家何伟亚的新作《英国的课业：19 世纪中国的帝国主义教程》就是运用社会人类学视角和后现代理论重新研究了 19 世纪中叶中国遭受西方帝国主义侵略的历史，打破了以往"冲击—回应"说、"中国中心观"的史学架构，探讨了西方帝国主义在侵略中国的进程中试图劝诱清政府进行行政改革的教育工程，以及运用身体暴力和语言暴力以使清政府适应以欧洲为基础的全球性外交规范和商贸规范的各种规训活动，试图更加全面客观地说明欧美帝国主义在 19 世纪中国的影响。该著作的学术贡献主要有三个：一是作者借鉴德勒兹式的（Deleuzian）去疆界化和再疆界化的模式，并把它理解为帝国主义和殖民主义在中国以及欧洲帝国主义企图部分反复摆动的过程，通过这种分析，何伟亚提出了中国也被殖民化了的观点。二是在公共的历史记忆和各种各样的铭写形式——从石碑到少儿通俗作品——之间建立起了联系，进而讨论了关于中国的某些形象通过这些媒体固定了下来，并且一直影响到现在。三是从物质文化史的角度，对 1860 年和 1900 年帝国主义军队进行的劫掠活动本身以及从中国掠夺的物品的命运（如从圆明园掠夺的宫廷物品离开中国后进入了欧美艺术品市场、公共博物馆和私人收藏等）进行了详细的研究。①

---

① ［美］何伟亚：《英国的课业：19 世纪中国的帝国主义教程》，刘天路、邓红风译，社会科学文献出版社 2007 年版。

综上所述，在本小节内，我们主要讨论了社会学、人类学等相邻社会科学对历史学研究具有的一些启发和借鉴作用，特别是具体方法路径上，论述了历史学从相邻学科中吸取新视野进行研究的必要性和可能性问题。就像布罗代尔所指出的那样："我所说的历史学，是指那种以科学态度进行的研究；必要时，我甚至称之为一种科学。但它是一种复合的科学，并不是只有一种历史学，一种历史学家的专业，而是有很多种专业、很多种历史学，有各种各样的研究、观点和可能行，而且明天还会出现更多的研究、观点和可能性。"① 如果我们用一句话来概括一下社会学和人类学对历史学的贡献的话，那么，巴勒克拉夫的话似乎最贴切了，他指出，社会学和人类学开拓了从个别过渡到典型，从单个事件（一系列事件）过渡到事件和个人在其中活动的基本结构的新道路。这条道路一直存在，只不过被历史主义掩盖着。这个结构用福布斯教授的话来说，是"任何连续的社会中的全部社会生活的基础"。开始把研究重点放在结构和"表现为适度时间连续性的有组织的行为体系"上，这大概可以说是社会学和人类学对历史学做出的最突出的贡献。② 不过在此还需要强调一点的是，尽管我们是从跨学科的角度进行本节内容的讲述，但是以历史学为本位则是追求多样化方法的必要前提。

第三节　田野工作与文献解读

一　参与观察：一种基本的田野工作法

近年来，人类学的田野调查方法对中国的社会史研究产生了不小的影响，甚至达到了谈历史必谈田野的地步。所以，我们有必要专门就田野调查的研究方法作一些论述。

田野调查，其英文名为 field work，是人类学家技艺中的基础，也被看作是步入人类学殿堂的看家本领。人类学除了在分析概念和解释路径

---

① ［法］费尔南·布罗代尔：《论历史》，刘北成、周立红译，北京大学出版社2008年版，第71页。
② ［英］杰弗里·巴勒克拉夫：《当代史学主要趋势》，杨豫译，上海译文出版社1987年版，第84页。

上给历史研究以启示之外，田野调查则是一个被引入的重要方法。首先，我们对人类学田野调查方法做一些叙述，之后再谈一谈这一方法被历史学借鉴之后所派生出来的田野调查意义及价值。人类学家进行田野调查，采取的是参与观察，简单一点说，就是研究者到被研究者的生活圈子里去，与他们同吃同住，生活在一起，一起聊天，一同出入，甚至是一起参加劳动，等等，从而收集关于被研究对象的第一手数据资料，以为将来的民族志书写打下扎实的基础。这就涉及人类学中两个很重要的概念，一个是参与观察，另一个是民族志。我们首先对这两个关键概念做一些交代。参与观察（participant observation）是人类学研究中收集第一手资料的最基本的方法，在20世纪初由英国人类学家马凌诺斯基创立，被视为传统人类学田野调查的特征之一。它是一套包括长期参与、观察、写田野笔记和访谈处于特定社会、社区或群体（无论是部落文化、种族文化还是农民文化、族群文化）的当地人在内的系统调查方法，并要求观察者在较长时间内置身于被观察者的社区中，通过参加他们的日常活动尽可能地成为其中一员。参与观察有很多优点：（1）它实际上是对无文字民族进行民族志调查的唯一途径；（2）由于调查者长期置身于该社区当中，他就会对当地所发生的事情了如指掌；（3）融入社区生活可以提高调查者的信用度，还可以使调查者对于社区成员的行为更加宽容；（4）调查者可以更加容易地了解当地人的生活方式和风俗习惯；（5）观察所得不是他人的叙述而是第一手的资料；（6）在社区中生活，学些当地的语言可以使调查者更好地从当地人的角度去了解他们赋予文化的意义。因此，通过参与观察，调查者可以了解到被调查社会的结构以及社会文化中各因素间的功能联系。当然，人类学的参与观察法也存在一些不足之处，诸如它需要投入大量的时间，而其中一部分的效率可能并不很高；人类学家不停提问的行为很可能会引起当地人的反感；有时候观察者的出现又会影响到被观察者的行为，从而有可能了解不到真相；要证明观察者的结论是否正确事实上也很困难，所以在参与观察中，通常有必要采用统计学、家谱学、问卷法、访谈等其他方法。所以，也有不少人类学家对田野工作本身进行了改进和提升，而不再只是停留着这一工作的表面上。概括地讲，近年来人类学家眼中的田野工作如何做到真正的有效，如何确保田野行走中获得的一切数据资料都是事实，而其中最重要的一条理由就是无论是研究者自己,还是被研究者及所谓的资讯人,他们都是生活在自己的文化中,"人类学家和他的资讯人都生活在一个经文化调适过的世界,陷于他们自己编织的'意义之网'。"① 于是,人类学家到田野中寻找到的所谓事实,实际上也都是被制造出来的,甚至可以说事实本身就是阐释。可以说,对田野工作进行如此的反思和建构,不仅深化了人类学学科的立足点,也对民族志书写及人类学是什么的问题提出了颇有价值的挑战。

民族志和参与观察在人类学中是密切关联的,前者是在后者的基础上形成的。民族志也是在 20 世纪初由文化人类学家创立的一种研究方法,主要是指人类学家对其研究的文化对象或目的物作田野调查,深入到特殊的社区生活中,从其内部着手,通过观察和认知,提供相关意义和行为的客观的民族学描写而形成民族志描写,然后再对其进行分析、比较,以期得到对此文化的基本概念。可以说,民族志是了解未知社会和文化形态的必要手段,堪称文化人类学存在的根本。一般认为,民族志作为一种经典的研究方法和学术范式,是由马凌诺斯基在 1922 年出版的《西太平洋的航海者》所奠定的,而由马氏所创造的"参与观察"则成为民族志方法体系的核心内容。作者认为,人类学家应该尽可能详细地了解土著人实际生活的各个方面,这就意味着"在较长一段时间内,民族志学者参与人们的生活,观察发生了什么,聆听他们说什么,并提出问题",进而"把握土著人的观点,他与生活的关系,搞清楚他对他的世界的看法"。② 实际上,马凌诺斯基的"民族志"方法不同于一般意义上的调查,而是体现了其功能主义人类学把田野工作、理论和民族志三者相结合的范式,它包含着一整套完整的规范:其一,选择特定的社区;其二,进行至少一年的现场调查;其三,能够使用当地语言;其四,先从本土的观点参与体验,即先以"文化持有者的内部眼界"去看待文化,但最终要达成对对象的客观认识。在马氏之后,民族志即被看作是一种

---

① [美] 保罗·拉比诺:《摩洛哥田野作业反思》,高丙中、康敏译,商务印书馆 2008 年版,第 144 页。

② [英] 马凌诺斯基:《西太平洋的航海者·导论》,梁永佳译,华夏出版社 2002 年版,第 18 页。

经典的人类学研究方法，更是指在田野工作基础上形成的一种有关"他者"社会文化的特殊的文本形式。

到 20 世纪 60 年代，民族志的研究方法受到了根本性的挑战和质疑。前文指出，一些学者对田野工作的科学性和客观性提出了批评，而这实际上也直接指向了民族志文本存在的合理性问题。那些怀疑者认为，民族志只是人类学家作为外来者用自己的思维、术语、概念记述对特定文化的见解，而不是该文化内部成员对自己文化的描述和理解，有着个人经历、既定观念甚或想象的因素在内，甚至有的田野工作者为了迎合自己的理论或学术结论而刻意倾斜，写出臆造的民族志。这给当代文化人类学以致命的打击。不过，随着格尔茨的解释人类学的兴起，则为人类学民族志走出困境提供了新的生命力，以特有的"深描"（deep description）和"地方性知识"（local knowledge）为理论武器，强调以观察、移情、认知和自觉追随"文化持有者的内部眼界"，阐释和维护民族志的地位。格尔茨在其《文化的解释》一书中指出，所谓文化就是一整套由人们自己所编制的意义之网，因此对文化的分析不是一种寻求规律的实验科学，而是一种探求意义的解释科学，途径就是通过"深描"，也即是从极简单的动作和或话语着手，追寻它们所隐含着的无限社会内容，揭示其多层内涵，进而展示文化符号意义结构的复杂社会基础和含义。

可以说，自解释人类学兴起以后，对历史学的影响是非常广泛和深入的。新社会史、新文化史的发展就受到了解释人类学的直接影响，前文中提到的达恩顿写的《屠猫记》就是一个极好的例证，它"最清楚地展现了美国人类学家克利福德·格尔茨对他的研究所产生的巨大影响。《屠猫记》实际上就是达恩顿和格尔茨多年来一起在普林斯顿所主持的研讨班的最为重要和最具开拓精神的成果之一。"[①] 我们从达恩顿在回答伯克的采访时也可以明显地看出解释人类学对他的社会文化史研究产生的影响。他说："我想要做的是观念的社会史——也即，要理解观念在旧制度下的社会中旅行并'生根发芽'的方式。这个总的企图让我在研究中采取了各种不同的途径：对态度和价值系统的研究（最初是以法国'心

---

① ［英］玛利亚·露西娅·帕拉蕾丝-伯克编：《新史学：自白与对话》，彭刚译，北京大学出版社 2006 年版，第 197 页。

态史'的路数，后来则是努力结合历史学和人类学）；研究作家和作为一个历史现象的知识分子的出现（核心主题为'潦倒文人'的生活和警方对书刊的监控）；对出版和书籍贸易的研究（我正在准备写作以纳沙泰尔印刷公司和巴黎的相关档案为基础的三部曲中的最后一部）；还有就是对公共舆论的研究（我最近的著作考察的是革命前巴黎的新闻和媒体）。"① 在此，我们也可以从达恩顿的具体研究实践中看出人类学对历史的影响所在。总体而言，人类学的参与观察和民族志方法对于我们在历史学尤其是区域社会史研究中贯穿新的思维分析路径是必不可少的，并且对于形成以历史学为本位的田野调查方法也有着积极的借鉴意义。

接下来，我们再来看一看近二十年来在人类学田野工作方法影响下的历史学的田野调查具有怎样的发展态势，特别是兴盛于社会史学界的田野调查不仅借鉴吸收了人类学家进行田野作业的精髓，而且也建构出了历史学意义上的田野调查特征。如果从学术渊源上来说，历史与田野相结合，其实并不是一个新鲜的创造，被誉为"史家之绝唱，无韵之离骚"的《史记》即有着丰富的从田野中搜集而来的鲜活素材，以"究天人之际，通古今之变，成一家之言"。但是，不可否认的是近些年来田野调查方法确实对历史学研究产生了不小的影响，甚至是到了谈历史必谈田野的地步。比如为学界所熟知的华南学派，自 20 世纪 80 年代初期，便与部分英美人类学家一道对华南乡村社会进行了长期的广泛而深入的研究，一时间"进村找庙""进庙找碑"也成了形容华南学派开展田野工作和历史研究的代名词。事实上，因学科定位的不同，历史学意义上的田野调查一开始即与人类学意义上的田野调查存在本质性的差异。例如郑振满教授认为，田野调查主要有两个目的，一是把平时的学术思考带到田野中去，通过实际的田野工作使大家能够把各自的想法都拿出来，进行对话，以便形成更多的共识；二是训练学生，让他们都参与进来，在田野调查中实际地看到自己的研究对象是什么，所关注的问题是什么，并用什么样的方法来思考遇到的问题。刘志伟教授则认为：做田野就是为了读懂文献，并举例子说，让他读徽州的文献，只是能从字面上看懂

---

① ［英］玛利亚·露西娅·帕拉蕾丝-伯克编：《新史学：自白与对话》，彭刚译，北京大学出版社 2006 年版，第 219 页。

它，却不能从中看到一个真正的徽州，除非亲自到那里去做长期的田野工作。这是因为历史既是一个时间的过程，又是在特定的空间展开的，这二者存在着复杂而又辩证的关系。对历史时间的了解，虽然不能直接感受，只能是间接地从文献中认识，但是对于了解历史的空间，却有可能直接去认识，进而在某种程度上获得对历史的感悟。否则，缺乏对历史空间的认识，解读的历史就只能是一条单纯的时间线索。相比之下，行龙教授倡导的"走向田野与社会"，则显示的是另一种对历史与田野的理解，同样值得关注。他指出，田野工作首先是以历史学为本位的，一个主要的想法就是进一步扩大史学研究的资料范围；另一目的就是便于研究者获得历史的现场感，这非常有助于理解文献。"走向田野，深入乡土，身临其境，在特定的环境中，文献知识中有关历史场景的信息被激活，作为研究者，我们也仿佛回到了过去，感受到具体研究的历史氛围，在叙述历史、解释历史时才可能接近历史的真实。所以，走向田野与社会，可以说是史料、研究内容、理论方法'三位一体'。有时先确定研究内容，然后在田野中有意识收集资料，有时无预设地收集资料，在田野中启发思路，然后确定研究内容，有时仅仅是身临其境的现场感，就激发了新的灵感与问题意识。"①

可以看出，这些有关历史研究与田野调查关系的讨论，尽管侧重点有所不同，但都意在强调田野工作对历史的必要性和重要性，无论是为了解读文献，还是从田野中获得问题意识，抑或是一种"历史现场感"。显然，这样的田野工作"意向"与我们在上文中讲述的人类学的参与观察和民族志的方法还是存在较大差别的，不过也能从中看出历史学意义上的田野工作受到了人类学式的田野工作的诸多影响，所以目前在社会史研究领域中这样的跨学科方法取向的交融已成为历史研究者们都在自觉遵循的一个共识了。近年来在社会史和区域社会史研究方面均有很突出的表现，例如山西大学中国社会史研究中心在行龙教授的带领下，始终倡导社会史研究要积极"走向田野与社会"，在田野中发现史料，发现问题，发现历史，在明清以来山西人口资源环境与社会变迁、集体化时

---

① 行龙：《走向田野与社会·自序》，生活·读书·新知三联书店2015年修订版，第9—10页。

代的农村社会、抗日根据地的经济与社会以及三晋文化与地方社会等研究领域，不仅积累了数量巨大的原始档案资料，而且也进行了颇有成绩的研究，得到了国内外学界同行的认同和赞誉。

最后，就历史学的田野工作性质和意义而言，一方面我们主张以走向田野与社会的教学理念去培养学生对历史的认识和理解，鼓励历史和田野两个课堂教学的重要性，只有在研究方法意识上进行更新，才能真正地不断推陈出新；另一方面则借助于田野工作的进行，凸显历史与现实的关联，要能够通过田野调查强化对历史在现实社会发展中的地位和影响的认识，或者说历史为现实所服务的意识。这一点也是走向田野与社会的治史理念的应有之义，我们也可以称其为"从田野中来，到田野中去"。

二 文献解读

最后，我们再对如何进行历史文献的解读进行一些讨论。不过，这里所讲述的文献解读不同于一般意义上的史料分析，而是要结合前面的内容侧重资料解读的叙事性分析，而不是简单地将自己掌握的史料进行堆砌、拼凑，甚至是没有根据的"误读""过度诠释"。因此，学会对史料的解读，这也是新史学研究中最为根本的一门"技艺"。文献解读的问题，在此主要涉及读哪些文献，怎么读文献，通过文献解读能得出什么样的问题意识来，等等。否则，史料只是死的史料，并不能展现出其意义来。正如台湾史学家王尔敏先生指出的："凡为任一细小之史料考证，以至重大史实之分析，没有一处可以离开解释。……处理史料以了解史实，须通过解释始能达成。历史如果没有解释就不成为历史，而只是史料。无论器物、文字的史料，其本身是静止的、平面的，不能自己表达任何历史意义。了解史料、批判史料、运用史料，是历史的，却需要解释。"[①] 所以，研究历史，占有文献史料，这只是第一步，接下来还需要第二步工作，那就是要揭示史实的原因、变化与结果和过去、现在跟未来的关系，只有这样，那些死的史料经过解释，才可能对现代社会有用，才能变为活得有意义的历史。

首先，我们来谈一谈区域社会史研究要解读哪些史料的问题。在下

---

① 王尔敏：《史学方法》，广西师范大学出版社2005年版，第165页。

一章的内容中,还会专门讲到"什么都可以作为社会史资料"方面的内容,在此,我们则结合社会史研究方法问题,就解读什么样的史料进行一些探讨。因为社会史的研究视角主张自下而上的去看历史,所以在发掘文献史料方面,社会史研究者总是试图从民间社会、普通民众入手,而不是一个"自上而下"的过程。然而,自下而上地掌握资料的过程是比较困难的,前文中多处指出,在传统文献资料的积累中,更多见的是帝王将相、战争、政治、军事、外交及精英人物、典章制度、国家法令法规等内容,而很少有普通人民的点滴记录,或者说,大多数人民群众的历史实践难以进入到国家史官编纂的史籍目册中。美国著名的中国史研究专家史景迁在其书中也指出:"从过去的穷人和被遗忘的人的生活中总是很难得到什么的;中国有完整的国史和县志编撰工作,但是大多数的地方资料全没有被保留下来。找不到类似验尸报告、行会活动记录、详尽的土地租约或教区人口出生、结婚和死亡的登记材料,而这样的材料已使人可以非常详细地了解中世纪后期的欧洲了。"① 因此,对于社会史研究者而言,要想全面系统地掌握能够反映人们社会生活方面的史料实属一项比较困难的工作。既然是社会史主张从基层社会看起,从普通民众生活出发,那么,理所当然要能够从中发现能够记录社会民众的资料才可能使相关研究具有意义。如果粗略地作一概括的话,社会史研究需要解读的史料大致可以按下列三种来进行:第一,从器物层面上看,可以从包括器皿、遗迹、遗骸、服饰、绘画、雕刻、照片等历史当事人的"遗物"入手;第二,从文字层面上看,可以从包括账册、手稿、文书、信札、日记、家谱、碑刻、小说、剧本、影像等历史当事人的"记录"入手;第三,从言说层面上看,可以从包括对话录、口述往事、口传故事、说唱故事、戏剧、歌曲、民谣、谚语等历史当事人的"传说"入手。当然,这其中每一类别又包含了各种各样的更为细化的资料内容,我们在此主要是依此想说明社会史研究需要关注和解读文献资料的可能性所在,例如,它们对于我们掌握农民社会中的物质文化、精神文化与观念文化不失为一种重要的"资料"分类体系。

---

① [美] 史景迁:《王氏之死:大历史背后的小人物命运》,李璧玉译,上海远东出版社2005年版,第4页。

可以说，这里讨论的解读哪些史料的问题一个基本前提即是研究者先占有了哪些史料，怎么去占有史料，我们在前面的章节内容中已强调了社会史的自下而上和以小见大的研究方法，这便给了我们在占有史料和解读史料上一个提醒，就是尽管掌握史料是自下而上的，是从地方社会出发的，但是不能简单地将自己所占有的资料文献孤立于整个大历史的演变进程，不能只是局限于自己所掌握的特定地域内的资料上，而是要有一种整体关怀在里面。这是需要注意的一点，否则，很容易走向社会史资料的"碎化"和社会史研究的"碎化"的死胡同中去。另外，与解读什么样的史料相关联的一个问题是对资料的鉴别也很重要。如果不对所掌握的史料进行细心的辨别，做到去伪存真、去粗取精，那么所呈现出来的"历史"也许会与本真的历史事实相去甚远。所以，在对史料进行更为全面深入的解读之前，很有必要对史料的异同、真伪、讹误、错乱等方面做一番甄别。

接下来，我们就如何解读文献史料的问题作一些讨论。可以说，这是比解读哪些史料问题更为庞杂和多样化的一个问题。比如说，我们讲到过社会史的兴起与新史学的诞生关系直接，所以在社会史研究者眼里，如何去解读史料彰显了新史学的跨学科特征、分析性叙事、"同情之理解"等研究取向。就这一点而言，法国年鉴学派对于我们具有最直接的借鉴意义。这就涉及传统史学与新史学在书写历史态度上的本质性差别，前者强调"如实直书"，如德国史学家兰克所言，史学家的唯一目的就是按照事情的本来面目记述历史，复原历史。此句治史格言被看作是科学派史学的代名词，也被称为"历史主义"（historicism），实际上，该治史的目的在追求历史是一门科学的同时，更突显的历史的客观性问题，史学家不应该有自己的主观判断在里面。这一思潮对20世纪中国史学界产生了不小的影响，如傅斯年倡导的"史学即是史料学"就是代表。他曾就治史的宗旨说道："本所同人之治史学，不以空论为学问，亦不以'史观'为急图，乃纯就史料以探史实也。史料有之，则可因钩稽有此知识，史料所无，则不敢臆测，亦不敢比附成式。"[①] 相比之下，新史学对待史

[①] 傅斯年：《〈史料与史学〉发刊词》，《史料与史学》第一本，重庆1944年。转引自王尔敏《史学方法》，广西师范大学出版社2005年版，第189—190页。

料的态度是多样化的,更加注重对资料的全面解读、分析、理解及意义的追寻。法国年鉴学派创始人之一马克·布洛赫曾指出:"千言万语,归根结底,'理解'才是历史研究的指路明灯。不要以为真正的历史学家是不动感情的,无论如何,他还是有感情的。与任何学者、任何正常的思维一样,历史学家也要对史料进行选择和分类。总之,他要分析史料,就首先要找出相似之处,以便进行比较研究。"布洛赫还用具体的例子进行了说明,他说:"我前面有一块古罗马的墓志铭,刻在一块石头上,目的也很单一,但其中包含丰富复杂的史料,等待着学者的银针去探究。如果对当时的拉丁词汇、句法之类语言现象特别感兴趣,那么,研究这种华丽的语言,就能通过铭文窥见当时的日常用语方式。如果喜欢研究信仰问题,也正好可以从中了解当时人对来世的想法。若要探讨政治制度,发现一个皇帝的名字或行政官的任期,也会使人欣喜万分。如要考察经济状况,铭文也或许能透露某项鲜为人知的贸易。"① 显然,新史学对待资料解读的态度对于我们进行社会史研究而言,是至关重要的,因为新史学、社会史研究对象、研究视角、研究方法的多样化和复杂性,便决定了它们在史料解读上必须超越传统史学的"如实直书"的做法。

  在如何解读文献史料的问题上,中国史学大家陈寅恪先生提出的"理解之同情"方法也具有十分重要的参考价值。具体而言,他将其研究方法概括为:"吾人今日可依据之材料,仅为当时所遗存最小之一部,欲借此残余短片,以窥测其全部结构,必备艺术家欣赏古代绘画雕刻之眼光精神,然后古人立说之用意与对象,始可以真了解。所谓真了解者,必神游冥想,与立说之古人处于同一境界,而对于其持论所以不得不如是之苦心孤诣,表一种之同情,始能批评其学说之是非得失,而无隔阂肤廓之论。"② 如果用我们现在的学术话语来看的话,陈寅恪先生的史料解读法实质上类似于前文提到过的"历史现场感",抑或一种"历史语

---

  ① [法]布洛赫:《为历史学辩护》,张和声、程郁译,中国人民大学出版社2006年版,第121—122页。
  ② 陈寅恪:《冯友兰〈中国哲学史〉上册审查报告》,《金明馆丛稿二编》,上海古籍出版社1980年版,第247页。

境"论，即主张对史料的分析理解要能够做到"身临其境"，既不是旧史学架构中的国家、政治史的"复原"，也不是单凭主观想象对史料进行随意的堆砌、拼凑或切割。因此，我们在此强调如何进行资料的解读，意在指出进行社会史研究，面对史料，研究者不仅要注意史实的真伪，更注意史料背后蕴藏着的意义。比如陈寅恪在他的读《莺莺传》一文中主要不在考辨出这是诗人元稹的"自叙之作"，而是要通过解读《莺莺传》这一文本内容，向读者展现出当时唐代社会的婚姻门第观念及道德观念。而他在考证《琵琶行》中"移船相近邀相见"一事时，试图论证的是唐时礼法观念与宋代颇不相同。再比如，在1932年陈寅恪先生在清华大学开设晋至唐时期的文化史课程，其中他讲到研究文化史的"旧派"时，认为他们所使用的材料只是廿二史儒林、文苑等传和各类书，缺点就是只有"死材料"而没有"解释"，读后不能使人了解人民精神生活与社会制度的关系。

在这里我们谈如何解读文献史料的问题，也即是要求研究者要懂得驾驭史料，在自己脑海中要融会贯通，认清史料的本来面目，进而去解析疑难之处，而并非想当然的堆砌史料。因此，我们认为解读史料可从这五个方面入手考虑：第一，假设；第二，推断；第三，想象；第四，比较；第五，量化。概而言之，这五个步骤也就是我们通常所强调的要有明确的问题意识，要能够触类旁通、互有印证，要做到"同情之理解"。或者，说得形象一点，我们可以将研究者解读史料的方法比喻为中医治疗疾病时所采用的"望、闻、问、切"四法那样，只有诊断周详、到位，方能药到病除。在此，我们再以美国历史学家何伟亚对19世纪帝国主义列强侵略中国的历史研究为例，说明运用新视角对同样性质的资料进行重新解读，也可以做出非常有影响的作品来。而何伟亚即是从对一张老照片的解读中获取了"灵感"，从而写出了一部别开生面的帝国主义侵华史。作者开篇就写道，本书书名的灵感来自一张照片，它拍摄的是1900年秋天发生在中国北京的一个令人毛骨悚然的公开处决场面。这张照片和其他3张照片一起，收在英国南部著名海滨度假地布莱尔敦的游客问讯处出版的一本小册子里。小册子深红色的封面上，赫然印着黑色的标题：处决中国义和团民的珍贵照片。"当我第一次打开这本薄薄的小册子，看到这张照片的时候，照片左下角那几具被砍去头颅的尸体首先吸引了我，但我的目光几乎立刻就从他们身上跳开了。我从前向后看去，看到了一群活着的人，他们围在四周，等着观看正要进行的下一次处决。我能够看清每一个人，甚至可以分别出他们的不同之处。照片上的大多数人衣着宽松，毫无修饰。多少接触过19世纪西方人在中国拍摄的照片的人，可能会对这种衣服比较熟悉——这无疑是中国普通老百姓的穿着。还有几个中国人穿着样式别致的制服，围在将要被刽子手砍头的下一个犯人的旁边。这些人很可能是负责地方治安的人和政府官员，负责执行外国军队所发布的义和团民的处决命令。我的目光继续向左平移，突然被一个奇异情景吸引住了：有3个穿着与其他人全然不同的制服。我当时认为他们是英印军队中的印度士兵，他们与其他7个国家的军队一起，在1899—1900年的义和团起义以后占领了北京。"①

何伟亚接着写道，其他照片类似于此，拍摄地点是菜市口，这是清朝北京城外城也叫汉人城的一个市场，同时也是公开处决犯人的刑场。这些照片记录了一次公开处决所谓义和团民的过程，它们表现的都是西方军人和外交官现场观看当地的刽子手将所谓的义和团民斩首示众的场景。对此，作者首先产生了一个疑问，这些照片能够说明什么问题呢？如果反映的是一种教程的话，那会是一种什么样类型的教程呢？其学生又是谁呢？从这些照片被印制成册的最初意图来看，一类学生可能是购买这个小册子的游客。正是通过这样一些媒介，英国公众才得以了解到使那些侵犯"文明"的"野蛮"民族"文明起来的使命"以及对这些民族的惩罚。但是，从这张照片中，也可以发现另一种课业的痕迹，这一痕迹隐隐约约地显现在照片右边突出的墙上张贴的一张写着汉字的破纸上。就像现在在中国城市的电话亭和电灯杆上仍然可以看到的那些纸一样，这是一张广告。它上面的汉字意思是说，附近的学校（英文学堂）里开设英文课。何伟亚发现，和行刑的场面并列在一起，这张广告模模糊糊地表现出另一类教程。这类教程的目标，是教育土著人在一个有着陌生的新权力关系的白人世界里，应该如何行为。它也表明，驻在中国的强大的欧洲帝国军队与那些想把英语作为第二语言的中国人之间，存

---

① ［美］何伟亚：《英国的课业：19世纪中国的帝国主义教程》导论，刘天路、邓红风译，社会科学文献出版社2007年版，第1—30页。

在着某种复杂关系。也许还可以从中发掘出其他一些意义，但无论提出什么解释，这个广告本身都通过一个能够看得见的具体事物，揭示了这样一个历史事实：帝国主义从来都不仅仅是枪炮和商品，它还是一个文化过程，是一个对力图在某个地理空间实现霸权控制的力量或实体进行反抗并且与之适应的过程。从刑场转向语言课堂，正是要沿着那条把西方人与非洲和亚洲的"劣等"种族分别开来的殖民区割，去追寻某种过程。在英文课上学习到的那种课业，或许是帝国的软的方面，用来哄劝引诱他者参加到一个往往被想象为合作性的事业中去。而在墙的左边，是帝国的硬的一面。这一面的意义，可以在对那些公然抗拒文明语言、抗拒文明语言对殖民秩序无情统治的人进行暴力肢解中得到解读。

可以看出，何伟亚从一张屠杀义和团民的照片和一张开设英文课堂的宣传广告中对帝国主义侵略中国的屈辱史进行了再解读，呈现了帝国主义的侵略是"软硬兼施"，武器的暴力和语言的暴力同时进行，枪炮不仅仅用来强迫被侵略民族人民顺从，它也试图在进行说服，而西方的字词话语看似是一种温和的说服，但它们也是某种强制手段。显然，作者这种发现史料、发现问题、建构历史的视角和方法都值得我们很好地学习和借鉴。

另外，就区域社会史研究中如何解读文献史料问题，除了我们上面所讲述的之外，还有一点需要注意的就是要充分重视历史与田野相结合，真正地去领会和掌握"走向田野与社会"的治史宗旨，才能在解读史料方面不断推陈出新，进而不断地书写出具有思想性和学术性的研究成果来。总而言之，文献史料的解读是一个总体性的问题，它既包括读什么、为什么要读、怎么去读，还包括通过解读不同史料，要关注的历史问题是什么，是否具有意义，并且意义怎样得到体现，等等。我们只有对其进行全面的认识和掌握，才能在社会史研究上达到更高的一个境界。

参考文献

1. 梁启超著、夏晓虹点校：《清代学术概论》，中国人民大学出版社 2004 年版。

2. 行龙：《以水为中心的晋水流域》，山西人民出版社 2007 年版。

3. 乔志强主编：《中国近代社会史》，人民出版社1992年版。

4. 陈旭麓：《近代中国社会的新陈代谢》，上海社会科学院出版社2006年版。

5. 行龙主编：《近代山西社会研究——走向田野与社会》，中国社会科学出版社2002年版。

6. 赵世瑜：《小历史与大历史：区域社会史的理念、方法与实践》，生活·读书·新知三联书店2006年版。

7. 何兆武、陈启能主编：《当代西方史学理论》，上海社会科学院出版社2003年版。

8. ［苏］米罗诺夫：《历史学家和社会学》，华夏出版社1988年版。

9. ［法］布洛赫：《为历史学辩护》，张和声、程郁译，中国人民大学出版社2006年版。

10. 行龙：《走向田野与社会》，生活·读书·新知三联书店2007年版。

11. 陈春声：《走向历史现场》，《读书》2006年第9期。

12. ［美］裴宜理：《华北的叛乱者与革命者1845—1945》，池子华、刘平译，商务印书馆2007年版。

13. ［英］爱德华·埃文思-普里查德：《论社会人类学》，冷凤彩译，世界图书出版公司2010年版。

14. ［美］何伟亚：《英国的课业：19世纪中国帝国主义教程》，刘天路、邓红风译，社会科学文献出版社2007版。

15. ［法］费尔南·布罗代尔：《论历史》，刘北成、周立红译，北京大学出版社2008年版。

16. ［英］马凌诺斯基：《西太平洋的航海者》，梁永佳译，高丙中校，华夏出版社2002年版。

17. ［英］玛利亚·露西娅·帕拉蕾丝-伯克编：《新史学：自白与对话》，彭刚译，北京大学出版社2006年版。

18. 王尔敏：《史学方法》，广西师范大学出版社2005年版。

19. 史克祖：《追求历史学与其他社会科学的结合——区域社会史研究学者四人谈》，《首都师范大学学报》（社会科学版）1999年第6期。

第 六 章

区域社会史研究的资料

社会史的复兴，引发了历史研究自下而上研究范式的转换，也掀起了一场"史料革命"，一股重新解读旧史料、挖掘和利用新史料的浪潮蔚然成风。随着社会史向区域社会史研究的转向，学者运用史料的变化比以往更为明显，区域性的、富有地域特色的材料得到更加广泛的重视，反映普通民众日常存在领域的契约、碑刻、族谱、账簿等地方民间文献成为学者竞相搜罗的目标，为历史研究服务的史料无论在性质上还是内容上均发生了革命性的变化，"什么都可以成为区域社会史研究的资料"。

在此分为重新解读旧史料、挖掘利用新史料、重视扩展史料三部分对区域社会史研究的资料进行梳理。

第一节 旧史料的新解读

旧史料，亦为人们所惯称的传统史料，与史料所关涉的时段无关，而是指学者在以往的历史研究中使用率较高的文字资料。在旧史料中，又以史料本身的时段为标准，划分为传统文献、近现代文献、地方志等三类。由于服务于政治史、革命史的研究范式，旧史料中关于重大历史事件、政权更迭、典章制度和精英人物的材料受到关注，而有关社会生活、社会结构、社会群体等的内容多被忽略。对旧史料的新解读，要挖掘这些被忽略的内容，也要将以往已经被利用过的史料放置于区域社会史研究视角之下进行重新解读。

一 传统文献

就传统文献的分类而言，古往今来的众多史家，依据的标准不同，分类也各异，如直接材料与间接材料、同时代史料与非同时代史料、原料与次料①，以及原始史料与非原始史料、核心史料与非核心史料、关键史料与边缘史料等分类。当然，这些分类对于其他文献资料的分类也同样适用。翦伯赞以四库全书的分类为基础，对史料做出正史、正史以外之诸史、史部以外之群书（经、子、集）、四部以外之各种文字记录（如清代内阁大库档案、碑铭墓志、家谱、杂志、报纸）的分类。② 史料的分类是一个见仁见智的问题，没有绝对统一的标准，不过相对而言，翦氏综合了我国传统文献遗存的特点，符合我国历史研究的实际情况，对史料做出了较为明晰具体的分类。虽然均以政党、政治、军事、外交为主题，但其中并不乏区域社会史研究所需要的史料。根据资料本身和学者运用的特点，我们将传统文献具体分为正史、政书，起居注、实录、东华录及圣训，各种专题书，传记、日记和书信，笔记和文集，明清档案，类书和丛书等类。这些文献，产生于从春秋战国到明清以来的各代王朝，由统治阶级和士大夫精英编纂而成，主要反映国家层面和精英阶层的历史。虽然这与区域社会史研究重视下层的特点不同，但研究区域社会史并不是要忽视上层的东西，而且对于国家典章制度等的了解是开展区域社会史研究的前提，同时在这些史料中除了政治的内容外，也不乏关于社会经济和民情风俗的内容，尤其在传记、笔记和文集中体现更为明显。所以在目前的学术研究中，传统文献依然是学者关注的对象，是区域社会史研究资料必不可少的一个组成部分。

（一）正史和政书

在传统文献中，正史、政书数量巨大，除了反映帝王将相、政府官员的沉浮以及国家政令、典章制度沿革等的史料内容外，也包含有关于婚姻、家庭、宗族、人口、衣食住行、风俗信仰以及社会意识、社会群

---

① 陈恭禄：《中国近代史资料概述》，中华书局1982年版，第23—25页。
② 翦伯赞：《略论中国文献学上的史料》（1945年），载翦伯赞《史料与史学》，北京出版社2005年版，第19—23页。

体、社会生活等方面的社会史史料，学者运用较多。

正史中的社会史史料多集中在"列传"和"书志"中，前者如烈女传、良吏传、宦官传、外戚传等，后者如五行志、礼乐志、刑法志、食货志、艺文志、天文志、地理志等。由于正史中的社会史史料比较集中，学者相对运用较多。早在20世纪三四十年代就已经有学者利用正史中的相关史料做出社会史的研究，如陈顾远的《中国婚姻史》，从婚姻的制度、类型、婚姻的成立与解除等各个方面勾画出我国古代婚姻状况的全貌。冯尔康利用正史中的材料对周秦至明清中国的等级结构、家庭和宗族结构及各种社与会等社会结构的演变做出勾勒。① 王玉波以正史史料为主要依据，认为以食为天的基本需求、尚俭的道德规范和生活准则、淡交的交往方式以及舒缓的生活节奏是中国传统生活方式的基本特征②。正史中还有关于社会群体、社会控制、宗族制度等的材料，如《魏书》"今制皇族、师傅、王公侯伯及士民之家，不得与百工、伎巧、卑姓为婚，犯者加罪"③，反映了贱民社会地位的低下。《新唐书》"'郡姓'者，以中国士人差第阀阅为之制，凡三世有三公者曰'膏粱'，有令、仆者曰'华腴'，尚书、领、护而上者为'甲姓'，九卿若方伯者为'乙姓'，散骑常侍、太中大夫者为'丙姓'，吏部正员郎为'丁姓'。凡得入者，谓之'四姓'"④。从中可以看出，孝文帝建立汉族"士人差第阀阅"的郡姓制度，对当时的社会等级和宗族制度的形成均有重要影响。

政书记载科举、职官、礼俗、贡税、田赋、兵刑等各个方面制度和法令的沿革及变化，历代正史中的"志"也具有政书的性质。有的政书是包含政治、经济、文化、军事等各个方面的综合性政书，有些则是涉及某一专题的专题性政书，从学者研究利用的角度考虑，我们将后一类政书归入专题书当中。综合性政书大致可分为以下几类：一是《通志》《通典》《文献通考》《续通志》《续通典》《续文献通考》《清朝通志》《清朝通典》《清朝文献通考》《清朝续文献通考》等十通，有的是通论，

---

① 《中国社会结构的演变》，载周积明等编《中国社会史论》（上卷），湖北教育出版社2005年版，第221—270页。
② 《中国传统生活方式》（二），载周积明等编《中国社会史论》（上卷），第378—408页。
③ （北齐）魏收撰：《帝纪第五》卷5，中华书局1974年版。
④ （宋）欧阳修等撰：《儒学中》卷199，列传124，中华书局1975年版。

有的是断代，基本从传说中的唐、虞直至清乾隆朝一直延续下来，《清朝续文献通考》的下迄时间延至清末宣统年间，涉及各方面制度及其实行过程中人们的生活状况，如上朝、执行公务的官服、居家的常服，各种祭祀活动，人们的交通工具、各种职业和生活规范等，学者在研究中运用较多。《文献通考》"所谓乡亭之职至困至贱，贪官污吏非理征求，极意凌蔑，故虽足迹不离里闾之，奉行不过文书之事，期会追呼，笞箠比较，其困踣无聊之状，则与以身任军旅、土木之徭役者无以异，至于破家荡产，不能自保……上之人既贱其职，故叱之如奴隶，待之如罪囚；下之人复自贱其身，故或倚法以为奸，或匿贼以规免"①。宋代基层行政人员一面受上级欺凌压榨，另一面又鱼肉乡邻，是当时基层行政运作的体现。二是具有"断代"特点的"会典"和"会要"。此类政书专门记载某一朝代的典章文物制度和法令规程，包含着社会史研究的史料，如《明会要》民政卷，包含有户口、移徙、逃户、风俗、里老、粮长、尊高年、恤鳏寡孤独、恤流民、治豪猾、奴婢、瘗遗骸等，涉及户籍制度、移民政策、民间风俗、基层组织、社会救助和保障功能等多个方面。三是具有"区域"特点的地方政书。地方官员在施政过程中，发布的告示、归谕、教令、判案批文、向上级的报告、给皇帝的奏疏等都成为地方政治文献，有地方官员、幕客、士人留心此类文书、予以汇辑，刊刻行世。这类政事文献反映该地区的经济、文化、社会状况，并在一定程度上反映全国的状况和地区特点，如《江苏省例》《湖南省例成案》《刑律诉讼》等。②

(二) 起居注、实录、东华录及圣训

四者在内容上较为相近。"起居注"是中国古代的一种编年体的史书体裁，它是由专门的史官对于皇帝每日的行为言论按时记录的史书。皇帝在世时编修，从西汉武帝始，直至清代，历代都有编修。除清代起居注外，目前保存下来的只有《大唐创业起居注》。"实录"是中国封建时代记载皇帝在位期间重要史实的资料性编年体史册名称。一般以所记皇帝的谥号或庙号为书名，为皇帝故世后编修，产生的也较早，南北朝时

---

① （元）马端临，《文献通考》卷13，职役考2。
② 冯尔康：《清史史料学》，沈阳出版社2004年版，第94—95页。

已有《梁皇帝实录》，唐朝以来官方将实录作为重要史书加以编纂，至清代尤为重视。① 大部分实录已经散佚，目前仅见《明实录》《清实录》以及韩愈撰《顺宗实录》五卷、钱若水撰《宋太宗实录》二十卷；《东华录》以实录为摹本，并参照圣训、方略、御制诗文、官书及其他的传记资料修纂而成，在取材上更为广泛。乾隆三十年（1765），重开国史馆，蒋良骐任纂修，就《清实录》及其他官书文献摘录清初六朝五帝史料，成书三十二卷。全书内容按年月日顺序排次，起太祖天命元年（1616），迄世宗雍正十三年（1735）。以国史馆在东华门内，故题为《东华录》。它们虽主要记录皇帝的日常活动诸如举行大典、祭祀、巡幸、御门听政、谒陵等活动，但广泛涉及政治、经济、军事、文化、对外关系、自然现象等各个方面，几乎无所不包。《明太祖实录》"是月命天下郡县编赋役黄册，其法以一百一十户为里。一里之中，推丁粮多者十人为之长，余百户为十甲，甲凡十人，岁役里长一人，甲首十人，管摄一里之事"②。这是明初国家政权对基层行政的机构设置和对乡村控制管理的方式。《雍正朝起居注》"（族长）训诫子弟，治以家法，至于生死……不当按律拟以抵偿"，国家最高统治者赋予宗族领袖以较高的权威，可以对族人惩戒，甚至可以致死，足以说明当时宗法制度的强大。

圣训是由实录中皇帝关于政治决策和世道人心的说教摘录出来编辑而成，是对皇帝训令、教化天下"子民"语录的记载，旨在"上彰祖德，下启孙谋"。清代《圣训》起于太祖，终于穆宗，历十朝，故又称为《十朝圣训》。圣训并不局限于政令教化，而是广而涉及各个方面，以《宣宗圣训》为例，分圣德、圣孝、圣学、圣治、敬天、法组、文教、武功、勤政、爱民、睦族、察吏、用人、崇俭、理财、求言、恤下、慎行、恤兵、蠲赈、严法纪、正制度、重农桑、厚风俗、河道、仓储、盐法、屯垦等四十目。圣训与实录等相比，宏观和静态的特点突出，相对缺乏细致具体的内容和过程。

（三）各种专题书

专题书将各类内容分类编排，为学者的专题研究提供了极大便利，

---

① 冯尔康：《清史史料学》，沈阳出版社2004年版，第33页。
② 《明太祖实录》，"中央研究院"历史语言研究所校勘，卷135，1962年，第2143页。

具体有地理书、农书、医书、科技书、宗教经典以及法律文献、礼制类、荒政类、科举类、军政类、财政类等专题类文献，它们都是围绕某一个主题展开，资料比较集中，便于学者利用。如今的区域社会史研究，多学科交叉即历史学与地理学、民俗学、宗教学、医学、法学等的学科互涉已经非常明显，而且取得了卓越的成就，这些文献无论作为背景知识，还是具体的资料利用，都是必不可少的参考。以地理书为例，《禹贡》《山海经》《水经注》《元和郡县图志》《太平寰宇记》《肇域制》《天下郡国利病书》《读史方舆纪要》等，对于各地的山川、地理都有详细记载。在进行区域社会史研究时，环境是影响区域社会发展的重要因子，环境与社会之间有着极为复杂的互动关系，要探讨区域社会中的人和事，就必定会涉及特定时空下的生态环境，所以参考这些地理书是非常必要的。如在《水经注》中，作者记述了1252条河流水道，同时不限于对大小河系的源流和脉络描述，而是将沿河各地的土地特产、建置沿革、历史事迹、聚落兴衰以及自然地理等详细记载，具有较高的史料价值。《读史方舆纪要》对我国各地地理形势详细记述，如"（河南）古所称四战之地也。当取天下之日，河南有所必争。及天下既定，而守在河南，则岌岌焉有必亡之势矣。"河南的此种地理位置必然对其地域社会和历史的发展产生重要影响，是在进行区域研究时不得不考虑的一个因素。

　　具有政书性质的专题书，如礼制类的"三礼"（《仪礼》《周礼》《礼记》）《大唐开元礼》《洪武集礼》《大清通礼》等文献中多包含有礼仪规范的内容，可以反映等级制度、社会结构、生活礼制以及各种制度实行中人们的生活状况等内容。除了官修礼制类书籍外，也有私人对当时各种礼制在民间的具体实施情况发表个人见解；法制类有《唐律疏议》《元典章》《大明律》《大诰三编》《驳案汇编》，有的还包含了许多的案例，能够反映人们职业的身份等级、社会地位、社会构成、社会结构、婚姻、家庭、家族、邻里以及国家的社会控制等方面的状况。在古代，法律体现的是礼的观念和仪式，法与礼实为一体，这两类文献需要综合参考；荒政类如《救荒活民书》《救荒十六策》《灾赈全书》等，包括了灾害情形、灾害发生后民众的生活状况及社会的应对措施。再如铨选、科举、吏治类的《吏部铨选则例》《学政全书》《科场条贯》《吏治辑要》，军政类的《兵部处分则例》《军器则例》、财政类的《漕运通志》《漕运则例》

等也都包含了相关方面的社会史研究的资料。

(四) 传记、日记和书信

三者都是以人为中心,对人的活动、思想、社会关系、价值观念的记录。

在古代,传的含义较为丰富,有解释儒家经典的经传,以人为主体记录事情的纪传,记录人物及其活动的人物传,这里所说的传记指人物传记。人物传记的种类多样,涉及男女官民各色人等,既有达官贵胄、学术思想和诗人书法家的传记,又有专门为女性和宗教界人物所做的传记。从性质和编纂而言,传记既有官修又有私修、既有为自己纂写又有为他人纂写的传记,既有专著又有分散在正史、地方志、档案、文集中的传记,这里以传记专著为主。有列传体的传记专著,如《钦定宗室王公功绩表传》《儒林传稿》《昆山人物传》《广州人物传》《入华耶稣会士列传》《清代闺阁诗人征略》等;有碑传体的传记专著,如《清代碑传全集》《国朝耆献类征初编》《国朝贤媛类征初编》;有年谱类的传记如《杜工部年谱》《朱子年谱》《范文正公年谱》等。这些史料不仅记录了丰富的个人思想及行为活动,而且也折射出当时的政治、经济等各项制度的实践和社会风貌,如地方官员的传记可以反映辖区内的地方治理状况,女性的传记可以反映当时社会的伦理道德规范,文人的传记可以反映社会的主流文化和精英阶层的心态与心理等。此类史料有各种工具书可以检索,如《室号别号索引》《古今人物别名索引》《历代名人年里碑传总表》《宋人年谱集目》《中国历代年谱总录》等。无论是官修还是私传,传主家属是提供资料的一个重要来源,这样就会带有很大的个人主观性,尤其是私人作传,有的是自己所纂,难免会夹杂着隐恶扬善的主观愿望,所以在运用这类史料时需要特别审慎。

日记是记述者对自身亲身经历、思考的记载,它不仅描绘出作者个人的生平,同时也反映了作者背后的时代变化。一般认为,日记的书写形式起源于汉代"起居注",经历了唐代的发展、两宋的繁荣,到明清时期达到鼎盛,清代尤盛。在传统文献中,日记还有纪程、行记、游记、旅行记、日录、日谱等别称,可分为生平日记、学术日记、差事日记和其他日记（如旅行日记）①等。与人物传记类似，日记的编写者包含了社会各个阶层的政客文人，上至朝野纷争、社会状况、社会经济，下至人情礼俗、家庭邻里、文化娱乐等都有生动具体的描述，包含着社会史研究的珍贵资料。这里的日记，指的主要是上层政治和精英人物的日记，如翁同龢的《翁文恭公日记》、曾国藩的《曾文正公手书日记》等。书信，在传统文献中又名"尺牍"，又别称雁足、鳞鸿、鱼素、函札等，既有官方之间的往来雁传，如奏折、谕旨，又有个人写给朋友、家人等的私人信件，这里指的是后者。较为著名的有《曾文正公家书》《昭代名人尺牍续集小传》《清代名人手札汇编》《道咸同光名人手札》《咸同中兴名贤手札》等。从研究的角度来看，与其他的资料相比，日记和书信包含的内容相对更为丰富生动，也更为细致具体，但也由此也产生了主观性的问题，例如作者表达出的一些观念和评论，与其本人的社会地位、经济状况、政治身份等密切相关，在运用时应尽量与其他资料相互证实参照使用。

（五）文集和笔记

文集和笔记并非一般概念的史书，大体上是"文章"类型②，可归为一类。这里的文集不同于近人编著的文章合集，是指我国古代的一种文章载体，相当于四部里的集部，或者今日言称的文学作品，分为别集、总集、诗文评、小说、词曲。别集是个人著述的汇编，如《李太白集》《杜少陵集》《河东先生集》；总集相对于别集，是多人著述的汇集，如《淮南子》《文选》《全宋词》《古文观止》，明经世文编以及清经世文编、续编、三编、四编等；诗文评指文学批评专论，如《文心雕龙》《历代诗话》《饮冰室诗话》《宋诗纪事》《随园诗话》；小说类包含平话、演义，如《水浒》《清平山堂话本》；词曲类指主要宋词、元曲，如李清照《漱玉词》、苏东坡《东坡乐府》和关汉卿《窦娥冤》、王实甫《西厢记》等。综合各种文集的著者，有皇帝和达官贵胄、朝廷官员、部院大臣，有地方督抚、州县官员，也有文人秀才，而且包含了奏疏、论说、序跋、家训、传记等各种题材，反映了著者对自身经历和周遭社会环境的记述

---

① 冯尔康：《清代人物传记史料研究》，商务印书馆2000年版，第213页。
② 冯尔康：《中国社会史概论》，高等教育出版社2004年版，第170页。

和人生观、价值观的表达，会涉及政治权力、经济生产、日常见闻等社会生活的方方面面，蕴含着丰富的社会史资料。

笔记，中国古代记录史学的一种文体。意谓随笔记录之言，属野史类史学体裁。笔记形式随便，又无确定格式，诸如见闻杂录、考订辨正之类，皆可归入。笔记的特点，以内容论，主要在于杂，不拘类别，有闻即录；以形式论，主要在于散，长长短短，记叙随宜，因此，凡是较为专门的著作、专谈一时一类事实的书一概不录。① 古代笔记大致可分为三类：小说故事类（志怪、逸事小说）、历史琐闻类、考据辨正类，② 著名的有《搜神记》《世说新语》《阅微草堂笔记》《聊斋志异》《万历野获编》《池北偶谈》《鸡肋编》《白虎通义》《容斋随笔》《梦溪笔谈》《日知录》等，还有笔记的史料汇编如《清代史料笔记丛刊》等。笔记之名还有很多异名，如丛谈、丛话、随笔、杂录、杂忆、琐言、琐谈、见闻录、新语、客话、旧闻等。笔记体史料生动具体，举凡民俗风情、逸闻琐事、文学艺术等几乎无所不包。《履园丛话》从军事斗争、地方割据、荒政吏治到民间恶俗笑柄、鬼神精怪等详细描绘，兼有议论。如"袁简斋先生极论之，历举古人中改嫁之人，若汉蔡中郎女文姬改嫁陈留董祀……陆放翁夫人为其母太夫人之侄女，太夫人出之，改嫁赵氏。薛居正妻柴氏，亦携赘改嫁。而程伊川云妇人宁饿死，不可失节，乃其兄明道之子妇亦改嫁，不一而足。余谓宋以前不以改嫁为非，宋以后则以改嫁为耻，皆讲道学者误之。"宋代之前，改嫁之人甚多，虽也有所谓守节者，但不占主流，宋以后妇女改嫁已经被视为是可耻的行为，反映出宋代妇女的社会地位和婚姻的变化。同时作者认为："总看门户之大小，家之贫富，推情揆理，度德量力而行之可也，何有一定耶？"③

（六）明清档案

档案是一类比较特殊的史料，与前述各类史料都不同，它以反映政府政策法令和行政运作层面的内容为主，具体指因官方上下级往来及各级政府对于所辖区域之内的政治、经济、文化等各种情况的行政记录而

---

① 刘叶秋：《历代笔记概述》，北京出版社2003年版，第6页。
② 同上书，第4页。
③ （清）钱泳：《履国丛话》，杂技上·改嫁，卷23。

形成的大量文书，系统而丰富。相对而言，这是最为原始的一类资料，即使经过加工整理也基本保存了史料的原始样貌。"八千麻袋事件"引发世人对明清档案的重视和利用，尤其对清代史料档案的运用，曾出现两次兴旺时期，一次是在20世纪二三十年代，一次是20世纪70年代开始至今。① 近些年来的大清史编修，更推动促进了清代档案的整理出版。到目前为止已经出版的清代档案史料数量众多，新中国成立以前出版的档案史料有《顺治元年内外官署奏疏》《掌故丛编》《文献丛编》《史料旬刊》《明清史料》（甲至癸共10编）以及专题类的《清代文字狱档》等；新中国成立以后出版的档案史料有《清代康雍乾巴县档案选编》《年羹尧奏折》《李煦奏折》《吴煦档案选编》《宫中档各朝奏折》（康熙、雍正、乾隆、光绪）、《汉文朱批奏折汇编》（康熙、雍正）、《上谕档》（清代各朝）等。

还有大量未出版的明清档案。中央国家机关的档案，主要保存于第一历史档案馆，台北故宫文献及"中央研究院"也保存有一部分。明清地方政权、家族和民间档案，分存于辽宁、四川、山东、西藏、黑龙江等各地档案馆、博物馆和图书馆中。以一史馆为例，其所存的明清档案可分为四类：一是皇帝的诏会文书，如诏、诰、敕、谕、旨、廷寄、朱谕、电旨等；二是臣工的奏章，如题、奏、表、笺；三是各衙署来往的文移，如咨、呈、移等；四是各衙署的公务记载及汇编存查的档册。② 主要内容有政治、经济、军事、民族、宗教、外交、文化教育，以及天文、气象、环境、物产、水利、灾荒、地震、园林建设、饮食服饰、医药卫生、宫廷礼仪、风俗民情等，可谓无所不包，是区域社会史研究的重要史料。档案史料虽然相对较为客观，但也往往会受到意识形态的影响，或者由于各种主客观的因素，并不能完全反映历史全貌，这在运用时需要注意。

（七）类书与丛书

从研究的角度出发，在传统文献中，还有一类数量巨大的资料汇编——类书和丛书。类书抄集群书词、句、段、篇，以类相从，分类编

---

① 冯尔康：《清史史料学》，沈阳出版社2004年版，第102页。
② 秦国经：《中华明清珍档指南》，人民出版社1999年版，第26页。

纂，以供检索。丛书是把单独的著作排列在一起，无论分类与否，原书都保持完好，不予分割。由于两者都是辑录各种史料而成，尤其类书，在利用时应尽量核对原书。从包含的内容看，两者都可分为综合性和专门性两大类。较为重要的类书有百科全书式《艺文类聚》《太平御览》《永乐大典》《古今图书集成》《清稗类钞》，小说故事类《太平广记》，政事类《册府元龟》，通俗类《事林广记》，清王于阳专辑女性史料编纂而成的《奁使》等。由于《永乐大典》几乎全部散佚，《古今图书集成》成为现存最大的类书；丛书的数量、种类繁多，明代时大批涌现，呈现出繁荣之势，著名的有《儒学警悟》《百川学海》《说郛》《百陵学山》《唐宋丛书》《古今逸史》《金声玉振集》《学海类编》等，《四库全书》是我国最大的丛书。两者在编排的体例和方式上不尽相同，在内容的庞杂上则十分相似，都包含了历史事实、天文地理、典制沿革、民间风俗、文艺作品、人物传记等各个方面，是研究社会史的重要史料。《清稗类钞》是作者徐柯在阅读野史笔记、诗文集和时事新闻时随手记录整理而成，分时令、风俗、娼妓、优伶、婚姻、疾病、服饰、会党、方言、迷信、饮食、宗教、戏剧、音乐、宗族、舟车、赌博等共九十二类，这些都是社会史研究的重要内容。"亲迎之礼，晚近不用者多，光宣之交，盛行文明结婚，倡于都会商埠，内地亦渐行之。礼堂所备证书，由证婚人宣读，介绍人、证婚人、男女宾代表皆有颂词，亦有由主婚人宣读训词，来宾唱文明结婚歌"①，反映了中国传统社会在转型之际发生在社会风俗上的变化。再如《太平御览》，一千卷，共五十五部，其中宗族、礼仪、刑法、器物、布帛、资产、饮食、方术、疾病等部都含有诸多社会史史料。如疾病一部，分聋、盲、哑、吃、秃、龋齿、兔缺、瘿、伛偻、疣赘、瘤、跛、偏枯、头痛、心痛、腹痛、咽喉并噎、烦懑、劳悸、眩、疮、痱、螫毒、蛊、痈疽、瘘、癣、瘃、疥、恶疾、疫疠、霍乱、痊、疟、消渴、蹶逆、咳嗽、呕吐、水疾、肿、疝、瘦、痹、痔、痢、阴痿、阳病等目，对各种疾病的症状、原因、治疗办法、疾病对人的社会活动和日常生活的影响详细描述，间有生动具体的事例，为研究疾病医疗社会史提供了参考资料。

---

① 《清稗类钞·婚姻类》，中华书局1984年版，第1987页。

二 近现代文献

近现代文献的数量虽无法与传统文献相比,但也同样巨大,在特征上完全不同于传统文献,特别是随着近代出版业的发展,档案、资料汇编和报纸杂志大量出现,政党色彩愈到晚近愈为突出,而且由于中西方接触的加强,也留存了一些外文史料,这是在传统史料中不曾有的。根据史料本身和学者编辑整理的特点,将近现代文献分为:档案、综合各种文体的资料及其汇编;报纸期刊;文集、日记、自传、年谱和回忆录。由于同样受到政治史和革命史范式的影响,在这些史料中,反映重大历史事件和政府、政党历史的内容占据了主要地位,但其中并不乏社会史研究所需要的史料内容,对此应有充分的认识,而且将这些重大事件和国家、精英上层层面的内容重新放置于社会史的视角下进行解读,也是社会史研究的应有之义。

(一) 档案及资料汇编

以资料的内容为划分标准,大体可分为以下几类:

重大历史事件专题。以中华民国成立之前的重大历史事件为线索,将相关史料汇编成集。有的专以档案汇编而成,如《清末预备立宪档案史料》《戊戌变法档案史料》等,有的综合档案、地方志、文集、年谱、奏稿、回忆录、传记、上谕等各种史料编纂而成如《鸦片战争文献汇编》《太平天国史料丛编简辑》《护国运动资料选编》。有的资料汇编是以全国为范围,有的以某一地区为范围,如《江浙豫皖太平天国史料选编》《辛亥革命在上海资料选编》,基本涉及鸦片战争、太平天国、捻军、回民起义、洋务运动、中法、中日战争、戊戌变法、义和团、辛亥革命等,虽反映的主要是重大历史事件和历史人物,但也包含有丰富的社会史史料。《太平天国革命史料丛编简辑》"柳、庆、桂、平四郡,楚南垦荒贸易者多,粤东间有民人亦略相等,闽省差少。梧、浔、南、镇、玉等府州,半与东境毗连,垦荒贸易者多系东人,闽人间亦有之",反映出当时东南各省的移民情况。《辛亥革命史料》中云南政府指责四川成都政府"改革之初,人民(帮会)先罹其祸,将有仇视新政府之心",说明当时帮会势力的强大,以致足以对革命政权构成威胁。对这些重大历史事件的综合性资料汇编有《中国近代史资料丛刊》《近代史资料专刊》《中国近代史文献汇编》等。

其他专题类史料。一是基本以"中国近代××史资料"冠名的系列丛书,包括工业史、手工业史、农业史、对外贸易史、学制史、教育史、铁路史、航运史、盐务史、货币史、出版史以及经济思想、经济史研究、经济史统计、外债史统计、农业生产及贸易统计、教育史教学参考等各个方面。以经济和教育为例,以往学者多以经济史和教育史的研究视角对其进行利用,社会史要求对经济与社会、教育与社会的互动关系进行更加深入的挖掘,这些史料汇编在区域社会史研究视角的关照下被重新审视,一些被忽略的相关史料也重新得到运用。《中国近代手工业史资料》"(北京)除官商兵丁外,其谋生之道,约分两途:一曰食力,西人所谓艺也。食力之中,以当家人、车夫、水夫及瓦作、小工四项为大宗;食技之人,以木匠、瓦匠人数为最多,此外尚有各种手艺之人,统计其数,亦不下数十万,皆系客民,并非土著"反映了进入城市的农民谋生和从事各类职业的情况。《中国近代农业史资料》中反映,到1929—1933年间,全国植烟面积达8000万亩,占全国耕地面积的6.1%。产量最大的省份为四川、陕西、云南、甘肃。有些地区的罂粟种植面积占耕地的80%—90%,甘肃省的罂粟收益占农业总产值的90%,烟祸在当时的毒害可想而知。二是各种专题的单行本,如《近代中国女权运动史料》《近代秘密社会史料》《广西会党资料汇编》等,包含户口土地田赋统计、商人和商会、灾荒、民变、会党、妇女和女权运动、农民运动、钱庄和财政、工商经济、人们反抗斗争、航运、秘密社会、天地会、风俗等,这些资料同样或是以全国为范围,或者以某一地区、流域为范围,为社会史的专题研究提供了丰富的史料。

综合类史料,指无论是以全国还是以某一地区为范围,都不以专题分类,而是包含各个方面内容的史料,有数量众多的单行本,这里只提及三种大部头综合型史料汇编。《近代中国史料丛刊》(初编、续编、三编)将晚清至民国的各种资料文献汇编成刊,共2850册,是目前数量最大、种类最为齐全的近代史研究资料汇编,除了关于重大政治、历史、军事事件的资料外,有大量的人物传记、日记、年谱、文集、游记、随笔、手札、奏稿以及统计年报、贸易统计等等,包罗宏富,是进行区域社会史研究的重要参考资料。《近代史资料》从1954年出刊,现已发表一千四五百万字的资料，内容包括自 1840 年以来清朝和民国时期的政治、经济、文化、外交、军事等各方面的史料，如档案、函电、日记、著述稿本、回忆录、访问记或调查记及图片等原始资料。① 《近代稗海》，从 1985 年始陆续出版，在时段上从鸦片战争到中华人民共和国成立，达近百余年，同样也包含了各个方面的内容，甚为丰富。

政治性色彩明显的史料及汇编，主要有两大类，一是包含中华民国临时政府、广州和武汉国民政府、北洋政府和南京国民政府的综合性档案和资料。除了单行本外，汇编有《北洋军阀》《中国现代政治史资料汇编》《中华民国史档案资料汇编》《中华民国史档案资料丛刊》《中华民国重要史料初编——对日抗战时期》《中华民国史资料丛稿》《中华民国史料丛编》《中华民国史事纪要》《革命文献》，这些资料汇编都为大部头史料丛书，或只收录档案，或结合档案、未刊稿本、报纸杂志与当时的各种著述汇编而成，是对民国时期的重大事件、重要人物以及政治、经济、军事、文化教育、群众运动等各方面状况的反映；一是中共党史类资料。或以专题编辑，或汇集各类内容，在地域范围上或是全国或是某一地区，或为丛书，或为单行本。汇编有《中共党史教学参考资料》《中共党史资料丛书》《中共中央文件选集》《中国现代革命史资料丛刊》《中国共产党历史资料丛书》《中国现代史资料选辑》，主要是关于中共党内会议、党内斗争，一些重大的事件或重要问题，中共中央各个时期各个方面的正式文件和领导人的文章、报告等。综合性的、地区性的根据地史料和根据地财经史料，如《陕甘宁革命根据地史料选辑》《晋察冀抗日根据地史料选编》《华中抗日根据地财经史料选编》《山东革命历史档案资料选编》《河北省档案史料集》《广西历史档案资料选编》等。以专题突出的史料《冀鲁豫边区群众运动资料选编》《中共中央青年运动文献选编》《中国妇女运动重要文献》等。另日本侵华期间也保存了大量的相关档案，还有其他各种政治团体、民间力量的政治、经济、教育活动的史料，限于篇幅兹不赘述。

此类资料虽然基本以政党、政治、军事、外交为主题，多反映的是上层层面的内容，但区域社会史研究要求"自下而上"与"自下而上"

---

① 白寿彝主编：《中国通史》（近代前编分册），上海人民出版社 1999 年版，第 73 页。

研究方法的相互结合，对上层的、政治的内容同样不可忽视，更何况这些史料中也有关于基层民间社会状况的内容，只不过更为宏观。运用此类资料时，尤其需要注意其背后的意识形态及对资料文本的影响，以便客观地分析利用。

另外，未出版的中央级档案主要保存于北京中央档案馆、南京第二历史档案馆、台湾中国国民党中央党史委员会和台湾"国史馆"。各地方保存的省、县、乡、镇档案在近些年来才逐渐得到学者的注意，我们将其归入新史料中，后面将详述。

（二）报纸期刊

报纸期刊是一类丰富的历史史料，举凡政治、经济、文化教育、社会风俗等无不包含，即使是由政府、政党所主办，除了记录国内外重大事件、发表政论主张外，也多少会论及各种社会问题及社会生活状况。中国最早的官方报纸——邸报出现在唐代，由于官方的严格控制，直到近代以来西方侵略者将近代化的报纸引入国内，中国的报业才得到发展，列强在中国的侵略机构和教会、传教士创办的报纸、政府公报、政党机关报、各种社会力量创办的报刊，在内容上有鼓吹维新变法的报纸，鼓吹民主革命的报纸，宣传新文化、新思想的报刊，反映社会政治、经济和文化思想的报刊等都纷纷出现，这使得与社会息息相关的各种信息在报刊上得到了全息的记录。较为著名的报纸期刊有《申报》《大公报》《新闻报》《民国日报》《中央日报》《民主报》《解放日报》《新华日报》《字林西报》《益世报》《群众》《东方杂志》等。朱浒在《地方流动性及其超越——晚清义赈与近代中国的新陈代谢》中直言，《申报》是支撑其多达五十万字论著的最大宗史料。作者只检阅了从1872—1912年间的报纸内容，就辑出了至少四百万字与义赈活动直接相关的资料，如果加上间接牵连到义赈的资料则数量更为惊人。在义赈开始出现之时，《申报》就对这一事件表现出极大的关注，并且直到其大规模兴起和发展的全过程。而且，其形式涵盖了《申报》上的所有题材，如论说、书信、电稿、告白、广告、诗歌、快讯等无所不有。[①]

[①] 朱浒：《地方流动性及其超越——晚清义赈与近代中国的新陈代谢》，人民大学出版社2006年版，第44页。

正是依靠如此扎实丰富的资料基础，从以地方性系谱为基础的抗拒活动和以国家话语为旨归的近代化改造的两个不同层面上，作者对义赈做出深入解读，并阐释无论是宏观认知的框架，还是微观的解释模式，都有其适用的限度，实现综合两者的思维逻辑才是关键所在。"地方性问题固然发生于微观层次，但是其实践逻辑的完整表达应该是'地方性的流动及超越'，而不是以往那种依据'封闭式解读'所做的阐发。"① 这样的思考出于作者的慧眼卓识，也出于报纸提供给作者丰富的史料信息。通过作者的论述，我们对于地方性和区域性的内在含义，以及如何在区域社会史的研究中把握区域的概念，如何将小地方与大历史联系起来的学术路径进一步加深了。对于报纸的运用，要与政权对传播工具的控制相联系，明晰其在多大程度上受意识形态的影响，从而对报纸的记录内容加以把握。抗日战争时期根据地的报纸是抗日民主政府的重要宣传工具，毛泽东在1942年的一篇文章正说明了这一事实。他指出，通讯社和报纸的宣传应符合党的政策，"拿《解放日报》所发表的关于如何使报纸增强党性的许多文件去教育我们的宣传人员，克服宣传人员中闹独立性的错误倾向"②。

（三）日记、自传、年谱、文集和回忆录

与传统文人和政府官员相类似，近代以来的文人、政治家也多注重日记的撰写、书信的往来、个人传记和年谱的编修以及个人的文章、讲演、言论及各种文稿的汇集，如《鲁迅日记》《陈独秀书信集》《胡适口述自传》《傅孟真先生年谱》《饮冰室文集》《毛泽东选集》以及《民国人物碑传集》《辛亥人物碑传集》等。此类史料与传统文献中的传记、日记和书信内容的性质、丰富性、包含的广度以及对于区域社会史研究的史料价值上基本相似，不再赘述。

回忆录与日记、年谱相似，但却是近代以来的史料类型。从现存的回忆录来看，有以精英人物活动为线索的自传式回忆录、对历史人物的

---

① 朱浒：《地方流动性及其超越——晚清义赈与近代中国的新陈代谢》，人民大学出版社2006年版，第524页。
② 《通讯社和报纸的宣传应符合党的政策》，1942年10月28日，载中共中央文献研究室编《毛泽东文集》第2卷，人民出版社1993年版，第454—455页。

回忆录与访谈记录,如《顾维钧回忆录》《回忆毛泽东》《郭廷以先生访谈记录》;也有以重大事件为线索的专题性回忆录,如《辛亥革命回忆录》《五四运动回忆录》《西安事变纪实》《解放战争回忆录》《红军长征》等,有的以全国为范围,有的以地区为范围,如《山西革命斗争回忆录》《广东人民抗日游击战争回忆》。部头较大的丛书有《星火燎原》《红旗飘飘》《革命回忆录》等。综合来看,这些回忆录虽以革命、运动、军事斗争、政治事件为主要内容,但也不乏个人活动、关于战争的文学作品、文化思想等内容。全国各地各级政协编修的《文史资料选辑》和从中撷取精华汇编而成的《中华文史资料文库》是大型综合性的回忆录汇编,以后者为例,分政治军事篇、经济工商篇、文化教育片、民族宗教篇、华人华侨篇、社会民情篇对晚清至新中国成立之前的政治军事状况、党派、社团、军政人物、工业、商业、交通、邮电、旅游、金融财税、洋行买办、文学艺术、医疗卫生、体育运动、科学技术、教育、民族、宗教、华侨华人、旧俗民情、帮会枪会、烟毒赌博、慈善事业、娼妓土匪等都有描述,是区域社会史研究的珍贵史料。与日记相比,回忆录也是亲历者的个人记述,但不会像日记的范围那样广泛,而多是围绕着某一个主题展开,而且由于是经历过的,亲历者会以自身积累的个人体验对所经历过的事情做出更为理性的把握,在运用回忆录作为研究的资料时,需要注意这一特点,从历史记忆的角度对其加以运用似更为恰当。

另外,许多外文文献中也保存了区域社会史研究所需要的史料。冯尔康分中亚人的文献、西欧美国人的文献、俄国人的文献、东亚人的文献、越南华人文献等类,对外国人的书信、日记、游记、报纸及著述中包含的社会史史料进行了细致梳理。[①] 除此而外,许多国家的图书馆、档案馆、高校科研机构和博物馆中收藏的史料、特别是与中国交往的史料中同样也有社会史研究所需要的史料。

(四)地方志

地方志,简称方志。方,地方,方域;志,记也;"永志不忘""日

---

① 可参阅冯尔康《中国社会史概论》(高等教育出版社2004年版,第197—207页)中的"外国文献中的中国社会史史料"。

志"即取此意。方志，就是对一个地方的记载、记述。一个地方、地区的记载包括三个方面的内容：自然地理、人文地理、经济地理（经济地理属于人文地理，但亦可单列）。一部完善和成功的地方志应是一个地区的综合性资料书，它要求对该地区的全部已有事业、客观条件、社会状况等作如实记载。简而言之，地方志者，地方之全史也。它属于史学范畴，但不是国史、正史，而是地方历史资料的记录；由于它记载面十分广博，故推而论之，地方志亦可称地方的百科全书。地方志可谓一类较为特殊的旧史料，因为它在时间段上延续较长时间，从古至今，一直不断地纂修出版。方志，就是以特有的体裁形式，综合记述一定单位区划内实物的地方文献，有"地记""地志""图经""图志"以及"乘""略""典""书""录"等别称①，如《扬州图经》《滇略》《雄乘》《闽书》《剡录》《元和郡县图志》（现存最早的全国地方志）等。明代以后，人们习惯于在地名之后加州、府、县等行政区域名称，即形成现在常见的名称。从秦代实行郡县制以来，我国就开始了地方行政区划的设置，这种从中央到地方分层管理的政治制度一直沿用至今，行政区划在人们的思想里是一个占主导地位的区域概念，方志也多以行政区域为地域单位，当然也有以流域、山脉作为区域划分标准或以名胜古迹为对象编纂方志，但比较少见。目前各代方志的留存情况，北宋20余种，南宋200余种，宋代方志现存20余种；元代方志可考者200余种，存者仅10余种；明代各地修志已经相当普遍，明代方志据统计多达3000余种，现存1000余种；清代是我国地方志发展的高潮期，多达5000余种；民国处于动荡时期，修有方志1500余种，这时还出现了新的方志体例——章节体；新中国成立后，1956年开始修订新志，到1992年年底，出版的方志已达8000多种。就各地方志留存情况而言，从二三十种到五六百种各不相同，四川、浙江、河北、山东、江苏、河南、江西、山西、陕西、湖南等地的方志均在400种以上。②

---

① 有些方志为私人纂修，不能称"志"，而别称为"识小录""待征录""备乘""小识""志略""闻见录"等。参阅冯尔康：《清史史料学》，第162页。

② 各代和各地方志留存的数量，参考杜泽逊：《文献学概要》（中华书局2001年版，第337—339页）和《中国地方志联合目录》（中国科学院北京天文台编，中华书局1985年版）。

依据地方志所记述的内容，可大致分为综合性地方志和专题性地方志。在综合性地方志中，各自的门类虽不尽相同，但大体包括舆图、疆域、山川、名胜、建置、职官、学校、赋税、物产、乡里、风俗、人物、艺文、金石、灾异等项内容。综合性地方志包括总志、省志、府志、州志、厅志、县志、乡镇志，对于一地的物产贸易、民俗风情、社会制度等有详细记载。总志以各朝代统辖范围为界，以省为单位记录全国的地理、政治、经济等情况，如《元和郡县图志》《太平寰宇记》《大元一统志》《大明一统志》《大清一统志》等；省志以省级行政区划为著录对象，以山西省志的留存情况为例。山西的省志现存最早的是成化《山西通志》，接下来有嘉靖《山西通志》、万历《山西通志》、康熙《山西通志》、雍正《山西通志》、光绪《山西通志》，分别藏于山西省图书馆、博物馆和山西大学图书馆。在诸种山西省志中，光绪年间的山西通志由曾国荃、张煦修，王轩、杨笃等纂，由于内容丰富、体例严谨，无论在山西通志还是全国各地的方志中皆为上品，深得梁启超等人的赞誉；府志是一府之志，明清时期府隶属于省。山西的府志有《太原府志》《大同府志》《平阳府志》等；州志，分直隶州志和散州志。直隶州与府平级，如《平定直隶州志》，散州则与县平级，如《朔州志》《应州志》等；厅志。清代边远地区设厅，也有直隶厅和散厅，前者相当于直隶州，后者相当于散州；县志。在地方行政机构中，县级历时最久且变化最小，现存方志中县志占到70%。山西的县志有《太原县志》《阳曲县志》等；乡镇志、乡土志，数量不多，但在内容上却弥足珍贵，能够涉及具体的乡镇和村庄，由于历代政府对方志的编修限于县级及以上，所以乡镇志一般为私人编修。另外还有卫所志、边关志、土司志等，分别以卫所、边防要塞、少数民族地区为单位纂修。专题类志书，专以某个地区的某一类内容进行编修，具体有山志、水志、湖志、堤志、水利志、盐井盐场志、宫殿志、寺观志、祠宇志、名胜古迹志、风俗志等①，具体如《闽中会馆志》《澄海县文物志》《吴江丝绸志》《洪洞县水利志》，但数量较少。有学者专门辑录各地方志中某一专题的内容为资料汇编，如《中国地方志民俗资料汇编》《近代上海地区方志经济史料专辑》《中国地震资

---

① 冯尔康：《清史史料学》，沈阳出版社2004年版，第163页。

料年表》等。

在进行区域研究时，一项基础而且最重要的工作就是了解当地的方志留存情况，并要仔细阅读，以达致对区域史脉络的快速掌握。方志首先关注的是地方自然生态环境，如河流、山川、气候、水文、物产、地震、旱涝灾害等，其次有对地方人口、劳动力状况及其变化，农业生产情况，手工业和商业、贸易情况，以及赋税、邮驿、盐铁、漕运，在社会史研究中最为看重的是方志中的金石志、艺文志部分。相对于正史、政书，地方志反映的信息具体到较小的地域范围内，分类也更详细，而且大都属于通贯古今的地方通史，是区域社会史研究最为重要的资料之一。有学者言："方志是社会史研究的必读之物。方志中的户口、氏族、祠宇等专门反映社会史内容的卷目不说外，其风俗一门、杂记一门保存的社会史资料尤多，风俗门专记地方的时令节气及届时人们的活动，平时人们的衣食住行、婚丧嫁娶、社交往来、宗教信仰、文化娱乐等风俗习惯，它是方志中的精品。"[①] 这可谓是对地方志中社会史史料价值的一种精准评价。《中国地方志集成》是一套目前种类较全的方志集成，地方志目录工具书有《中国地方志联合目录》，收录较全而且条分缕析，使用起来十分方便。《中国绅士——关于其在19世纪中国社会中作用的研究》[②]，使用了湖南、贵州、四川、江西、广东、湖北等省府州县方志材料中的科举、征辟志表等，对19世纪的中国士绅阶层做出深入的研究，由此可见方志对于社会史研究的重要性。《明清时期的市镇》利用各地县志，对明清时期的市镇网络、市镇的专业化分布以及市镇的社会结构和社会功能进行了深入细致的论述。[③]

在目前的研究中，旧史料依然是学者运用的重要部分，虽然区域社会史研究更突出强调材料的区域性，但并不能说旧史料不重要，这实际是对研究者提出了更高的要求，在掌握国家大历史和典章制度的背景下，在掌握国家对具体区域的政策之下，对区域性材料也就是新史料进行深

---

① 冯尔康：《中国社会史概论》，高等教育出版社2004年版，第181页。
② 张仲礼：《中国绅士——关于其在19世纪中国社会中作用的研究》，李荣昌译，上海社会科学院出版社1991年版。
③ 樊树志：《明清时期的市镇》，载周积明等编：《中国社会史论》（上卷），湖北教育出版社2000年版，第378—408页。

入地挖掘整理。

第二节　新史料的挖掘

新史料，指学者在近些年来的区域社会史研究中使用的史料，比如碑刻、族谱、契约等，这些史料虽然以往也曾得到学者的重视，但直到近些年来才得到大规模的利用。这些史料不同于旧史料之处，主要在于区域和地方性特色明显，而且主要是关于普通民众日常生活的记载，所以更为细腻丰富。

学者对新史料的利用，一方面与研究视角的转换有关，另一方面也受到社会史跨学科研究方法的影响。区域社会史的研究，无论怀抱怎样的问题意识，都离不开对地域社会运行机制的探求。要了解这种运行机制，就必须立足于当地的社会环境和文化语境，就必须重视对地方文献的搜集和利用。当学者以"自下而上"的视角，在传统文献中寻求下层民众和微观社会的记载时，却未能找到他们所需要的材料。因为历史上能够掌握话语霸权的，总是官方和有特权者，他们所关注的，基本上是政治的和权力的斗争，关于政治制度兴废和权力交替的记载就成为传统文献中的重要部分。相对而言，普通民众在传统文献中处于失语的状态，这种状况迫使学者不得不走向民间开拓新的史料天地。同时，跨学科的研究方法也使得相邻学科的资料成为社会史研究可以利用的史料，以往属于文学史、民俗学、艺术学等学科素材的竹枝词、民间传说和故事、绘画和写实漫画等，逐渐成为社会史研究利用的对象。这些材料有些古已有之，有些到了近代以来才出现，但无论如何，它们都是到现在才被真正利用到社会史的研究当中，并越来越受到史家的重视。随着研究不断深入，学界大规模地利用民间文献和地方档案，超过了以往的任何时期，这使各种新史料积微成著地自成类型，并在内涵范围和意义内容上也不断拓宽。

关于新史料的种类，也以时间段划分为三类：传统文献、近现代文献和区域性地方文书。从与旧史料的对比中可以看出，新史料中传统文献所包含的各种专题书、日记、文艺作品、档案的史料类型早已产生，契约、碑刻、族谱也历来为史家所重视。在这里将这些同一资料类型分别划分在旧史料与新史料中,原因在于社会史和区域史研究开展之后,学界对这些资料类型的运用已经从内部发生了变化,比如以往对族谱的运用,局限在王公将侯、士家大族,现在则更为注重各个区域地方的、"有势力"的大家族,或者说以往注重的是中央和精英,现在则更为注重区域特色和民间性,更为注重具体时空范围内发生的具体故事,也更具有"私"的性质。近代文献中社会调查在近些年来得到学界的普遍关注,也多是对民间社会状况的记录。区域性地方文书主要以区域为特点,系统性和丰富性突出,近年来颇受学者重视。

一 传统文献

(一)契约、族谱、碑刻

契约、族谱和碑刻在民间留存较多,是反映基层社会具体区域内的日常生活状况的重要文献,在内容上具有明显的地域特色,日益受到学者的重视,成为区域社会史研究的重要史料。

契约,"就是指在民间社会的日常生活中,人们之间发生种种物权及债权行为而产生的书面凭据,即缔结的合同或契约字据,以保证当事人权利和义务的履行,是一种民间的法律文书和私法规范。"[①] 契约文书大致在先秦时代就已产生,明清时期民间广泛运用。契约的类型非常丰富,在立约的形式上有卖契、典契、租佃契、借契,在内容上有房契、地契、山契、雇工契、分家契、合伙契、对换契,以及和息约、界约、禁约等,在性质上有民契(白契)和官契(红契),活契和死契(绝卖契)。契约文书对于了解乡村的社会秩序、村际和邻里的社会关系、经济网络等具有重要作用,是研究社会经济史、乡村社会史、民间非正式制度的宝贵史料。傅衣凌是我国区域社会经济史研究的开创人,他利用在福建永安黄历乡获得的明代至民国的契约文书,写成《福建佃农经济史丛考》(福建协和大学 1944 年)。作者以福建为考察区域,在研究的视角和方法上开创了中国区域经济史学利用民间文书、注意社区研究,把社会史与经济史相结合、把地区局部研究和宏观整体把握相结合的新路径。在傅衣

[①] 张侃、饶伟新:《民间契约文书的收集与解读》,第四届历史人类学高级研修班讲稿,2006 年 8 月。

凌先生的带领下，众多弟子赴闽南各地农村调查搜集契约文献，终汇成《闽南契约文书综录》①。除了闽南和福建外，目前关于华北、西北、四川、贵州等地的契约文书汇编都有出版，如《贵州苗族林业契约文书汇编（1736—1950）》《广东土地契约文书》等。陈支平利用在台北芦洲田野调查中获得的各类契约文书，对芦洲的土地占有、赋税和租佃关系进行了研究，并对福建与台湾的民间关系做出细致考察，呈现出福建居民迁移、开发台湾的艰辛历程和台湾移民与福建祖籍地之间复杂的宗族关系和经济关系。② 郭松义、定宜庄利用清代民间的婚书，探讨民间婚姻中礼、法与民俗之间的关系。③

家谱，又名世谱、族谱、宗谱、家乘、家牒，中心内容是记载世系源流发展，以男子为主干，依先父后子、先兄后弟的顺序记录。有的家谱中也有女子的姓名，妻子附于丈夫，女儿附于父亲。有的谱中对贞妇烈女有专门的记述，具体内容有世系录、谱序（家谱历次修撰的情况）、恩荣录（御赐碑文、诰命、敕书等）、像赞（始祖及显达者的画像及说明文字）、图（祖庙、茔、祠堂等图）、宗规家训、文献（祖先的各种著述、诗文）、传、志等。有四种类型：帝王诸侯的"世谱"（皇帝家谱叫"玉牒"），记载全国宗族的"通国氏族谱"，记录一个地区宗族的"郡族谱"，反映一个个家族历史的"家族谱"④。在宋代以前，官方和私家对修谱都极为重视，无论是出仕做官还是选择婚姻对象，都需以谱牒为依据；宋代以后，其标识和维系政治地位的功用已经大为降低，族谱的价值转为主要是记载家族历史、维系家族血缘关系和凝聚家族内部的团结力。从家谱中所包含的具体内容可以看出，家谱对于研究某一家族的人口寿命、年龄结构、职业构成、移民、宗族制度的发展、功能，对地方社会的影响、阶级构成及社会结构等具有重要的史料价值，虽然地方性家谱记录一家一族的历史，但对于区域历史的构建同样非常重要。家谱中除了记录上层人物的传记外，也不乏对许多普通人生平和日常生活的

---

① 《中国社会经济史研究》，1990年增刊。
② 陈支平：《民间文书与台湾社会经济史》，岳麓书社2004年版。
③ 郭松义、定宜庄：《清代民间婚书研究》，人民出版社2005年版。
④ 冯尔康：《中国社会史概论》，高等教育出版社2004年版，第184页。

记载，利用这些材料可以帮助我们克服只见制度不见人的局限性，将一家一族的历史与国家的大历史联系起来进行考察，从而通过族谱来了解地方社会的运作机制。总之，族谱是研究宗族史、家庭史、人口史、女性史、地方史、社会经济史、民族史、宗教史、灾荒史的重要史料。① 郑振满、张侃利用福建培田吴氏的乾隆、同治、光绪年间三个不同版本的族谱，通过对培田吴氏家族的历史发展、客家与当地畲族之间复杂的族群关系和在文化上的相互影响，对祖先与神灵的崇拜、祭祖与拜神仪式等的精神信仰，祠堂与村落政治、商贸中心等构成的村落空间结构，以及"逐年流坊"的祭祀制度与"河源十三坊"超地域组织的自我管理和自我组织之间的关联，国家与宗族之间的关系等方面全方位构建了一个村落的"整体历史"。这种对区域历史的把握方式无疑打破了对地域划分的僵化认识，使我们看到了对于区域的界定，必须要能跳出政治行政区划的框架，从地域文化的特殊性和社区组织的独立性去重新界定在多大的范围内、在什么意义上才能成为一个真正的区域。有些族谱或为扬名、或为现实利益所驱不免含有虚假的成分，这需要研究者在使用时认真鉴别，《附会、传说与历史真实——珠江三角洲族谱中宗族历史的叙事结构及其意义》② 提供了很好的范例。文章将珠江三角洲各家大族的族谱进行对比分析，认为各族谱的叙事结构相同，表现出同样的建立过程。从这种虚假性的背后，作者看到建宗族、立祠堂是当地民众用以获得社会身份、形成对国家正统性认同的主要手段，因此宗族历史的记述在珠江三角洲地方社会的文化整合历史中有特别重要的意义。有学者对族谱资料进行了汇编，如庄为玑、王连茂《闽台关系族谱资料选编》③。

碑刻同样是广泛存在于乡村社会的一类文献，只不过因其公示性与宣传性而与其他文献的意义稍有不同，即真实性相对更强。就碑刻内容而言，或记录人的思想活动，或记录各种事情的来龙去脉，或镌刻典籍、书法宝迹，或记载诗文等，这里主要指反映民间社会状况的各种碑文。

---

① 冯尔康：《中国社会史概论》，高等教育出版社2004年版，第184—187页。
② 刘志伟：《附会、传说与历史真实——珠江三角洲族谱中宗族历史的叙事结构及其意义》，载王鹤鸣等编：《中国谱牒研究》（全国谱牒开发与利用学术研讨会论文集），上海古籍出版社1999年版，第149、162页。
③ 庄为玑、王连茂：《闽台关系族谱资料选编》，福建人民出版社1984年版。

从民间碑刻的题目来看，往往以修建道路、桥梁、学校、庙宇、水利设施，以及纪念祖先、褒扬对地方有杰出贡献的官绅民，或制定乡规戒律、息讼、立界，或纪念地震、灾荒及施赈义事等为由头，但涉及的往往是多方面的内容。以《明清以来苏州社会史碑刻集》①为例，可以看到碑刻中包含着怎样的社会史研究素材。作者从社会角色与社会群体、社会生活与社会合作、社会信仰与社会心态、社会问题与社会管理等方面展现了碑刻中所包含的丰富内容。首先，碑刻是实物的家谱。在妇女、儿童、农民、商贾、塾师、郎中、粮长、乡绅、将官等人的墓志铭中，有许多包含有对家族世系的梳理，反映了苏州社会家庭规模和结构。其次，碑刻是当时社会生活的"见证者"。从碑铭中所反映的宗族生活、行业生活、公共生活及其各自的社会功能中，一幅熙来攘往、热闹非凡的场景跃然纸上，刻画出了作为经济发达市镇的江南苏州的市民生活。再次，碑刻中含有精神信仰的内容。苏州碑刻中保留了当时人对于道教、佛教、基督教以及民间神祇、先贤和祖先、行业神灵等的崇拜，将苏州人的信仰世界和精神面貌活灵活现地展现出来。在现有的研究成果中，《水井与北方乡村社会——基于山西、陕西、河南省部分地区乡村水井的田野考察》，②通过对水井碑刻的解读，从以水井为中心所构建的空间结构、社会秩序和人口管理、公共空间、村际关系等方面，用细腻的笔触刻画出北方乡村生活的用水情景，深化了对北方乡村社会地域特质的认识。学界对碑刻资料的汇集已有众多，除了地方志中的"金石志"外，或收录地方志、文集、族谱、档案等现成文献中的碑刻，或深入乡间田野，搜寻未被文献收录的碑刻。这些资料集多以某一区域为收录范围，或是包含各方面内容的综合性汇集，如《山右石刻丛编》《三晋石刻总目》《三晋石刻大全》《上海碑刻资料选辑》《江苏省明清以来碑刻资料选辑》《明清山西碑刻资料选》；或是专题性碑刻汇集，如《明清苏州工商业碑刻集》《明清佛山碑刻文献经济资料》《福建宗教碑铭汇编》《北京东岳庙与泰山信仰碑刻辑录》《河东水利

---

① 王国平、唐力行主编：《明清以来苏州社会史碑刻集》，苏州大学出版社1998年版。
② 胡英泽：《水井与北方乡村社会——基于山西、陕西、河南省部分地区乡村水井的田野考察》，《近代史研究》2006年1期。

碑刻》等。

（二）民间各种专题书

主要指宗教科仪书、账册等，因其反映的是专题性内容，故称为专题书。

宗教科仪书，是民间在举行祭祖或对神灵敬拜，以及在其他诸如举行庙会、人生礼仪等场合下念诵的祝文，可分为道教科仪书、儒教科仪书、佛教科仪书等。除了方志和族谱中收录有祭文外，民间也散存有数量众多的各种科仪书，或综合各种祭文，或专门收录记载某一类内容，主要有婚礼、寿礼、葬礼等各种人生礼仪祭文，祭祀祖先祭文，祭祀各种地方神灵的祭文，驱除瘟疫、害虫、虎狼的祭文等，适用于不同的场合和目的。试举一例。平顺县《神敕撰表文对联令》①是祭祀各种地方神灵的祭文汇编，包括鉴斋表文、土地禀请表文、祭风表文、旭太阳表文、送神表文、山神表文、祭虫王表文、护国灵贶王表文、贺雨表文、祭瘟灾表文、祭牛马王圈神表文、三官表文、祭土地五道表文、祭宅神耗神表文、娲媓圣母表文等，并附有鉴斋对、观音对、老佛爷、子孙对、土家对、乐王对、土地对、井神对、娲媓圣母对、河神对、祭水、祭虫王、三尊对、火神对、孔圣对、五道对、瘟神对、土地对、三官对、马王对、山神对等对联，从中可以了解到平顺民间信仰的基本状况，若找到主持祭祀的礼生以及其他的普通民众进行田野访谈，就可对民间信仰在民间社会中的功能、对社会生活和村落关系的影响、村落自治状况等做出把握。另外，宗教科仪书与其他文献相比，有其自身突出的特点。祭文是在一定的仪式和场景中由礼生来唱颂的，这样就形成了一套祭祀系统，我们从中可以探寻礼生是如何产生的，需要有什么样的资格、需要经过什么样的训练，在礼仪中发挥着怎样的功能；祭文是怎样产生的，各种象征符号形成了怎样的礼仪结构，由仪式而形成的神圣空间具有怎样的象征意义，"礼下庶人"经历了怎样的历史过程，国家礼制在民间社会所产生的影响等问题，从而探寻区域社会文化史的脉络。②

关于账簿。一般而言，单册的账簿提供的信息少、价值低，但如果

---

① 藏于山西大学中国社会史研究中心。
② 参考刘永华在第三、四期历史人类学高级研究班关于宗教科仪书的讲稿。

将某一账号连续数年的账簿综合研究，就可从当时账号的经营物品种类、经营范围、经营数额与总价等得知当时人们的物质生活、物价水平和日常生活的地域范围，这些都是区域社会史研究的内容。从学界目前的关注来看，主要有明清时期的大小商号账册、普通民众日常生活账、集体化时期的生产队账册等。以山西大学中国社会史研究中心收集到的集体化时期账册为例，可以看出，当时有一套较为完善的记账方式，区别于现有的记账系统，它的财务运行基础是劳动工分制。这套系统包括总账、分类账、分户账、日记账、工分账、社员往来账、实物收付账、现金收付账、实物明细账、各项收支账、粮食账、固定财产登记账、一般财产登记簿、无价证券登记簿等，涉及村民生活的各方面。总账和分类账记录一年所有的收入和支出，分为公积金、公益金、存款、贷款、固定财产基金、其他基金、库存粮食和现金、实物收入、农、牧、副业的生产费用和收入等项。工分账对每户的劳动工分进行登记，与社员往来账相互关联，社员的劳动工分收入只能在年终进行兑现，因此村民生活所需的粮食、资金都需要到大队进行预支，到年终劳动工分结账后还请欠款。分户账与日记账分别是以户和日为单位建立各种相关经济活动的账务。现金收付账和现金出纳账是大队日常现金收支的分类统计。粮食、实物账是对各类农作物的统计。财产登记账簿是对大队、小队的公有财产折价后的统计。这些账册是集体化时代农村社会乡民日常经济生活的反映。《一个普通商号的账册分析——文水县"昌玉公"商号账册资料介绍》①对账册中涉及的商号名称和经营地点做出了细致的历史考证，对账册的基本类型、记载的内容也做出了清晰的梳理，基本把握了商号整个的经营脉络和经营过程，并且透过账册分析当地村民的日常生活状况。这套账册无疑为研究清末民初农村普通商号和地域经济生活提供了宝贵的民间资料。《晚清至民国徽州小农的生产与生活——对 5 本婺源县排日账的分析》②通过对 5 本同一时期排日账记载的分析，认为晚清至民国徽州小农一年中有大约 30% 以上闲暇时间，是人口和劳动力过剩的表现；徽州

---

① 行龙：《走向田野与社会》，生活·读书·新知三联书店 2015 年修订版，第 503—512 页。
② 黄志繁、邵鸿：《晚清至民国徽州小农的生产与生活——对 5 本婺源县排日账的分析》，《近代史研究》2008 年第 2 期。

小农在生产劳作期间有一半甚至以上的时间从事副业生产，可见副业生产在家庭经济结构中的重要地位。同时，作者还对徽州小农外出活动的频率、地点、距离进行了分析，认为徽州小农与施坚雅所揭示的成都平原不同，与集市的联系并不紧密，外出活动更多是去亲戚家，范围一般局限在可当日往返的近地，和县城联系很少。这些账册为了解近代徽州的小农状况提供了依据。

其他的民间专题书，如民间秘密宗教的经卷、术士的堪舆书、麻衣相士的算命书、江湖郎中的医术验方、居家生活的常用书等。冯尔康对此类专题书的社会史史料价值有详细叙述，可作参考。①

（三）日记和回忆录

与旧史料中的精英日记和回忆录不同，新史料中的日记、回忆录指的是相对更能反映民间社会的百态的地方基层文人士绅的日常记述与生活体验，或是虽为上层而在我们历史的历史记忆中已被淡化的个人记述②。此类文献在学术研究中较少得到运用，需要学者大量去发现挖掘，我们以实例来说明其作为社会史史料的价值。《退想斋日记》，山西太原赤桥士绅刘大鹏作，他中过举人，会试却屡试不中。作者在三十三岁，即1890年时开始写日记，直到临终共51年，现在尚存的有41年，在时间段上有较强的连续性。日记的主要内容是作者的奋志青云、舌耕度日和亦农亦商的岁月经历、担任的社会职责和活动以及平生的文献著述，是作者当时的所见、所闻、所感。除了有关作者个人及其家庭的信息外，还有诸如气候、水旱灾害、祈雨活动、农业生产、农产品的品种、产量、价格、雇工工价、赋税、差徭，以及岁时节日人们的种种庆贺、祭祀、演唱活动，结婚、订婚的各种程序、礼品、费用和礼节等内容。另外，作者处在新旧社会交替的时代，对辛亥革命后的剪辫、放脚、新式建筑物、交通工具以及演电影、骑脚踏车、种牛痘等社会新现象都有描述，可谓是对社会变迁内容的丰富展现。③ 从学界对于刘大鹏日记的研究，我

---

① 冯尔康：《中国社会史概论》，高等教育出版社2004年版，第142—144页。
② 罗志田《日记中的民初思想、学术与政治——20世纪20年代一位学人的观察》，载罗志田《近代中国史学十论》，复旦大学出版社2003年版，第128页。
③ 乔志强：《退想斋日记》前言，载刘大鹏著、乔志强标注《退想斋日记》，山西人民出版社1990年版。

们也可以看出日记对于社会史研究的价值所在。罗志田、罗厚立、葛佳渊、(英)沈艾娣、刘云彬、任吉东、行龙、郝平等学者①,从刘大鹏日记中所透见的是社会结构、社会生活、西学教育、新政事业等的社会变迁,以及在近代化的冲击下,城市—乡村、工业化、现代化等现代性概念的形成和确立实际在地方经历了一个空间建构的过程。罗志田以具有留学经历、社会地位处于有名与无名之间的张彭春《日程草案》为史料,从中透视出 20 世纪 20 年代思想、学术与政治信息。

(四)文艺作品

近些年来竹枝词诗歌、秧歌剧本等反映民间社会生活的文艺作品受到学者关注。竹枝词的作者虽然不是普通民众,但其源头活水却是民间歌谣,所以竹枝词当中的内容多呈现的是民间社会的状貌②。《竹枝词里的三晋社会》③ 运用竹枝词对山西民众的生产生活、岁时节令和婚丧嫁娶的民俗、烟毒蔓延、赌风猖獗和溺女流弊的民风等进行了多面细致的描绘,展现出三晋社会的民生众相。《街头文化——成都公共空间、下层民众与地方政治,1870—1930》④ 中也使用了大量的成都竹枝词及其他相关的民间材料,展现了城市下层民众丰富多彩的日常生活与街头文化,并于此揭示出新旧交替时期的下层民众如何在国家政治的影响下失去了自己的生存空间与文化传统,以及对此进行的抗争。《秧歌里的世界——兼

---

① 罗志田:《科举制的废除与四民社会的解体——一个内地乡绅眼中的近代社会变迁》(罗志田:《权势转移——近代中国的思想与社会(修订版)》,北京师范大学出版社 2014 年版);罗厚立、葛佳渊:《近代中国的两个世界》(《读书》1996 年第 10 期);[英]沈艾娣:《中国的农村的报纸与民族主义》([英]《过去与现在》,2002 年 2 月);刘云彬:《帝国权利实践下的教师生命形态——一个私塾教师的生活史研究》(《中国教育:研究与评论》(三期),教育科学出版社 2000 年版);任吉东:《近代太原地区粮价动向与粮食市场——以〈退想斋日记〉为中心》(《中国农史》2003 年 4 期);行龙:《怀才不遇:内地乡绅刘大鹏的生活轨迹》(《清史研究》2005 年第 2 期);郝平:《〈退想斋日记〉所见抗战时期的民众生活:以刘大鹏为中心》(《史林》2005 年第 4 期)。

② 小田对竹枝词的社会史史料价值有详细论述,详情参见小田《江南场景——社会史的跨学科对话》,上海人民出版社 2007 年版,第 62—93 页。

③ 行龙:《走向田野与社会》,生活·读书·新知三联书店 2015 年修订版,第 472—502 页。

④ 王笛:《街头文化——成都公共空间、下层民众与地方政治,1870—1930》,李德英等译,中国人民大学出版社 2006 年版。

论晋商与晋中社会》①中的太谷秧歌剧本展现的是晋中社会集市上熙来攘往的人群、服饰的追新求异、饮食的丰富多样、婚丧嫁娶的隆重奢华以及商人世界的苦乐悲欢，说明了商业发展对地方社会的影响。再如，赵树理创作的小说以及一些纪实性的文学作品，对战争时期的土改运动、妇女解放以及之后的"四清"运动、反右斗争等多有记述，都可以而且应该成为区域社会史研究的史料。由于这些资料或是产生于有文化的地方知识分子之手，反映出的社会现实只能是精英眼中的民众生活，或受到政治意识形态的强烈影响，褒扬歌颂多、针砭时弊少，反映出的社会面貌难免不全面，利用这类史料时应该对此加以注意。

戏曲、小说、史诗、演义等的文艺作品乃"道人情、状物态"，是时代观念的产物，反映时代的实际生活和人们的心态观念，有助于史家认识那个时代人们的社会生活，以致它的细节，用作史料，有着具体细致的特点。另一方面，文艺作品因有虚构性，记录的不是真人真事，所以应该注意不能直接地使用，特别是不能作为孤证，研究者着力于挖掘的应该是文艺作品背后的历史和社会的底蕴。而且研究者若能学习掌握形象思维，就可从多角度认识分析文艺作品史料来进行社会史的研究。②

二 近现代文献

社会调查和基层档案、地方小报和期刊是近代以来才产生的资料类型，反映的同样主要是基层社会的状貌。

（一）社会调查

社会调查，与日记类似，也是一类较为鲜活的历史资料，所不同的是记录者不是亲历者自身，这使社会调查的记录不免受到记录者的感受和认识的影响。不过，日记的记录者大多是乡间的文化人或精英阶层，而社会调查记录的对象是普通大众，其中的许多生动活泼的谈话记录和带有明显地方性的话语表达为我们把握"地方感"提供了可资利用的途径。目前的社会调查文献主要有以下几类：日本人对中国农村的调查，

---

① 行龙：《走向田野与社会》，生活·读书·新知三联书店2015年修订版，第373—393页。

② 同上书，第138、140页。

有6大卷《中国农村惯行调查》出版；国民党中央政治学校地政学院和农村复兴委员会主持的关于土地问题的调查，已经有近200册的《民国二十年代中国大陆土地问题资料》出版。其他还有主张通过改良来挽救农村的乡村建设派所进行的社会调查、诸多专门的研究机构发起的具有明显学术研究倾向的社会调查，以及早期马克思主义派共产党人的调查和根据地农村社会调查。李文海、夏明方、黄兴涛等主编的《民国时期社会调查丛编》主要收录了学术倾向较强的一类调查，向世人展示出了其内容的全面性、丰富性与独特性。这些调查包括人口、婚姻、家庭、社会群体、社会组织、宗教民俗、文教事业等各项内容，不仅为社会史研究提供了众多的第一手史料，同时社会调查研究本身所含有的社会科学理论范式和解析问题的策略对社会史也有着很好的借鉴作用。例如人口卷共收编了23种城乡社会人口问题调查，涵盖了北京、上海、广东、东北等省市所辖的城乡地区。而人口调查的详细内容又多以某一微观区域社会为中心，考察分析了人口数量、年龄、出生率等诸多实证性问题，翔实地勾画出了民国时期中国社会人口状况的多维画面。城乡人口问题调查不仅体现了社会学对现实社会问题的关怀，同时为构建民国社会生存图景提供了难得的史料。根据地农村社会的调查，主要是关于土地以及支部工作、经济建设的内容，除此而外，还兼及了乡村社会的自然环境、物产贸易、民众意识和文化观念、社会风俗、乡村知识分子、妇女工作、合作社等根据地社会的各个面相。这些史料对于了解战争和当时的共产党主导的社会变革带给乡村社会的巨大影响，以及乡民在日常物质生活、思想世界以及农业生产的微观层面具有重要的价值。目前对于调查的利用，较为优秀的成果是马若孟、黄宗智、杜赞奇利用满铁调查对华北乡村的过密化和内卷化发展模式、文化权力网络的研究。

（二）基层档案

档案作为一种资料类型早已得到学者的关注，但从内容运用上已经发生了变化，即不再局限于旧史料中的明清档案关于皇帝和朝廷等的内容，以及近代以来的各种政党、精英人物活动的内容，而是更为注重关于基层社会和民众的内容。如山西省档案馆保存的民国年间的档案，除了当时的省行政、立法、司法各机构的往来文书、伪政府文书以及共产党根据地时期遗留的上下级来文等外，有许多关于县级、村级的档案文献。以革命历史档案为例，除了根据地政治建设外，农业生产、文化教育、抗灾救荒、医疗卫生、水利事业、妇女解放、习俗改造等诸多在民间社会中的实际状况等内容都有体现。中华人民共和国以后的档案特色更为鲜明。随着国家政权的下沉，乡镇和村级也保存了大量的档案，除了上级来文外，也有许多普通民众日常生活的内容。山西作为集体化时代农业发展的典型，保留了数量可观的基层档案文献。山西省档案馆以及各地区、县档案馆（局）对于集体化时代的档案文献都有大量的收存，其中不乏关于村庄的档案以及民事卷宗。另外，村庄自身也保存了大量的档案文献。山西大学中国社会史研究中心收集整理一大批集体化时代的村庄档案，包括有乡村的经济活动、政治运动、文化生活、宗教信仰、人际关系、社会救助、人口家庭等各方面的内容①，对于研究集体化时代的山西乡村社会史具有极其重要的价值。法国年鉴学派第四代代表人物勒华拉杜里就利用关于法国的一个山村——蒙塔尤的审讯记录及相关档案做出了一代名作《蒙塔尤：1294—1324 奥克西坦尼的一个小山村》（商务印书馆，2003年）。在书中，作者将一个小山村的文化网络、社会结构、灵魂观念和宗教信仰的精神世界惟妙惟肖地展现出来，用以说明14世纪法国乡村居民的生活、思想和习俗。王跃生利用冀南农村20世纪60年代中期"四清"运动中的阶级成分登记记录及人民公社期间各大队、生产队农业生产经营和分配统计的资料，结合经过访谈和调查问卷的资料，对冀南乡村的社会变革对农民的婚姻、家庭及其生存状态做出深入的论述。

（三）各种地方性报纸和期刊

报纸期刊一类，除了前述全国性的报纸外，还有一些地方性报纸和专以趣事逸闻、街谈巷议、休闲娱乐和社会时尚为主的报纸。地方性报纸以某一地域为范围，除了各种重大事件、政治、军事等内容外，也包含有社会生活、教育、文艺、灾荒等各个方面。以《晋报百年概览》②为

---

① 行龙、马维强：《山西大学中国社会史研究中心藏集体化时代农村基层档案述略》，《中国乡村研究》第5辑，福建教育出版社2007年版。

② 王海勇：《晋报百年概览——清代民国报》（第一辑），太原市迎泽区文化体育局、太原迎泽收藏协会，2003年。

例。目前已知山西出版过的清代、民国时期的报纸近500多种，作者收集有88种，并分清代、国统区、解放区、附录四部分做出详细介绍。在这些报纸中，除了《晋阳公报》《并州官报》《崞县旬刊》等的政府官报外，还有《醒世画报》《小孩报》《小学教育》《乡镇白话周报》《明星文艺日报》《青年电影院》《崞县旬刊》《支部小报》《生产节约》等，是作者多年来收集整理的结果。这些报纸涉及清代以来山西社会变迁的各个方面，可为进行山西区域社会史研究和了解各个历史时段的时代特点提供资料，但留世不多，不易见到，研究者应尽力挖掘利用。以休闲娱乐为主要内容的报纸以往在学者看来是"不入流"的，当然也不能荣登历史研究的高雅之堂。这些报纸主要在全国各大城市甚至一些中小城市出版发行，在内容上熔新闻、评论、文艺、知识、娱乐、地方掌故于一炉，在种类上有花报（有关妓业）、戏报、游乐场报、电影报、舞报、小说报等，用当地言、写当地事、面对当地读者[①]，对研究城市史和城市社会生活史具有非常重要的意义，因为这些小报对烟馆、书场、戏馆、游乐场、赌场、舞场、咖啡馆、大菜馆、饭店、客栈、旅馆、公园、寺庙的规制、档次、费用、数量、逸事都有详细的记载，是研究城市市民生活和社会风俗的宝贵资料。[②] 另外，一些旅游景点、旅馆、饭店、娱乐场所、交通图、铁路、公路、海轮运行时刻表等方面的导游手册、街头广告等零散的材料中同样包含有区域社会史研究的资料。

三 区域性地方文书

区域性地方文书指某一地域的包含有多个种类的民间文书，自成系统而连续丰富，时间跨度较大。虽目前学界挖掘和使用的地方性文书多以明清时段为主，但其特色主要在于它的"地方性"，对于区域社会史研究而言，无疑是非常珍贵的。徽州文书可谓一类最为典型的区域性地方文书，包含禁约、对联、兰谱、诗文、启蒙读物及各款契约格式的村落文书，盐业、典当、茶业等的商务信函、徽商日记、商务日用类书、徽商诉讼案卷、徽州公所会馆的文书等的家族文书，与民间信仰和民间宗

[①] 孟兆臣：《中国近代小报史》，社会科学文献出版社2005年版，第1—2页。
[②] 同上书，第4页。

教密切相关的宗教科仪书以及其他各类商业文书、诉讼文书、教育科举文书等诸多内容,不仅有关于土地、财产、赋役、商业等的经济类文书,也有民俗、文化及社会生活层面的文书史料。这些史料的遗存不仅促进了徽州区域社会史的研究,甚而推动了徽学研究的形成。数量庞大的徽州文书,多侧面地展示了传统徽州社会商业、风俗及文化的丰富内涵,对于研究16—20世纪徽州民众的社会生活,重新建构多姿多彩的社会文化史,提供了不可多得的第一手资料。① 徽州文书的发掘,为徽州区域社会史的研究提供了宝贵的材料,同时对于推动史学研究的进展具有革命性的意义。王国维的史学方法突破了以文献证文献的局限,开辟了20世纪中国史学研究的新方向和道路。徽州文书的开发与利用,"将使徽学研究大大突破传统国学以文献证文献的局限,走典籍文献与文书档案互证这一合乎20世纪学术发展潮流的先进道路,这将开辟中国史特别是明清史研究的新局面。"② 同时,由于徽州文书在史料的地域范围上具有超越地方性的普遍意义,因此它不仅对南宋以来的徽州社会,也对整个中国社会各领域研究具有重要意义。《晋商与晋中社会叙事》③ 以作者在民间收集到的各种文书,包括书信、戏本、对联、生意经、家书、杂算书、便览、逸事录、路程图记、自传、家史、风味食谱、当铺全本、小报、手记、账簿、杂字、学徒保证书、晋商售药广告、辞退合约、县署日抄以及其他地方文献和地方志史料从人口、婚姻、家族、生意场、市场、日常生活、休闲与信仰等各个方面描绘出一个有血有肉的晋商社会,在资料挖掘和研究路径上均取得了突破。另外,清水江文书也是一类在学界较为有名的区域性地方文书,目前已有资料集和研究成果出版。④

在区域社会史的研究中,学者对新史料的运用有超过旧史料地位的趋向,说明了新史料对于区域社会史研究的重要性,两者之间殊难分清

---

① 参考王振忠《徽州社会文化史新探:新发现的16—20世纪民间档案文书研究》,上海社会科学院出版社2002年版。
② 栾成显:《徽州历史文献与中国史研究》,《徽学》(第2卷),安徽大学出版社2001年版。
③ 殷俊玲:《晋商与晋中社会叙事》,人民出版社2006年版。
④ 见张应强《清水江文书》,广西师范大学出版社2007年版;张应强《木材的流动——清代清水江下游地区的市场权力与社会》,生活·读书·新知三联书店2006年版。

先后与轻重，两者有同等的重要性，都不可忽视，虽然学界较为注重研究者对新史料的挖掘。理解新史料，需要在掌握旧史料的基础上，而对新史料的解读也可加深对旧史料的认知。在运用新资料时切忌"一叶障目，不见泰山"，必须对国家大历史和典章制度有深刻的认识，而且需要将其置放于"地方性知识"的序列中。无论是新旧史料，都需要明确资料的性质，是属于私人的还是官方的，官方的相对侧重于宏观，私人的侧重于微观，官方带有意识形态，私人更多带有私人的目的、利益。对私人性质的史料尤应注意"孤证难立"，尤其是一些文艺作品如戏曲、小说等新史料，一般不能作为主体史料或核心史料来运用，而应是辅助的角色，同时"对其也不能直接引用，而要对所引用的材料做出相应的说明"。①

第三节　新史料的拓展

目前学者在研究中所依据的资料，已经不再局限于以文字形式来展现的文献史料，以语言和记忆来展现的口述史料，以图像和声音来展现的影像史料，以"沉默"的物体作为载体的实物史料都愈益得到广泛的利用。由于这些资料的性质和呈现形式不同，学者对其运用也往往不同于对文字史料的运用，如对于口述资料，学者多从历史记忆的角度来利用，对于绘画、照片，学者则从艺术的角度来加以审视。

（一）口述史料

口述史料在目前的学界研究中运用已经较为广泛，但关于口述史料应如何定义意见不一。有的将口述史料定义为经过口传或为后人记录成为史料的民间传说、社会歌谣、历史人物讲话、录音录像以及访问调查的原始资料，并将对这些资料的发掘和整理称作口述史学，这种定义过于宽泛；有的主张将口述史料定义为由历史研究者亲自采访得来的、仅供自己使用的口耳相传的史料，并将经过中间转手和转口的口传史料排除在外。依此定义，作者将其分为口述回忆、口头传说与专用口语三部分。依据目前社会史研究中对口述史料的利用情况，本文在此将口述史

---

① 冯尔康：《中国社会史概论》，高等教育出版社2004年版，第151页。

料的概念界定为研究者对被采访对象就相关问题所进行的采访记录,并将民间广为流传的口头传说包含在内。研究者依据自己的课题展开访谈,获取所需要的口述史料,从中获得启发增强灵感。综合目前所能见到的论文或是专著,口述作品大致有三种,一是文学工作者的口述作品,如冯骥才《一百个人的十年》,一是社会学家的研究成果,如郭于华《心灵的集体化:陕北骥村农业合作化的女性记忆》,一是历史工作者的口述史著作,如定宜庄《最后的记忆——十六位旗人妇女的口述历史》,刘小萌《中国知青口述史》,张建飞、杨念群《雪域求法记:一个汉人喇嘛的口述史》,李小江《让女人自己说话》等。这三种口述作品的形成都利用了口述史料,但因访谈者的学术背景不同,对口述史料采集利用的方法和解释的视角也不同。相对而言,前两者的目标不只是存留历史或澄清历史事实,而更多地是把"口述"视为一种手段,并不深究口述资料的真伪,甚至并不在乎口述者说了什么,而是关注叙述背后的文化意义;后者则是以记录历史或研究历史为出发点,并一般不会单独以口述作为论证的资料,而要辅助以其他的文献资料。① 不过,在多学科交叉的影响之下,历史学者也越来越注重口述史料对于经历者自身的历史和社会意义,而不仅仅将其看作是当文献资料不足时才使用的资料,显然口述史对传统史学有着补充和校正作用,如李小江《让女人自己说话》,通过女性自身的语言,讲述她们对历史的感受和记忆,记录历史上的失语者——女人的历史和社会底层的历史,加深和丰富对历史的解读。

(二)民间传说、民谣和民谚

民间传说、民谣、民谚的最大特点是口耳相传,具有深厚的民间性和乡土性。王尔敏曾指出:自古以来,文字教育远不及口传教育深入社会。文人茫昧,史家无识,遂任此等文化遗产无端遗失。今后史学研究范围扩大,不能再蹈前人粗阔愚疏。不唯器物图画碎陶瓦片可备史料之用,即诞言村语,亦未尝不可采录。② 传说,有狭义、广义之分。狭义的民间传说,与神话、故事、笑话等并列,同属于民间口头散文叙事文学,包括人物传说、地方传说、史实传说、风物传说,但无论如何讲的都是

---

① 左玉河:《方兴未艾的中国口述历史研究》,《中国图书评论》2006年第5期。
② 王尔敏:《史学方法》,广西师范大学出版社2005年版,第82—83页。

过去的事情。从广义来说，传说即指传述者自己并未亲历，而仅为耳闻的故事，这与讲述者对自己亲身经历的口述回忆不同，但两者同属于与文献相对应的口头叙事。① 对于民间传说，我们并不是要从中寻找真实历史事实的印记，事实上，其中所包含的内容也可能与历史事实相去甚远。民间传说为何能够经久不衰地流传绵延，关键就在于民众对它深信不疑。既然如此，将民间传说作为区域社会史研究的史料，就是要从中提炼出民众的心灵信仰和意识观念。《祖先记忆、家园象征与族群历史》通过对大槐树移民传说诸文本的解读，探讨人口迁移过程中的共同心态、移民有关祖先和家园的集体记忆和历史记忆、大槐树或老鹳窝是如何被塑造成一种神圣象征的过程，从而挖掘出传说背后的民众信仰观念和社会文化意义。《晋水流域36村水利祭祀系统个案研究》② 中通过对晋水流域唐叔虞、圣母邑姜、水母娘娘、张郎等水神的传说故事的解读，认为"以水为中心"是晋水流域祭祀系统的主脉。晋祠主神由叔虞而圣母，再由圣母而水母的三易其位，不单单是民众的兴趣点和注意力因水资源的紧张而发生了转移，更为重要的是，这种变化的背后富含着国家与社会权力互动的历史内容，是双方的势力较量在象征领域的表现。迫于生存的压力，他们会依照自己的意愿，或创造出新的神灵，或在原有的神灵象征意义上和故事传说中附会、推衍神灵的功能及含义，为自身服务。晋水流域四河的利益不同，各村庄之间也有相互的利益冲突。在民间社会内部，又形成了不同的等级权力主体，因而在祭祀水母的仪式中出现了总河和四河之间的地主与宾客之别，金胜村甚至以"水母娘娘"娘家的名义来争夺"回马水"。除此而外，在晋祠主神这些"地方神"之外，流域内有的村庄还建立了本村庄的"村庄神"，这些都突出反映了民众对水权的激烈追逐。民谣和民谚中同样也包含丰富的社会生活和人们行为观念的内容，诸如婚姻观念、日常行为规范、农业生产生活等，也可作为区域社会史研究的资料。在区域社会史的研究中，研究者会把民间传说、

---

① 赵世瑜：《传说·历史·历史记忆——从20世纪的新史学到后现代史学》，《中国社会科学》2003年第2期。

② 行龙：《走向田野与社会》，生活·读书·新知三联书店2015年修订版，第150—174页。

民谣民谚理解为生活在一定的区域社会里的人们"在具体的情境下"的一种权力、文化、某种形式的共同体及其历史等的建构行为（的反映），而不只是一种话语活动和一般意义上的历史资料。①

（三）影像史料

影像史料，指记载图像和声音的史料，如照片、绘画、写实漫画、唱片、电影、光盘等。照片能给人以形象的、艺术的和直观的感受。台湾洪惠冠总编《竹堑思想起——老照片说明》，就用作者收集到的老照片，从当地的村舍、居民、借道、卫生、学校、医疗等多个方面展现地方民众的日常生活。②绘画、写实漫画的最大特点就是艺术性与形象性，可以丰富研究者的形象思维能力。如果研究者能从美学或艺术学的角度来做出解读，就能够挖掘出更多的史料内容，促进研究的深入。对写实漫画颇有研究的朱小田认为："漫画能否成为史料，不在于它的图像形式，而在于其类型、形成过程、作者依循的思想路径和理性原则以及我们所要建构的历史对象。"绘画、漫画本是艺术作品，但其中所富含的人物形象、性格和行动、社会众生百相的内容却是对当时社会环境和状态的真实写照。艺术虽然不是生活，但它却来源于生活，这也就可以说明绘画艺术作为社会史史料的存在意义。风行一时的《点石斋画报》，以画图为主，图说为附，用绘图传播事实新闻，重视对下层人物如妓女、优伶的人物形象及其生活的报道，同时，"凡世上新事当必加以宣扬，以使天下共晓，因此世上新创发明，即为其搜罗刊布之目标。尤其加以绘画说明，自更引人注意，加强印象。"③王尔敏就利用其来探讨我国近代知识的普及化途径。而且，《点石斋画报》中还有对灾害及祈雨活动、民俗节令及祭祀活动民俗节令的记载，也有对神鬼怪异、水火灾劫、抢劫凶杀、僧道乱行、诈骗愚弄等种种所闻，可谓是社会史研究的丰富史料。两篇最新的研究作品，其一《图像历史：以〈晋察冀画报〉为中心的视

---

① 周祥森等：《区域社会史的革命——评赵世瑜著〈小历史与大历史〉》，《史学月刊》2007年第12期。

② 洪惠冠总编：《竹堑思想起——老照片说明》第一、二辑，新竹县文化中心，转引自冯尔康：《中国社会史概论》，第145页。

③ 王尔敏：《近代文化生态及其变迁》，花洲文艺出版社2002年版，第36页。

觉解读》①，以战争年代的一份革命摄影画报为资料，对画报的诞生、运行机制、传播及设备配置、生产技术和人员群体进行细致的梳理，并展现出"战争、革命、生活"在抗日根据地社会中的激烈碰撞。其二《病态的身体——林华的医学绘画》②，作者对林华医学绘画的背景、绘画作品的缘由、风格、表情、风景及技术运用等方面做出细致分析，并深入论述了在早期传教士医学话语的影响之下，中国人的身体如何被"描绘"成夸张丑陋的病体，从而使中国人"病态"的观念通过图像的方式传播出去，也从绘画中展现出中国国民性和民族主义。葛兆光认为绘画对于思想史的研究有重要意义："中国山水画中人物的渺小和山水的凸显，色彩的隐退和水墨的盛行，背后都有观念的因素，而墓室壁画中日常生活场景在宋代明显增多，则反映了人们生活世界重心的变化，以及都市与文明的明显扩张，而唐宋人物画卷中地位悬隔的人物的比例大小和位置差异、明清的政治与宗族性人物画的正面端坐的对称布局，也有绘画者对不同阶级人物的价值判断和敬畏心理。"③

（四）实物史料

实物史料，有传世的、出土的，还有埋藏在地下待发掘的，可分作两类：一是遗物，如庙宇、祠堂、会馆、村落等建筑，生产工具，生活用品，文化用品，武器，艺术品，陶瓷器等；一是遗迹，如考古发掘的遗址，以及宗教摩崖石刻、壁画等。其中壁画、画像石虽以图像的形式呈现，但由于与考古资料属于同一体系，故将其归入实物史料中。实物史料是活的资料，是可以触摸和直观感受的，从而能够增强对历史的感悟和体验。同时，我们还能从居民住宅和日用器皿中了解当时人们的日常生活细节，从祠堂、庙宇、寺庙、道观、祭坛等了解官民的信仰文化和思想意识，从戏台、戏楼等了解人们的文化娱乐生活，从各种壁画与摩崖雕刻中了解人们的民俗观念等，将实物史料与文献史料相互对比印证，加深对研究课题的理解和认知。④ 试举一例。山西芮城永乐宫的壁画

---

① 行龙：《走向田野与社会》，生活·读书·新知三联书店2015年修订版，第423—462页。
② 载杨念群主编《新史学》，中华书局2007年版。
③ 葛兆光：《中国思想史·导论》，复旦大学出版社2013年版，第111页。
④ 参考冯尔康《中国社会史概论》，高等教育出版社2004年版，第148—150页。

颇有代表性,"虽是叙述吕洞宾、王重阳的故事,但却妙趣横生地展示了封建社会中人们的活动。这些画面,几乎是一幅幅活生生的当时中国社会生活的缩影。平民百姓的梳洗、打扮、吃茶、煮饭、种田、打鱼、砍柴、教书、采药、闲谈;王公贵族、达官贵人的宫中朝拜、君臣答理、开道鸣锣;道士设坛、念经等各式各样的动态跃然壁上。画中,流离失所的饥民,郁郁寡欢的厨夫、茶役、乐手,朴实善良而勤劳的农民,与大腹便便的宫廷贵族、帝王将相形成了非常鲜明的对照,"可称得上是一幅古代社会生活的缩影。

新资料的出现,不仅是资料范围的扩大、内容上的微观化和类型上的扩充,对史学研究的影响也不只是领域的拓宽和内容的丰富,更为重要的是对提炼新的问题意识、建立新的阐释模式,从而修正甚至改变以往的研究结论具有重要意义。区域性的材料为我们构建的是一个具体地域的历史情境,可以让我们从微观的历史场景解读国家大历史的具体体现,也可让我们从地方区域的历史来反思国家大历史。

史料是"史之组织细胞"。可以说,今日的区域社会史史料的范围已经非常广泛,几乎无所不包,无论是什么样的文献题材,或者是实物的、口述的、影像的,只要是过去的,都可成为区域社会史研究的史料。"一件文字史料就是一个见证人,而且像大多数见证人一样,只有人们开始向它提出问题,它才会开口说话"。① 冯尔康先生认为,正是由于新概念、新方向、新领域的提出,才使那些蕴藏在正史、政书、方志、文集等中的社会史史料可能被挖掘出来。面对各种类型的史料,如何进行选择、编排以建构研究者眼中的真实历史,往往取决于研究者的问题意识和立场观点,理论的提升可以使许多以往为人所忽视的史料进入学者的视野。不过,从另一个角度来讲,在"什么都可以作为社会史研究的史料"已经成为学界共识的情况下,恐怕史料也并不完全"被动",其对于新概念的提出和新领域的开拓也具有同样重要的促进意义。在同一个研究主题下,史料的充足和类型的多样,无疑会为研究者从多个视角进行剖析提供条件,也会引发研究者的深入思考,所以说两者是相互促进的。

---

① [法]马克·布洛赫:《为历史学辩护》,张和声、程郁译,中国人民大学出版社2006年版。

目前，各研究机构在致力于提升自身研究水平的同时，也加强了资料库的建设工作。一个好的史学研究中心同时也是一个好的资料中心，尤其是独特的能够吸引海内外学者的资料，常使一个研究中心享誉学界。如哈佛大学是美国清史研究的重要基地，哈佛燕京图书馆藏书中稿本、抄本的数量与质量独占鳌头。在中国戏曲研究领域，山西师范大学戏曲研究所经过几代人的积累搜集了大量的戏曲碑刻、实物、录像等资料，成为国内外戏曲研究的资料库。多年以来，山西大学中国社会史研究中心顺应学术发展潮流，在走向田野与社会中，注意搜集第一手资料，目前已收集到关于山西水利碑刻、渠册资料，晋商专题档案，灾荒档案，秧歌资料以及近三百个村庄的村级档案资料，并对这些档案进行了较为详细的整理，为进一步的研究奠定了坚实的基础。

就史料的价值而言，翦氏以是否受到官方意识形态的制约为评判准则，认为正史的史料价值不如正史以外之诸史、正史以外之诸史不如史部以外之群书。① 不过，也许考察史料的价值，除了从其形成的来源、过程、相对于历史事实的客观性等方面进行判断外，数量的大小、完整性、连续性以及其所反映的内容多样性等恐怕也是应该予以考虑的因素。另外，史料有真假之分，罗志田认为即使是假史料也不应弃置不用，因为不论史实的客观存在或历史真相如何，当其经由某种程序（而不是其他可能的程序）被记录下来后，即使"第一手"的史料也的确可能带有"偏见"。我们可以考察造伪的要求、动机，伪史料的产生和造伪过程等都能揭示很多问题。② 例如，在运用日记时，就要知道作者是有意留给后人来褒扬还是无意为之。比如《退想斋日记》，有学者就认为刘大鹏早年也有青云之志，他的日记同大多数传统中国读书人的日记一样，是有意写给人看的。故其记载的内容和表述的观念，都不免有故意为之的痕迹。中岁以后，随着鹏程万里的梦想渐次破灭，日记给人看的可能性日减，直抒胸臆的成分日增，对史学研究的价值也就远非一般写给他人看的名

---

① 翦伯赞：《略论中国文献学上的史料》，载翦伯赞《史料与史学》，北京出版社2005年版，第19—23页。

② 罗志田：《见之于行事：中国近代史研究的可能走向——兼及史料、理论与表述》，《历史研究》2002年第1期。

人日记可比了。① 尤其在后现代思潮的影响之下，文献的真实性被彻底质疑，这就迫使人们重新思考历史文献的产生过程及其背后的社会历史意义。因此在利用各类史料时，要充分注意其形成的背景过程及内在特点，对于其所受到的主观和客观的影响以及是真实地还是虚假地反映历史事实应该有所鉴别，这就需要运用"多重证据法"。社会史史料范围的扩大使各种证据之间的相互证明和辨伪成为可能，研究者在利用史料的过程中应该有意地将各种史料进行比较，以更加深入地发现史料背后的"故事"，从而正确解读各种史料，深化自身的研究。

参考文献

1. 冯尔康：《清史史料学》，沈阳出版社2004年版。
2. 冯尔康：《中国社会史概论》，高等教育出版社2004年版。
3. 冯尔康：《清代人物传记史料研究》，商务印书馆2000年版。
4. 戚志芬：《中国的类书、政书和丛书》，商务印书馆1996年版。
5. 来新夏：《古籍整理讲义》，鹭江出版社2003年版。
6. 刘叶秋：《历代笔记概述》，北京出版社2003年版。
7. 陈恭禄：《中国近代史资料概述》，中华书局1982年版。
8. 白寿彝主编：《中国通史》（1840—1949），上海人民出版社1999年版。
9. 周积明等编：《中国社会史论》，湖北教育出版社2005年版。
10. 周迅：《中国地方志》，商务印书馆1998年版。
11. 葛兆光：《中国思想史》，复旦大学出版社2013年版。
12. 胡道静：《中国古代典籍十讲》，复旦大学出版社2004年版。
13. 曾贻芬、崔文印：《中国历史文献学史述要》，商务印书馆2000年版。
14. 杜泽逊：《文献学概要》，中华书局2001年版。
15. 金毓黻：《中国史学史》，商务印书馆1999年版。

---

① 罗厚立、葛佳渊：《近代中国的两个世界》，《读书》1996年第10期。

第 七 章

走向田野与社会

在以上各章具体论述的基础上，本章将集中阐述区域社会史研究的治史宗旨——走向田野与社会，"这里的田野包含两层意思：一是相对于校园和图书馆的田地与原野，也就是基层社会和农村，二是人类学意义上的田野工作，也就是参与观察实地考察的方法。这里的社会也有两层含义：一是现实的社会，我们必须关注现实社会，懂得从现在推延到过去或者从过去推延到现在；二是社会史意义上的社会，这是一个整体的社会，也是一个'自下而上'视角下的社会。"[①] 作为区域社会史研究的治史宗旨，走向田野与社会可以说是史料、视角和方法的三位一体：从史料方面来讲，走向田野与社会蕴含的一个重要想法就是进一步扩大史学研究的资料范围，研究资料的发现和拓展不仅可以为区域社会史研究奠定厚实的资料基础，而且也意味着新的解释方法、新的研究视角的出现；从视角方面来说，在区域社会史研究中提倡走向田野与社会，就是要从"自下而上"的视角出发，关注基层社会的实态，关注芸芸众生的日常生活；从方法角度来说，走向田野与社会注重多学科交叉，强调田野工作与文献解读的有机结合。

第一节 走向田野与社会的缘由

学术总是思想和时代的反映。作为区域社会史研究的治史宗旨，走

---

① 行龙：《走向田野与社会——区域社会史研究的追求与实践》，《山西大学学报》2012年第3期。

向田野与社会的理念与实践不是一个孤立的自我演变过程，而是与时代思潮、学科脉络、区域特性等相互交融和激荡的产物。因此，对走向田野与社会的全面理解，就不能以一种自我延续的静态方式去勾画其发展脉络，而是有必要在思想和实践的双重视野和相互纠葛中去阐明其内在演变，这既需要我们从学科史内部着眼去展现和勾画其逻辑自洽性，也需要我们从区域社会的特性出发去体味其必然性。可以说，走向田野与社会，既是社会史学科发展脉络的内在诉求，也是致力于区域社会研究的题中之意。

一 "田野与社会"的内涵和要旨

田野或田野工作，原为文化人类学的术语和范畴，人类学意义上的田野调查主要指"参与观察"，即"参与当地人的生活，在一个有一个严格定义的空间和时间的范围内，体验人们的日常生活与思想境界，通过记录人的生活的方方面面，来展示不同文化如何满足人的普遍的基本需求、社会如何构成"。我们所倡导的"走向田野与社会"则是以历史学为本位的田野调查，它强调在参与观察的过程中对地域历史的体验、感觉和文本资料的搜集。我们也可以将这看作是人类学的田野调查与社会史的田野调查的差别所在。

与以往史学研究的显著区别之一，就是社会史学者在近年来不约而同地引入了"田野调查"的研究方法。"田野调查在社会史方法中应当大力提倡。在某些社会史课题中，尤其是在小社区研究中，通过实地调查可以增加对社区内部的各种社会关系和各种社会联系的了解，增加对当地宗教、宗族、风俗、基层组织和生活方式的直接感受，收集到极为丰富的民间文献，例如族谱、碑刻、书信、账本、契约、民间唱本、宗教书籍、日记、笔记等，并且可以听到大量关于族谱、村源、村际关系、区内关系和其他方面的种种故事或传说，从而有助于站在社区传统的本来立场上达到对它的文化理解。"① 区域社会史研究就是要从区域的整体出发，将这些长期以来被忽视的，在广大县区、乡镇和村落具有明显地域风格与差别的文化习俗、惯例规约和民众信仰等问题加以系统

---

① 蔡少卿、李良玉：《50年来的中国近代社会史研究》，《近代史研究》1999年第5期。

研究。① 也就是说，开展田野调查，就是要"走向田野与社会"，进入某一个区域进行实地考察、观测体验、发现和搜集当地的文献资料和口述文本。这样做，一方面拓展了史学研究的资料范畴；另一方面展示了一种与以往史学研究迥然不同的路径。当我们走在乡间小路上，置身于田野与社会的现场之中，才能切身感受和体会到当地的自然环境、社会和人文因素的状态，这将有助于我们更好地立体观察和解读研究对象的存在、变化、发展和消亡等阶段的整体运行脉络关系。

走向田野与社会是区域社会史研究发展的必然要求，也是一个重要的研究理念。因此，区域社会史研究者可以根据自己的研究领域、研究时段和研究旨趣，不断走向田野与社会，进行一系列可能的田野调查工作，发挥田野调查应有的作用，实现搜集地方文献和田野考察体验两个目标，从而推动中国社会史研究向更高层次方向发展。

应当指出，"田野与社会"既是特定时空下的田野与社会，又是整体历史时空下的田野与社会。区域社会史研究强调"以小见大"的研究理念，在走向田野与社会的具体实践中，我们都是置身于具体的历史时空坐标中，还应关注到这种具体的田野与社会坐标所处的整个社会历史的时空坐标。时空中的"田野与社会"是社会性的田野与社会，包含着区域的社会性因素，这些社会性的因素也正是我们进行社会史研究的基础。

区域社会史研究中的"田野与社会"与传统史学研究既相联系又有区别。它仍然是以历史学为本位的，注重对已有官方和上层文献的利用，区别在还于重视搜集和发现民间遗存文献，以进一步拓展史料范围，从而进行相互结合、上下贯通的区域社会史研究。具体而言，"田野与社会"本身就是一个史学各研究要素的综合体，既是保存有不同时期丰富史料的"社会文库"，又是各种社会事件发生联系的场域，也是我们对其再认识和再实践的起点和终点，我们可以置身于其中梳理、观察和思索，自觉或不自觉地感受区域社会的时空脉络和氛围。

田野与社会中的社会史料，是区域社会史研究的基础史料，是区域社会各类事件的综合载体。不仅在一定程度上反映着区域社会内在的联

---

① 行龙：《论区域社会史研究的理论与方法——山西明清社会史研究》，《史学理论研究》2004年第4期。

系,也能体现出本区域、其他区域和整体社会之间的关系。在此意义上说,就是要通过走向"田野与社会"亲身体验那些在书屋中难以感觉到的东西,在不经意间发现新问题,产生新想法,激起某些学术灵感。这不仅是新资料的发现,而且有可能开拓新的研究领域,最终综合运用社会性史料来面向社会整体,展现区域社会全貌。所以说,走向"田野与社会"既是具体研究的社会实践,也是社会史研究的学术路径。

即使是完全依靠文献资料展开的相关研究,也同样需要田野和社会的印证、充实和提高,单纯的文献有时难以表现出区域社会丰富多彩的社会关系。同样,区域社会史研究成果的科学与否也要经过田野与社会的检验,需要地方和社会人群的认同。此外,田野和社会的内涵还表现在区域社会的开放性上。田野和社会不是封闭的,它是一个开放的大舞台,随着社会的不断发展变化新陈代谢,一些社会场所、社会事件和社会问题就会涌现和消退,田野和社会是发现这种社会性消长变化,拓展新的社会研究领域的场域。田野与社会是个运动的过程,在区域社会史的研究中,尽量体现出社会静态后永恒运动发展的变迁轨迹。

区域中的社会史研究,其选题、史料、方法和成果等因素具备充分的社会性是进行区域社会史研究的前提之一,综合的史料、实践的研究和学术训练方法、检验认识正确与否和发现新问题等的社会性动态时空互动,就是我们所说的"田野与社会"的内涵。

二 走向田野与社会是社会史发展的内在要求

从学科发展脉络来看,走向田野与社会是由社会史的学科特性所决定的。我们知道,自20世纪以来,无论在西方还是在中国,对传统史学皆进行了反思和批判,传统史学只关注政治、军事和外交等上层历史,缺乏对下层历史的关注,而社会史可以说就是在对传统史学的进行反思和批判的基础上发展起来的。总体来看,社会史的学科特性主要有三点:

一是强调整体史观。从西方新史学尤其是年鉴学派的史学主张来看,年鉴学派"所要求的历史不仅是政治史、军事史和外交史,而且还是经济史、人口史、技术史和习俗史;不仅是君王和大人物的历史,而且还是所有人的历史;这是结构的历史,而不仅仅是事件的历史,这是有演进的、变革的运动着的历史,不是停滞的、描述性的历史;是有分析的、有说明的历史,而不再是纯叙述性的历史;总之是一种总体的历史"①;就中国史学的发展脉络来看,自梁启超提出"史学革命"以来,中国史学便开始了自我反观的历程,20世纪80年代恢复的社会史研究更是将"把历史的内容还给历史"(恩格斯语)作为主基调,呼吁突破阶级斗争和革命叙事为框架的政治史史学范式,主张还历史以有血有肉的全貌,主张全面、系统、完整地认识历史,可以说,正是在对社会变革和社会潮流的顺应和关注中,中国社会史研究得以蓬勃发展。由此观之,社会史应当是一种全面的史学,它不仅是政治、军事和外交等的上层历史,还是经济、文化、衣食住行、婚姻家庭等的下层历史,也即是说,社会史意义上的"社会",应该是整体的历史,同时也是现实的历史。正是社会史对整体的社会、现实的社会的强调,催促我们走向田野与社会,带着整体感、现实感和问题感去走进历史。

二是运用"自下而上"的视角看待历史。社会史意义上的"社会",既是整体的、现实的社会,也是一个"自下而上"视角下的社会。与传统史学重视上层人物和重大历史事件的"自上而下"视角不同,社会史研究更关注下层社会的实态。举凡婚姻、家庭、人口、宗族、习俗等芸芸众生的日常生活等,均从"社会生活的深处"跃出而成为社会史研究的主要内容。显然,只有"从政治形式的外表深入到社会生活的深处",才能"取得现代历史著述方面的一切真正进步"。② 这就要求我们走出学校和图书馆,走向田野与社会,去探寻丰富多彩的社会全貌。

三是注重多学科交叉。勒高夫指出,新史学的发展"可能是历史学、人类学和社会学这三门最接近的社会科学实行合作",历史学要"优先与人类学对话"③,走向田野与社会,就是在坚持历史学基本方法的同时,与人类学、社会学等多学科互动和亲善的结果。如果说中国社会史复兴之初运用社会学的方法角度,而随着社会史的深入发展和区域社会史的兴起,人类学的方法对社会史研究的影响越来越大,在具体研究中得到

---

① [法]雅克·勒高夫等主编:《新史学》,姚蒙译,上海译文出版社1989年版,第19页。
② 《马克思恩格斯选集》第12卷,人民出版社1962年版,第450页。
③ [法]雅克·勒高夫等主编:《新史学》,姚蒙译,上海译文出版社1989年版,第121页。

了较为普遍的运用。社会史研究要"优先与人类学对话",不仅要注重人类学研究理念的内化,也要在具体研究方法上有所借鉴,重视田野工作。我们知道,人类学的田野工作首先是对"异文化"的参与观察,它要求研究者到被研究者的生活圈子里至少进行为期一年的实地观察与研究,与被研究者"同吃同住同劳动",进而撰写人类学意义上的民族志。人类学强调参与观察的田野工作,对区域社会史研究具有重要的借鉴意义。走向田野,直接到那个具体的区域体验空间的历史,观察研究对象的日常,感受历史现场的氛围,才能使时间的历史和空间的历史连接起来,才能对"地方性知识"获得真正的认同,才能体会到"同情之理解"之可能,才能对区域社会的历史脉络有更为深刻的把握。然而,社会史的田野工作又不完全等同于人类学的田野工作。走向田野与社会更多的是要突出区域社会史研究对于地方社会变革进程的理性关怀。

概而言之,较之于传统史学,社会史的路径和向度无疑有了相当程度的变化,它不再以政治史、军事史、外交史等上层历史为唯一关照对象,而是将目光投向了整体的历史、全面的历史以及现实的历史;它不再是从自上而下的视角着眼局限于重大历史事件和上层人物的活动,而是从自下而上的立场出发去关注芸芸众生的历史和日常;它不再仅仅运用传统史学的理论和方法对历史事实加以析,而是在多学科的互动和亲善中更为深入地走进历史现场。应该说,正是社会史的这些特性决定了我们有必要深入社会,走向田野,顺应社会史的现代学术发展潮流,进一步推动社会史研究的纵深发展。

其实,走向田野与社会的理念也是中国传统史学的重要治学方法。回望中国传统史学的发展历程,我们不难看到田野和社会调查传统的历久流传,春秋战国时代的游历风气,产生了诸子百家争鸣的文化繁荣局面;西汉司马迁对历史遗址的访察,编纂了彪炳千秋的《史记》;郦道元注水经过程中对大江南北的河道的追流溯源,成就了他《水经注》的不朽地位;徐霞客三十年间对华北、华南、华东、西南等地的游历,奠定了《徐霞客游记》的坚实基础。及至晚近,"读万卷书、行万里路"几成为中国学人的治学准则。20世纪以来,面对时代剧变和社会转轨,中国知识分子纷纷开展各种社会调查,关注平民生活,深入基层社会,如陶孟和对北平生活的调查分析,李景汉的定县调查,晏阳初和梁漱溟主持的乡村建设运动,陈翰笙等的农村经济调查研究,吴文藻的现代社区研究,费孝通对江南村庄的考察,如此等等,这些学人皆是力求通过实地社会调查的方式,寻得对彼时各种社会问题的体认和关切。为深入了解其时中国的过去、现在和未来,中国共产党人也将社会调查作为认识社会问题的重要途径,如毛泽东和张闻天所做的农村社会调查等,为革命事业的发展无疑作出了积极的贡献。

三 走向田野与社会是研究区域社会的题中之义

对区域社会史研究而言,尽管学界对"区域"的概念、大小、边界等问题有着不尽一致的理解和阐释,但从既有的学术积累和研究实践来看,学者们在致力于区域社会的研究中已形成近乎一致性的共识,即任何一个区域都有其特色迥异的地理环境、人文传统、风俗习惯等,不同区域社会所孕育出的社会风貌是截然不同的,这就要求研究者在把握"大历史"的前提下,走向田野与社会,深入基层,走进田野,在对区域社会的观照和研究中达致重新理解中国历史的学术诉求。

无论是自然世界,还是人类社会,都处在太阳、大气层、地球等所构成的生态系统中。"东边日出西边雨,道是无晴却有晴",时空的变化无疑会影响到生态系统、影响到其中的社会发展。中国幅员辽阔,南北纵跨几个气候带,东西距海远近不一,地形地貌类型多样,体现了极大的复杂性。客观物质世界的多样性体现在人类社会上,则是人们社会生产生活中显性或隐性的差异性。就山西社会所处的区域环境而言,总体上分为三个农业生产带:晋南一带日照充分一年二熟,以生产小麦为主;晋中则是二年三熟,以种植玉米为主;晋北气候严寒,为一年一熟。物质生产状况决定社会生活的内容。如光绪三年(1877)大祲之后,巡抚曾国荃奏请朝廷全省修志得允,尽管晋北灾荒较南部轻得多,但晋北许多州县由于生产力低下经济发展不景气,在此次修志活动中,晋北无论是修志的州县比例,还是志书的质量,都处于劣势的地位;又如,虽然现在山西南北民众基本上以食用小麦、大米为主食,但中秋佳节晋北的月饼,大多仍旧使用玉米面制作,且多不加糖的传统工艺。这都说明了物质条件的差异性所导致的社会内容多样性。其实,在日常社会生活中,这样的例子还很多,人们常说的"十里不同风,五里不同俗",即是对区域社会生活差异的形象概括，当然也或多或少地折射出社会差异性背后物质性的区别。"研究区域史，首先要强调树立特色观念，要着重发现和揭示这个区域同其他区域不同的特色、特殊的个性、特殊的规律性"①，这也是区域社会史研究应注意的一个方面。

区域社会史在重视深挖区域的特色、个性和规律的同时，也要同样关注社会历史发展中带有普遍性、规律性的问题。区域社会的个性与共性是一个问题的两个方面，也是对区域社会历史认识和把握程度的一个标志，不能深刻地认识到其中任何一面，都很难真正触摸到区域社会史的实质。区域社会史研究是对区域社会发展历史的整体的、综合的探究，既包括其内在的社会机体各方面的运动和变迁，也应包含区域社会与外在社会的新陈代谢。在此意义上说，区域社会史的研究对象又是立体的区域社会的历史，其中错综复杂的纠葛与联系是难以凭借有限的社会史料明了的。掌握区域社会史的共性和个性，只有通过对区域社会的实践把握——走向田野与社会的工作，在区域社会中感受和检验社会的运动。

区域社会在形成过程中孕育了社会运动的物质条件，哺育了社会发展的文明，必然会留下区域社会史研究的丰富素材。通过对区域社会内的史料进行社会史研究，就能在一定程度上反映区域社会的社会史特性。从这个意义上说，区域社会史料实质上体现的是区域社会的社会性。无论是研究区域社会间的共性还是差异性，区域社会丰富的社会史料无疑是我们进行研究的必要载体。

对于特定的区域社会而言，社会史学工作者的选题决定着社会史料搜集整理方向，所以社会史学工作者进行社会史研究的首要工序就是选题，选题不是凭空设想，也不是仅从兴趣爱好出发，更不是有什么史料就选择什么题目。区域社会史选题要选择凸显区域社会主要脉动的课题，这种目标的实现只有走向田野与社会，亲身触摸区域社会的立体实践才能有所感触。走向田野与社会能够科学地分辨区域社会的主要内容和有机联系，得出合理的选题，进而在开展区域社会史研究时，不至于在丰富的社会史料面前迷失自己。在合理选题的基础上开展区域社会史研究，终究也要在区域社会的丰富宝库中去检验和寻找相关的史料，只有走向

---

① 李文海：《深化区域史研究的一点思考》，《安徽大学学报》2007年第3期，第104页。

田野与社会，才有正确地开展区域社会史研究。

从社会史的体系结构（社会构成、社会生活、社会功能和社会制度史三个部分的历史，加上整体社会变迁的历史概括）来讲，也要求在区域社会史研究中走向田野与社会。因为区域社会史要反映区域社会内部各构成要素之间的关系和联系形式的历史；反映区域内人们的社会性行为与互动性过程的社会生活的历史；社会构成和社会生活互相依赖，互相交叉，彼此作用形成区域社会整体的运动变化发展的历史。把握社会史的体系结构有助于全面深入地勾勒区域社会的社会历史内容。对一个微观区域社会的历史考察，相对来说是以往传统史学研究所不关注的，没有可资借鉴的现成经验，社会史的知识体系框架在区域社会研究时，只有置身于区域社会的场域中，才能观察、触摸、感受到它们之间千丝万缕的联系。进而从社会历史变迁的角度揭示从传统到现代的社会演变轨迹，从历史看现在，从现在看历史，为现今社会发展提供可资借鉴的历史经验，真正体现社会史研究的价值和意义。

第二节　走向田野与社会的诉求

所谓走向田野与社会的诉求，即是说走向田野与社会的目标是什么。概而言之，走向田野与社会有两大基本目标：一是搜集地方文献。区域社会史的研究可以把被研究对象集中在一个村落、一个家庭，甚至是一个具体的人或事务。如此细致的研究必然需要详细的记述支撑，这就要求我们必须走进田野社会，去寻找家谱、碑刻、文书、日记、账簿和实物等以往很少被注意的基层社会资料。二是田野考察体验，更好地获得历史现场感。这集中体现在人类学、社会学田野调查方法的借鉴和利用上。社会史学者也应像人类学家、社会学家那样深入民众、深入田野、深入社会，力求去体验、去观察普通民众的日常生活，进而通过田野考察与文献解读的有机融合，凝练问题意识，理解区域社会。

概括地来讲，便于人们了解和研究以往人类文化历史的痕迹，就是"历史资料"。主要包括实物、文献和口碑史料三种。历史研究离不开史料的支撑，史料是历史研究的起点和基础，古往今来人类社会遗留下了极其丰富的史料。中国的史料文献又多种多样。按照载体类别来分，古代的甲骨、金石、简牍、缣帛、印刷和抄本；现代的有音像、缩微和机读史料等。史学文献有编年体与纲目体、纪传体、纪事本末体、典志体政书、别史、杂史、地理、方志、传记、学案、笔记、史论、史评、史考、考古文物研究和近现代的新型史学论著文献等。古今原始资料文献主要有起居注、实录、诏令奏议、古文书（敦煌文书、吐鲁番文书）、档案、调查报告、年鉴、手册、报刊资料与文摘、统计数字，等等。这些各种类型的文献，几乎囊括了所有的文献资料，构成史学研究基本史料。但史料本身具有分散、零乱、片段的特点，甚至还会有讹误和赝品，需要鉴别使用。近年来兴起的口述史料的搜集和整理，也是对上述两种史料的有益补充。

历史研究要根据史料来分析历史的人物和事件，进而揭示历史发展的过程和规律。我们就必须对史料在空间上的整体性，时间上的连续性，内容上的适用性做必要的搜集和整理。走向田野与社会也是基于这个原则来对社会史和区域社会史的资料建设作出贡献的。

史料在空间上的整体性和复杂性不是指史料在空间上的大而全，而是指史料能涵盖或代表所研究区域的社会史研究的内容。区域社会史研究的史料，总是要反映一定区域，一种文化环境中的人、事、物。这就要求此种人、事、物不仅要具有区域特性，而且还要尽可能地具有普适性和典型性。社会史的研究不是找一两个特例来推想全局，而是要从复杂的事件中选取能代表具有全局的事例来反映区域社会的某种状态、组织或者规律。走向田野与社会就是要在这一原则的指导下，进行大量的田野走访和社会调查。考察研究对象在特定区域和文化环境中如何运行，怎样通过一定的载体将其记录下来并形成史料。在一个区域内，有很多在不同程度上反映区域特征的史料，而要深刻地反映区域社会变迁的实质和规律，就必须抓住那些最能反映事物特征的史料加以分析研究。经过田野社会的感悟和系列调查资料的不断积累，将复杂的史料进行分类、综合、类比和分析等一系列的处理，发现符合空间整体性原则的史料，为下一步具体研究提供支撑。从这个意义上说，走向田野与社会是保障复杂史料符合社会史研究的空间整体性的一个必要步骤，这个过程中走访调查的质量直接影响着史料的优劣。史料在空间上的整体性、复杂性只是一方面，此外我们还要重视其在时间上的连续性和系统性。

史料在时间上的连续性和系统性是指史料在时间上能完整地反映出区域社会史研究的人物或是事件的发展变化的轨迹。历史本身就包含着时间和空间的概念，虽然世界在不断的发展变化，但是置身于"场境"中，一般来说还能依稀感受、触摸到历史脉络的痕迹。文献上的史料所描述的历史，在时间的变迁过程中，是怎样运动和变化的，发展了还是衰落了，变迁了还是湮没了，能在"场境"中活生生的体现出来。一定时期的文献史料可能记载所研究对象的一个阶段，史料总是对先前的历史进行记载，对后来的事实则难以记述。中国的史书中有通史也有断代史，通史只是通到史学著作者的近当代，断代史则是不同时代的史学著作者完成史学著述的某个时代。这些通史或是一系列的断代史书整体上形成了一个连续的史料体系，为后来相关学者提供了方便。由于以往史学家不关注下层社会的内容，社会史的相关资料就很难保存长久，间或发现此类史料，也大多十分凌乱分散，如同一个个断点，前后不能连贯。社会史、区域社会史的研究同样要求史料的连续性，这不仅要了解史料文献记载前的状况，而且应追寻后来社会史的发展内容。走向田野与社会可以通过考察"现场"的历史痕迹和走访当地民众来上下延展史料。社会史工作者通过对以往历史遗存、物件的考察，对当地民间传说、记忆、词歌、碑文和口述等方面的调查访谈，来弥补纠正文献记载的缺失和谬误，充实不同时期的史料，建立社会史研究对象从古到今的史料系统。这种对资料记载的衔接、追溯，最终形成系统性，主要是要通过走向田野与社会的调查方法来完成，从这个意义上来说，走向田野与社会是对相关文献资料的补充和完善，是解决社会史研究史料的连续性和系统性的重要途径。

　　史料在内容上的专题性和适用性是指史料记述的内容符合社会史、区域社会史"自下而上"的研究视角，主要研究基层社会及其发展变迁机制的历史，即研究人类有史以来赖以生存区域的自然环境和社会本身的历史。虽然我们提出"什么都可以作为区域社会史研究的资料"，但是这些基本上保存在图书馆、档案馆、资料室等图书机构中的传统文献史料，大部分以政治、经济、军事、文化等史料为主。从这些文献本身的内容来看，虽然其中不乏涉及社会史的一些资料，如方志、吐鲁番文书和杂史等，但是大多数还是上层社会或是精英阶层的资料，如起居注、实录、诏令、奏议、年鉴、编年体与纲目体、纪传体、纪事本末体、典志、政书、传记、学案、笔记、史论、史评、史考，等等。而涉及社会史研究史料的地方志保存下来的多是明清以来为主；吐鲁番文书中的相关资料则时段短暂、数量有限；杂史中的相关资料需要进行考据和辨伪，谨慎使用。因此，传统文献史料虽然汗牛充栋，但是关于下层社会的资料还是十分有限，就史料专题性和适用性而言，难以满足社会史特别是区域社会史研究的需要，这就需要我们在观照传统文献中大历史背景的同时，具体依据自身研究旨趣，走向田野与社会，在广阔的田野和乡村中多方开辟社会史史料的源泉，不断搜集和整理社会构成、社会生活、社会功能和社会运行框架下的各类专题性适用性史料，以满足我们研究的需要，通过这一有效途径，不断推动社会史、区域社会史的良性发展。

因此，走向田野与社会，其中蕴含的一个重要想法就是进一步扩大史学研究的资料范围。"上穷碧落下黄泉，动手动脚找东西"，搜集资料是史学研究最基础的工作，能否真实地描述历史，客观地解释历史，都取决于我们是否全面详尽地占有史料，有了系统、丰富、翔实的史料，才能开展相应的研究，如中山大学历史人类学研究中心对贵州清水江流域文献以及一些省份碑刻资料的搜集整理、山西大学中国社会史研究中心对北方水利碑刻和渠册等资料以及对集体化时代山西农村基层档案的搜集整理等，无疑为区域社会史研究的纵深发展奠定了厚实的资料基础。

在论及费弗尔的《为史学而战》时，勒高夫谈道："费弗尔在书中提倡的'指导性史学'，今天也许已很少再听到这一说法，但它是以集体调查为基础来研究历史，这一方向被费弗尔认为是'史学的前途'。对此，《年鉴》杂志从一开始就做出了榜样：它进行了对土地册、小块田地表格、农业技术及其对人类历史的影响、贵族等的集体调查。这是一条可以带来丰富成果的研究路径。"① 当前，学界对基层档案和民间文献的搜集基本上是以研究者的个体行为为主，像年鉴学派那样的"集体调查"我们还做得非常有限，因此，在走向田野与社会的过程中，除了研究者个人的田野工作和资料搜集之外，"集体调查"应该是值得开展和大力提

---

① ［法］雅克·勒高夫等主编：《新史学》，姚蒙译，上海译文出版社1989年版，第14—15页。

倡的。

　　社会史提倡"自下而上的历史",即注重普通人在历史发展过程中的作用,可利用的资料非常广博。除正史和地方志等官方文献之外,我们还需要走向田野与社会,从民间或者下层搜集和挖掘碑刻、契约、档案、家谱、村志、传说、口述史料等资料,拓宽社会史研究的资料范围,弥补史书记载的不足和缺陷,实现"自上而下"与"自下而上"的贯通。而新资料的发现有利于开拓新的研究领域。

　　民间是另一个"史料宝库",藏有大量不同时期的各类资料,有的甚至十分珍贵、稀见。由于这些资料并未纳入传统史学的视野,长期不被重视而成了"历史的垃圾"。社会史研究就是要使它们离开"历史的垃圾箱",重新回到研究者的案头,进一步拓展史料利用的范围,拓宽史学研究的领域,改变传统史学观念,重新认识过去的历史,使固有的传统历史有了重新解读的可能。我们只有走出"象牙塔",深入田野,经过长期艰苦的田野调查,才能发现新的史料,拓展原有史料。从散落民间的地方乡土史志、歌谣、碑刻文物、家谱、墓志铭、地契、日记、竹枝词、地方报纸等资料中触摸地方历史的发展脉搏,感受普通民众的苦乐悲欢,检视地方社会变迁的轨迹。

　　当然,史料搜集是史学研究的基础性工作,但要真正走进历史的深处,还需要历史的现场感,走进田野与社会就有助于我们获得理解历史的现场感。陈寅恪先生曾言"同情的了解",即要求对研究对象有设身处地的观照。走向田野与社会,并非将图书馆里的正史、地方志束之高阁,不闻不问了,而是为了更好地读懂一些文献,只不过是从史书中文字间的漫步,移步到乡野小路。区域社会史研究面临的更多是"地方性知识",更需要在一定的历史时空中理解地方的历史和意义,要有历史的现场感。由于地理空间感模糊、地方性知识隔膜等限制,世易时移,我们在建构历史场景时显得十分困难。走向田野,深入乡土,身临其境,在特定的环境中,文献知识中有关历史场景的信息被激活,作为研究者,我们也仿佛回到了过去,感受到具体研究的历史氛围,在叙述历史、理解历史时才可能接近历史的真实。走向田野与社会,可以说是史料、研究内容、理论方法三位一体，相互依赖，相互包含，紧密关联。①

第三节　走向田野与社会的意义

目下，区域社会史研究中的田野调查方兴未艾，备受瞩目，对于区域社会史研究而言，走向田野与社会的意义是什么呢？应该说，历史学田野调查的意义是多重的，一方面，注重文本资料的搜集，在历史文献搜集和参与观察结合的同时加强社会史研究资料的建设和积累，这在一定程度上也是一种文化遗产的保护和责任抢救，同时，通过田野调查，也有助于形成新的研究课题，开辟新的研究领域；另一方面，走向田野与社会，对于社会史、区域社会史研究本土化理论的建构也大有裨益；再者，走向田野与社会在散发出学术意义的同时，也显现出强烈的现实关怀。也就是说，作为区域社会史研究的治史宗旨，走向田野与社会的意义是丰富的，它不是简单的"为田野而田野"，而且涉及史料搜集、研究内容、理论方法、学术训练、现实关怀等诸多方面。

一　抢救保护史料　拓展研究范围

社会史研究并不是要脱离传统意义上的文献资料，而是在传统资料的基础上，注重挖掘那些以往不被重视的碑刻、契约、家谱、志书、传说、口述史料等资料。这些资料不仅可以丰富和完善传统史料，而且还可以衍生新的研究课题，从而实现"自下而上和自上而下"的贯通。口述史研究法在国内史学界被广泛采用，它已成为拓展和深化史学研究的重要方法和渠道，因为人们已经认识到过去以史学家为代言人所记载的正统文字难保不会湮没或扭曲历史的真实。因此，通过现实的个体声音来发掘和再现历史，在主流话语之外的公共话语空间中追寻更加真实的历史档案，已为许多学者所关注。随着社会史研究的不断深入，文献资料对社会史研究支撑的有限性日渐凸显。比如在考察士、农、工、商之外的不入流的乐户、剃头匠生活的历史时，文献资料难觅踪影，只有走向田野与社会，在搜集民间文献的同时，走访相关从业传人，利用他们

---

① 行龙：《走向田野与社会》，生活·读书·新知三联书店2015年修订版，第9页。

家族后人及其他历史见证者的记忆库，让事件的参与者和见证人说话，以再现正统史志中被湮没的真实，展示生动多维的历史图景，重新发现底层民众生活的地方社会风貌和历史轨迹。可见走向田野与社会对于社会史某些课题的研究起着基础性的作用。

走向田野与社会，在发现和拓展史料的同时，也有利于史料的抢救和保护。从走向田野与社会对资料建设的意义看，很重要的一个功能就是抢救和保护濒危史料。只有不懈地走向田野，广泛地进行抢救式搜集、整理和保护，才能避免遗失的危险，为将来的研究积累史料。其中，口述资料的抢救和积累异常重要，以抗战口述史料为例，当前应该及时地对那些亲历过战争年代洗礼的尚且健在的老人进行抢救性访谈，搜集口述史资料，否则必将错过时机。此外，令人担忧的是，当代农村社会大量的第一手文献同样没有摆脱成为"历史的垃圾"的命运，已经或正在流失、消亡。改革开放30余年的发展，中国农村社会发生了翻天覆地的巨变，传统的旧房舍迅速被具有现代生活气息的新建筑所替代，有的富裕农民30多年来甚至搬迁了两三次（乡、镇、村委会也是如此）。每一次搬迁伴随的是什物的更换，同时也是一次文献资料的散失，这是令文化工作者，尤其是史学工作者深为痛心和遗憾的事情，也是我们需要必须加紧保护的历史文化遗产。走向田野与社会就是要肩负这一学术关怀，不断地深入各地，从农村、厂矿到各级各类机构，持之以恒地搜集和保存当代社会的各种资料。山西大学社会史研究中心从本世纪初就开始对集体化时代的资料进行搜集整理，迈出了抢救和保护当代社会史料的步伐，保存整理了一大批相关资料，得到了学界同行的广泛赞誉。

新史料的发现可以拓宽以往的研究领域。中山大学历史人类学研究中心一批学人就是以华南地区为实验场，通过田野调查，拓展研究范畴，转换研究视角，就族群与区域文化、民间信仰与宗教文和传统乡村社会等方面展开社区历史研究，取得了系列成果，形成了独具区域特色的"华南学派"。山西大学中国社会史研究中心通过晋中地区的田野调查，把目光投注于晋商中下层群体，利用新发现的晋商手抄本、秧歌剧本、晋商书信、地方小报等稀见文献资料，对晋商与地方经济生活、晋商与民众文化生活、晋商与社会控制等方面展开了深入研究，拓展了传统晋商研究的范畴。再如在研究"丁戊奇荒"时，晋商在官方的压力下，要出捐一定额度的钱物。一些晋商大家在当时出"捐"的数额不能满足当政者的意愿，官方就以官势软硬兼施达到指定的数额。这在官方的文牍中有明确的记载，而在一向关注地方事物的地方志中，却没有翔实的记述。地方志中不予记述的情况，就会引起人们的思考。出捐钱粮拯救饥民应是大力标榜的事情，无论是省志还是地方志都不约而同地将相关人员的事迹模糊化处理，没有翔实地介绍晋商阶层的具体活动。这就给社会史工作者提出了进一步研究的课题，是晋商对地方修志施加了影响，还是官商妥协达成了默契？而这一现象又揭示了什么？从这个意义上说，新资料的发现有利于开拓新的研究领域。

二 构建本土理论 深化研究实践

本土化理论是社会史、区域社会史发展到一定程度后的必然要求。国外社会史学者的理论，是以不同文化背景和思维方式提出来的构想，在与中国本土社会史学者的思想对接时，难免要出现分歧和对立，这就提出了区域社会史理论的适用性问题、认可性问题。另外经过几十年的发展，培养了一大批本土的社会史学者，进行了大量的社会史专题、个案或是整体的研究，在借鉴国外已有成果的基础上，形成了一些具有地域社会史研究特色的学派。这种状况表明中国社会史理论的本土化条件已经基本成熟，如何实现这一过程已成为摆在中国社会史学者面前的一项重大任务。

所谓中国社会史学理论的"本土化"，就是扎根于中国国情，深入中国的田野与社会，搜集、使用属于中国本土的史料，用中国的文化语言表述社会史发展的规律和方法。这是一个客观标准，本土化并非是指中国的社会史学者的专利，外国学者也可以将自己的中国社会史研究中国化，从一定意义上来说中国社会史学者在研究中国的社会史时也未必就能做到本土化。据此思考，回顾近些年来的中国社会史研究，社会史理论的"本土化"，应该包含有两层意思：

第一，在借鉴外国学者相关理论的基础上，用以研究中国的社会史课题，在实践中探索中国社会史的特性，检验这一理论是否适用于中国社会史的研究。这是社会史、区域社会史研究初级阶段必不可少的一个模仿过程，经过几十年来社会史工作者的艰难探索，国外学者的相关理论，如过密化、公共领域、文化网络等，已为中国广大学者所熟知和掌握。在走向田野与社会的实际研究中，学者的研究成果证明，非本土学者这些理论基于研究课题或是文化传统的局限，在解释中国的社会史内容时，有许多不足之处，这就促使中国学者发自内心呼吁本土理论的出炉。

第二，就是中国学者在研究过程中，孕育自己的社会史、区域社会史理论，这是社会史、区域社会史研究的高级阶段。这一阶段的转变是在走向田野与社会的实践中实现的。这两层含义符合认识论的基本规律，在实践中事物发展的模仿与创新，也是引进来和走出去的发展过程。

中国社会史学者何以必须开创自己的本土化理论？中国是四大文明古国之一，拥有五千年文明史，而且是这四大文明中唯一一个有连续文献记载的国度。这种辉煌灿烂而又历史悠久的文化传承，不仅吸引了外国学者徜徉在中国史学的长河中驻足研究，更是中国社会史学者的历史使命。这种使命要求我们熟悉传统社会，洞悉它发展演变的规律。许多中外学者同时在研究中国社会史，由于起步早晚不同，受社会发展进程的人为干扰，在一定时期内本土学者的研究水平可能要逊色一些，但是经过引进吸收外来理论后，本土学者一定能"后来居上"。因为研究中国社会史的内容，客观上必然要求中国本土的学者演主角，而本土学者自小在生产、生活中就感受着社会的运动变化，在知识的增长中逐渐解读着中国社会的古往今来，所以本土学者从事社会史理论的创建处于有利地位。

当前国内社会史学者热烈讨论的建设"本土化"理论的工作正处于初级阶段，正是广大有志于此的学者奋发有为的时代。本土化的社会史理论的大厦，是一项系统工程，它需要有研究梯队的不懈努力，更重要的是"走向田野与社会"的辛勤探索研究。目前国内的社会史学家的理论探讨，纠缠在社会史学科定位阶段的一些最基本的问题上——"专史说""范式说"的争辩；跨学科研究等。这些争论的理论内容说明了，中国社会史学理论的探讨还处于初级阶段。中国的社会史研究从一定程度上来说是从20世纪80年代末才开始的，在近三十年的时间里要求社会史学者有创新的本土理论，似乎有点苛刻。这可能是一些社会史工作者在研究中，缺少理论的空虚感，另一方面也说明学术研究的焦躁情绪。一个学科的理论是要经过长期的实证和实验的积淀,是要在大量的个案的基础上来归纳和总结其规律的。反观国外的社会史研究,是经过七八十年的发展之后,才得出了一些不成熟理论。这些过密化、市场化等理论在中国的不同区域进行本土化验证时,也不是众口一词,同样有它自身的缺陷。

建设本土化的社会史理论,是摆在社会史学者面前一项艰巨而光荣的任务,它既是社会史研究发展程度的一个标尺,也是推动社会史研究的一个动力。面对这样一个共同的目标,应该采取怎样的方法,大多数学者提出了"走向田野与社会"的治学途径。这是一个正确的研究措施,走向田野与社会是个实践的方法,它是认识的来源,是检验认识正确与否的唯一标准,实践标准的唯一性,指出了建设社会史理论只能依靠走向田野与社会的实践。认识有一个由低级到高级,由感性到理性的过程,这就决定了社会史研究过程中,走向田野与社会是个不断反复进行,逐步提高认识和检验结论的过程。社会史的理论创建过程是社会史规律的不断认识、提高、总结的过程,通过走向田野与实践的途径来完成这一过程,符合马克思主义的认识论原理。从哲学的高度认识社会史理论创建的途径和方法,就减少了在社会史理论创建过程中的盲目性,就能指导我们沿着正确的道路开展社会史理论的创建工作。

总之,走向田野与社会是实现社会史、区域社会史理论"本土化"的钥匙,它对社会史、区域社会史理论"本土化"起着关键性的作用。走向田野与社会既可以用来检验外来的社会史理论与中国社会事实,也是本土社会史学者创建社会史理论的重要途径。

三 加强人才培养 服务现实社会

走向田野与社会也是一种教学手段,在带领学生团队进行田野工作的过程中,学生不自觉地会接受这种史学调查方法的训练,为社会史学的发展培养新人。这种方法使师生双方都参与到实践中,将文献记载有限而孤立的资料,放到主体的历史环境中去再现、去感知。如中山大学每年举办的历史人类学暑期班,不仅邀请来自大陆、台湾和香港的学者做相关主题演讲,而且辅以学术工作坊、田野考察等形式,既开阔了学生的学术视野、搭建跨校学术交流与合作平台、营造良好的学术氛围与学术共同体，也提升了青年学子进行初步的议题探索、观点与方法反省以及以问题为中心进行跨学科研究的能力。再如山西大学中国社会史研究中心为训练学生在历史文献和社会实践等方面的素养，培养学生的资料搜集、学术研究和社会实践能力，在山西省永济市成立了国家级教大学生校外实践教育基地。毋庸讳言，通过走向田野与社会，不仅培养了学生的专业素养，而且提高了他们的实践能力，在教学相长中推动社会史的教学和研究。

走向田野与社会，也凸显了对现实社会，对区域社会的关怀。区域社会史学术关怀就是通过对现实社会问题的历史追溯，对人的生存状况的关怀，对人的尊严与符合人性的生活条件的肯定，对人类的解放与自由的追求等方面来实现的。具体到生活中，就是关注人的生存与发展，关心、爱护和尊重人，从社会历史变迁的角度揭示社会人文意义。它的发展程度是社会文明进步的标志，是人类自觉意识提高的反映。

区域社会史对现实需要的学术关怀主要应从以下几方面着手：

1. 区域社会史研究要为区域社会的发展服务

社会的发展现状实质上是人类生存状况的反映。人首先要解决吃、穿、住、用、行等基本的生存问题，然后才有可能发展文化艺术。经济基础决定着上层建筑，没有区域社会经济基础的发展，区域社会史的发展就是无源之水、无本之木，所以区域社会史要关注人类的生存与发展，要关注区域社会的协调、可持续发展。区域社会史要充分发挥意识对物质的反作用，在经济落后的地区，区域社会史研究要挖掘地方经济增长的特色产业文化，改善区域社会的经济状况；在经济发达地区区域社会史研究应多关注区域社会的健康发展。如山西大学中国社会史研究中心为整合学科资源，发挥学科优势，提高服务地方社会的能力，成立了以行龙教授为召集人的"三晋文化传承与保护协同创新中心"暨"沁河风韵"学术工作坊，"三晋文化传承与保护协同创新中心"囊括了历史学、考古学、文学、语言学、政治学、教育学、民俗学、音乐学、美术学、体育学等多学科在内，以"沁河流域"（沁水—阳城段）这一山西省内国家级、省级历史文化名镇、名村最为集中的具有悠久历史文化传统的区域作为着眼点，通过开展多学科集体调查和研究，群策群力，相互启发，各显其能，力争完成一批高水平、有分量、展示多学科协同创新优势的科研成果，更好地服务并促进地方经济社会的发展。

2. 更加关注下层民众、少数民族和区域人群的思想、心态、观念、行为方式、日常生活等方面的历史，体现了以人为本的学术关怀

人们在社会生产中所处的地位不同，决定了人们的生产生活状况的差异，这主要表现在不同阶层的思想、心态、观念和行为等方面。相比传统史学走"上层路线"的研究而言，社会史所强调的走向田野与社会，就是要走近普通民众，更加关注和反映民生问题，以通过现实观察历史，用历史来指导当前的社会发展。例如学者对民众生产生活用水的研究，就是以影响人类生存与发展最基本的要素之一——水为切入点，通过走向田野与社会，了解普通民众对水的认识、观念及由此形成的信仰、社会关系等问题，不仅有利于当地文脉的传承，同时也从历史中找到很多可资解决现实问题的线索。

同一社会内部存在着行为意识差异，不同社会里则表现为对少数民族和地方感情的成见。中国由56个民族组成，在历史上都为中华文明的发展做出了巨大贡献。不同的民族有不同的民风民俗，这关系到民族尊严和民族感情。了解民族风情和习俗，增加民族感情的重要性不言而喻。历史上很长时间内，许多人对一些民族称呼为蛮、夷，是统治者倡导的一种民族优越性的意识。现代社会里，人们还经常听闻对某个区域的人群怀有成见的言论。这些都是对下层民众、少数民族和区域人群缺乏人文关怀的表现。社会史研究倡导走向田野与社会就是要通过搜集和整理下层民众、少数民族和区域人群的思想、行为和文化观念，体现出以人为本的学术关怀。

3. 从历史的角度对当前社会重点现象进行解释，进而提供反思的视角和可资借鉴的经验和方法

走向田野与社会的现实关怀，在宏观层面上即是体现在对一些重点现象的关注和解释。

从概念上讲，社会现象有两方面的基本内涵：社会存在和社会意识。社会存在是指社会物质生活条件的总和，它包括地理环境、人口因素和生产方式，其中生产方式是社会存在的决定性因素。社会意识是指社会生活的精神方面，包括政治法律思想、艺术、道德、宗教、哲学、科学以及风俗习惯等。一切学术研究归根到底还是要为现实服务，社会史研

究也不例外。只有走向田野与社会把握当今社会脉搏，才能发现形形色色的社会现象。人们普遍较为关注的医疗、住房、教育、城乡生育子女数量等问题，都能从社会史的角度予以思考。

当代中国城乡经济的二元结构，带来了人们思想观念上的差异。以人口生产来说，通常城市中一对夫妻只能生育一胎，而在农村一对夫妻大多生育二胎。这一现象固然与我国现行的计划生育政策有关，同时也与人们所处的生存环境有着十分密切的关系，体现出社会存在和社会意识的相互影响。脱胎于旧中国的现代社会，历经了几十年的高速发展，城乡面貌焕然一新，但是城乡差距也逐渐扩大。市民的生育思想已由中国传统的儿孙满堂，转变成少生和优生。村民的头脑中则更多地保留着传统的家庭生育观念，只是迫于养育成本的压力有所减少，还不能达到彻底改变，所以多数家庭选择了生育两个子女。对于这一问题，只有通过走向田野与社会，深入城乡进行田野调查研究，才能把握城乡生育差异的社会现象。

4. 体现社会文明进步的轨迹

社会史从更高层面讲，无论是对下层民众的关怀，还是对社会现象的反思，是要体现社会文明进步的轨迹。文明从哲学的角度上说，是人类生产实践的产物，其受社会形态制约而具有社会性，是人类为了自身生存和发展的需要，而进行的长期艰苦的劳动创造的结果，所以社会、文明和实践是紧密结合在一起的。文明的产生与发展孕育在人们现实的物质实践活动之中，社会史走向田野与社会的实践就是对社会文明的采风。

社会史的研究对象是社会，家庭是社会的细胞，人又是家庭的分子，人与社会存在着密切的联系，人生活质量的好坏终究取决于社会文明进步的程度。通过了解社会的文明进步，就可以看出人民群众的生存状况、生活条件的改善程度。社会的文明进步从根本上来说是生产力发展的结果，而人民群众是历史的创造者，是推动生产力发展的主体。社会史对人民大众所处的社会的人口、家庭、宗族等及其内部变动的研究，可以折射出人民群众的生存状况和生活条件，从而体现社会史研究的人文关怀。

田野调查所搜集的史料及其研究成果，凝结着调查、研究人员的辛勤汗水，但是随着时间的推移和人为因素的影响，这些资料和成果终将进入历史的"故纸堆"中，这是社会史工作者无法逃避的问题。而要使史料和研究成果具有旺盛的生命力，就必须将我们的史料和研究成果，运用到关心、关怀人民大众的生产、生活中去，这也是涉及我们的研究成果为谁服务的问题。这一目的也指导了我们选题的方向和田野调查的内容，要着眼于"人文关怀"的视角，保护、抢救那些体现社会文明轨迹的史料，并在此基础上进行深入的研究。

以往的历史往往关注于王侯将相等上层人物的活动，对于下层民众的生活、心态和行为等很少提及。随着历史长河的奔流向前，往昔下层民众的活动状态大多不可追忆。由于没有资料的记载，这就促使社会史工作者深入民众生活。社会史尤其是区域社会史研究盛行以来，提倡整体史研究，"自下而上"的视角，综合多学科的方法，使社会史研究得到长足的发展。田野调查中所搜集的大量的珍贵资料展示了人民大众在特定时间、区域的生产生活状态。就山西来说，我们发动周围的同事和学生走向田野与社会，深入民间接触社会，尝试在相互交流中普及史学知识，传播知识和史实。我们的社会史课题涉及灾荒、水利、民俗、晋商、抗日根据地、集体化时代的中国农村社会等多个专题和范畴，这初步显示出山西的社会史研究，已经触及普通大众的生活，而且这些研究大多是在走向田野与社会的实践中，在与基层民众的交流互动中完成的。

当前中国史学发展的一个突出问题，是忽视了其在人民大众中的普及。这一方面是由于电视、网络媒体上历史剧和历史小说对"市场"的占领；另一方面也是史学工作者只知埋头钻研，不重视普及工作所致。而史学作为一门人文学科，就必须回到社会中去，将人民的历史还给人民，同时在社会生活中汲取养料。我们知道，日本学者在史学研究之余，向中学教师演讲史学的研究内容和进展，这样中学教师又进一步把接受的史学信息传达给所教授的学生。这是日本学者自觉地普及史学知识的一种途径，其说明了两个问题，一是日本学者重视史学普及，二是他们已经在具体的操作。中国史学的普及工作是一项迫切而现实的问题，走向田野与社会的走访调查，会使民众关注社会史的内容，逐渐引起他们的热情和兴趣，实现历史文化的普及。

"走向田野与社会"是进行人文关怀的一条方便而有效的途径。著名民族学、人类学学者何星亮在边疆的少数民族地区考察时，有些少数民族人士在其面前诉苦，有的甚至痛哭流涕，要求帮助解决打架、伤人以及刑事案件。他和参与田野调查的同仁耐心地听取了这些倾诉，对他们的不幸表示同情和安慰，最后告诉他们去找政府或法院解决问题。虽然当地人误以为他们是北京派去帮助他们的干部，但也反映出基层民众需要关怀，渴望帮助的现实。又如社会学学者杨圣敏在新疆吐鲁番做田野调查时，了解到当地末代首领"沙亲王"由于历史原因受到了错误的对待而殒命，他的儿女也遭受到牵连，20世纪80年代虽然得到了平反，但"沙亲王"死前与子女同住的房子没有按照政策给予归还，当地政府在政治和经济上也没有给予子女一定的补偿。了解到这种情况，其先后寻找了当地村长、乡长、县委统战部及新疆维吾尔自治区党委反映情况。在没有结果的情况下，又给国家民委、国家统战部写信，结果半月之内解决了问题，安排"沙亲王"的长子为政协委员并向其每月补助300元。"沙亲王"的长子深受感动，给杨圣敏寄来一包葡萄干表示感谢，并亲切的称其为兄弟，希望其常去吐鲁番做客。类似的例子不胜枚举。只要是在力所能及的范围内，社会史工作者还是应该尽量关注研究区域民众的疾苦，给予他们适当的帮助。

"走向田野与社会"与人文关怀有着密切的关系，这样可以走到群众中去，了解其心态，关心其生活，忧其所忧，乐其所乐，更好地认识其生活中的家庭与组织和国家的互动；个人承担的角色，与周围的关系；乡村的民风民俗、吃、穿、住、用、行等方面的规律和特色。这样一方面掌握了区域社会民众生活的现状，还可以更好地进行古今中外的比较研究，进而分析其共性和个性，将研究成果用以指导人们的现实。由此我们不难得出，走向田野与社会是人文关怀的现实要求，也是实现人文关怀的必然途径。

自20世纪80年代以来的复兴到目下方兴未艾的态势，社会史尤其是区域社会史研究无疑已成为中国史学殿堂中最具活力和创新的领地之一，更是日益显示出强劲的生命力和感召力，吸引着越来越多的学者投身其中。可以说，无论是在史观、史料层面，还是在研究实践和理论方法方面，区域社会史研究均取得了长足的发展和积累：一方面，学者们能够充分挖掘新材料，运用新方法，在对特色迥异的区域社会进行关照的基础上进行积极而深入的探索；另一方面，深受西方社会科学概念体系和理论话语的影响与冲击却也是不争的事实，"回顾1980年代以来中国社会史研究的发展历程，我们引进、接受了太多的西方人文社会科学的理论和概念。现代化理论、中国中心观、年鉴派史学、国家—社会理论、过密化、权力的文化网络、地方性知识、知识考古学等等，林林总总，不一而足。这既是一个目不暇接、兴奋不已的过程，又是一个不断跟进、让人疲惫的过程。"① 因此，如何在保持学术自觉的前提下实现西方学术理念与本土文化资源的有效整合，如何在与西方思想进行汇通的过程中展开更为本土化的叙事，便成为中国社会史学人孜孜以求的目标。这里的"走向田野与社会"既可以看作是我们在追求社会史研究本土化过程中的一种学术追求和实践。

作为区域社会史研究的治史宗旨，"走向田野与社会"的理念与实践旗帜鲜明地在进行区域社会史研究时应该秉持的认识论和方法论。就认识论立场而言，"走向田野与社会"强调从"自下而上"的视角出发去研究区域社会，关注基层社会的生存实态，关注普通百姓的日常生活，以此进一步丰富和完善我们对中国历史的研究和认识。当然，"自下而上"地研究区域社会，并非从一个极端走向另一个极端，而是立足基层农村社会，从普通民众的生活变革入手，去探讨整个历史进程中上层与下层、中央与地方、精英与大众、国家与农民之间是如何相互发生作用共同生成了复杂多样的历史画面；从方法论来说，"走向田野与社会"在注重史料搜集的同时，更强调通过田野考察获得历史现场感，在文献研读与田野考察的结合中更好地走进历史现场。

参考文献

1. ［英］杰弗里·巴勒克拉夫：《当代史学主要趋势》，杨豫译，上海译文出版社1987年版。

2. ［美］格奥尔格·伊格尔斯：《二十世纪的历史学——从科学的客

---

① 行龙：《走向田野与社会——区域社会史研究的追求与实践》，《山西大学学报》2012年第3期。

观性到后现代的挑战》，何兆武译，辽宁教育出版社 2003 年版。

3. ［法］雅克·勒高夫等主编：《新史学》，姚蒙编译，上海译文出版社 1989 年版。

4. 王铭铭：《社会人类学与中国研究》，生活·读书·新知三联书店 1997 年版。

5. 吴泽霖：《民族学田野调查方法》，载《吴泽霖民族研究文集》，民族出版社 1991 年版。

6. 行龙：《近代山西社会研究——走向田野与社会》，中国社会科学出版社 2002 年版。

7. 马戎、周星等：《田野工作与文化自觉》，群众出版社 1998 年版。

后　　记

　　《区域社会史研究导论》是山西大学中国社会史研究中心的一个集体教学成果。

　　自20世纪90年代末期以来，我们适应中国社会史研究从整体社会史到区域社会史的学术转向，在乔志强先生倡导的社会史理论体系的基础上，致力于以山西为中心的区域社会史研究。

　　2004年开始，我们首先在山西大学历史系的本科生中开始讲授这门课程，期间也曾以公开课的形式向全校开放，也曾在暑期面向全省高校历史教师讲授此课程。当然，对本中心的硕士生而言，这就是一门必修课了。十多年的教学过程，也是一个"教研相长"的过程，各位作者一面从事各自的学术研究，一面将研究的收获带入课堂。课堂讲授、田野调查、专题讨论、作业批改、公开考试、修改教材等等环节，也做过一些有益的尝试。这本教材就是在这样一个过程中，不断吸收师生意见，不断修订完善的。

　　本教材编写之初，我们即把它定位于适合大学生、研究生从事区域社会史研究的入门书。史无定法，书无一尊，若本书可为诸生提供一点初学的门径，也算不负初心了。

　　本教材的编写虽然经过了十多年的漫长过程，但肯定会有很多不足和需要完善的地方，尤其是韩晓莉、张俊峰、苏泽龙、胡英泽、常利兵、马维强、郝平（按第1—7章作者排序）诸位各撰一章，文出多人，虽数易其稿，仍悉难得当，希望各方提出宝贵意见。

　　本教材各章节的内容，与国家精品课程《区域社会史研究导论》视频公开课的内容或有不一致之处，这也是最后编订教材修改完善所必需的，读者诸君察焉。

本书的编订，胡英泽同志和我都通读了全稿，诸位作者也提出过很好的修改意见，我又在文字上做了最后的修订，特此说明。

行　龙

2016年9月初

于山西大学中国社会史研究中心